# 横議横行論

津村 喬

—

*Transversal Argumentations,*
*Transversal Projects*
*Takashi Tsumura*

革命のアルケオロジー

5

航思社

横議横行論

目次

# 横議横行論

# I

# 横議横行論

*1980. 2 - 1981. 6*

## 1　流出する六尺微軀のメディア

〈横議・横行〉についてのひとつの引用ノートを提出しよう。論文であるよりは、それは、私自身が横議し横行するためのスタイルのカタログになるはずだ。私自身の「内実」がどのように私のからだから流れ出すか、上昇したり下降したりというのでなく、ヨコにあふれていくことができるか、それを、それらの言葉とともにたしかめることが、目的である。

〈横議〉についてては論述するより、引用することがのぞましい。引用はすでに〈横議〉の一形式にほかならないからだ。自分の領域で思考するのでなく、その固有性自体を多面体としてとらえること。つまり思考が引用集であること。私は全共闘運動の中で集合的な主体の発酵する地点を私自身のからだの内部に見つけてから、ずっとそのように思考してきたし、そのように書いてきた。

　他に決して置きかえがきかず、とりかえしがつかず、固有の生きられたものである私のからだそのものもまた引用集である。文化の、身ぶりの引用集であるだけでなく、住み着食べることを通じて、他のさまざまな植物や動物の引用集であり、それら無数の生命の集積体にほかならない。引用的な思考、引用的想像力によって私は私の存在の多義性をさがす。私の中で、さまざまな私への横行がはじまるとき、私は与えられた自分の場所から出ていける。あるいはその逆。異邦人に出会うとき、私はウェルシュ・ラビット[*1]にかけられたビールで溶いた黄金色のチェダーチーズのように、どろりと、きらめきながら流れはじめる。

　〈横議・横行〉を私の造語だと思っている人に、何人か会ったことがある。引用することは言葉と意味の関係を新しくすることだから、むろんそれは私の言葉であってもよい。だが歴史的にいえば、それは明治維新に至る革命者の活動の中で生まれた言葉である。私が今日の労働運動や住民運動、あるいは国際的交流の運動について〈横議・横行〉を語るとき、あるいは総評全国一般東京地本南部支部が運動方針に「横議・横行・横結を！」を柱として掲げるとき、そこに明治維新がそのまま重ねられてくるのでないと、論議のふくらみがない[*2]。明治維新を「やりなおす」ところから、今あるようでない現代を創り出そうとする私たちの計画は、維新の限界よりもそれを超えて流れ出す部分をとり出してくること、つまり時間を超えて「彼ら」と連帯する作業と結びついているのだ。

　私が維新をわが身の現在に関わることとして考えるようになったのは藤田省三の『維新の精神』〈みすず書房〉によってである。その全体のキーワードが、〈横議・横行〉だった。

海防策というのがあった。今日でいえば、有事立法論議とか、太平洋安保といったことである。環太平洋構想なりミクロネシアを舞台にしたＭＩＣＰＡＣというのは八〇年代安保の軸となる実体をもったものだが、有事立法については、それを「情報」として流し論争させることで、そのプロセスを通じて自衛隊のなしくずし公認を狙った情報政治の側面がつよい。海防策もそれ自体としては意味のない、空論が多かったが、むしろその情報流通過程に意味があった。

＊1　ウェルシュ・ラビットは「ウェールズ人の兎」の意である。兎が手に入らないときに、チェダー・チーズをビールで煮とかし、卵黄とマスタードを加え、熱いトーストに全体を覆うように流しかける。ゆで卵を輪切りにしてマヨネーズをかけたのをイギリスではdutch eggs（オランダ卵）というが、これは不粋なものの形容である。兎肉よりうまいともいえるこの料理につけられたウェルシュ welsh には、貧しい、代用の、といったニュアンスがあるほか、さらに動詞として、借金をごまかす、義務や約束を守らない、の意がある。

＊2　一九七六年六月二二日に、私たちは大きな集会をもった。この場合私たちとは、ロッキード疑獄を糾弾した『週刊ピーナツ』の仲間たちのことである。六・二二集会のためのビラは、渡辺勉・全国一般南部支部委員長と私との二人で準備した。二人とも藤田省三のファンで、「横議派」であった。司馬遼太郎の『翔ぶが如く』に凝っていた。そしてもうひとつ、ロッキード「糾弾」にかんして半ばしらけていて、糾弾そのものより、その過程でつくられてくるマスコミ外の民衆的コミュニケーションに興味をもっていた。さらに、諸党派や労組をふくむ既成組織のタテ型思考を嫌悪していた。だから、そのビラはもっぱら〈横議・横行〉を説くものになった。今日のさまざまな運動の中でこのキーワードが機能しはじめたのは、この時以降である。

しかし、このムチャクチャな「海防策」論議の沸騰は、その内容とは無関係に、幕藩体制を揺がす一つのファクターとなった。何故ならば、その議論の筋が百分千裂の模様を呈したからである。「百論沸騰」し、「処士横議」の状態がここに生れた。

藤田がこれを書いたのは一九六五年ころで、「明治百年」を前に体制派の知識人たちは海防策の延長で海洋国家日本がどうのと国防論議をすることが維新の精神の継承だという俗論をふりまいていた。藤田はそのふところにとびこんで、相手のいちばん得意技とするところで相手を投げとばした。何を語ったかにではなく、どう語ったかにこそ、革命の内実はあったというのだ。

幕藩体制の下で、政治とはタテに論議されるべきものだった。[*3] 典型的な「ツリー型」の情報モデルであって、基本的には「上意下達」であり、下からの提案も上へ行って決済されて降りてくる。情報は上下にしか流れなかった。武士たちがその上下の情報流通のどの階梯かに身を置き、それを身分として観念しているだけでなく、農民たちは自由な旅を禁じられ、他領へ逃げてもすぐわかるよう方言が分断的にまもられさえした。

今日のからだを離れた共通語――国＝語としての――文化の中では方言が貴重な存在だが、保護された方言にはタテ型の権威主義的情報秩序の産物としての面があった。身分によってでなく志によって自らを定義する「志士」が出てきてヨコのコミュニケーションをはじめたとき、そこには共通語がなく、とくに薩摩藩出身者のコミュニケーションは難渋をきわめた。志士たちに共通の教養として能があり謡があったために、中世の様式にたちもどって謡で語り合わねばならぬ一時期があったという。[*4]

一向の徒ならば念仏で語り合ってもよかったのである。

維新の文学は、旅の文学になる。『竜馬がゆく』の中で主人公たちは街道を何度往復することだろうか。「行く」ことが基本的な身ぶりである。横行して、横議した。『大菩薩峠』も同じだ。『竜馬がゆく』が表街道の物語であるとすれば、『大菩薩峠』は裏街道の物語であり、中仙道から見た明治維新である。横行するなかで、幕藩体制とは異質な、独自の普遍性の領域が形成されていった。そのなかで、次の時代をになうステイツマンが育っていった。

旧思想と新思想が争い、新思想が勝利する、という社会変動のモデルには「進歩主義的」一面化がある。新しいことに価値があるというのは、消費文化の中でつくられた強迫観念にほかならない。新左翼からニューファミリーまでが、こうした余分の観念につきまとわれている。維新思想はむしろ復

＊3　これはもちろん中根千枝のいう「タテ社会」と重なってくる。天皇制について検討するさいに、この主題に戻ってくることにしよう。

＊4　たとえば鈴木光次郎編『明治豪傑譚』巻之二（東京堂、一八九一年一〇月）には次のようにある。

「黒田了介 謡調を以て応答す

戊辰の役、黒田了介、参謀を以て羽州軍中に在り。秋田藩士、添田清右衛門、監軍たり。屢々《しばしば》陣中に相見る。清右衛門、弁論朴訥加ふるに土音を以てす。了介も亦た純然たる薩語なり。奥羽辨と薩摩辨と談論、日を終るも互に意味を通解せず。二人之を患《うれ》ひ、終に謡曲の調子を以て相応答し、纔《わずか》に其意を通ず」（三四－三五頁）。黒田了介とは黒田清隆の通称である。

近代デジタルライブラリー参照（http://kindai.ndl.go.jp/info:ndljp/pid/778796/75）。

古思想だった。復古のない革命は改良にすぎない。では何が新しくなっていくのか、変革の内実は何かというと、それはメディア作用そのものである。藤田省三は徳富蘇峰を引きながら、[*5]「勤皇」の志士のみが〈横議・横行〉したわけでなく「佐幕」の志士もそうしていたとわざわざことわっている。つまり、反動的・保守的議論も、革命的な情報価値をもちうる。いかなる革命的言辞も、タテに発せられるとしたら、反動的役割をはたしうる。このことは、全共闘運動の中では、「革命のメディアからメディアの革命へ」という言葉で語られた。党派的なタテの思考でなく、いかなる制度よりも志を上位に置く全共闘「派」にとって、語り方を変えることは本質的なことと考えられていた。

〈横議・横行〉は同時に、幕藩体制のただなかに、思いもよらぬ〈穴〉をあけ、相互に密通することでもあった。足裏ににんにくを貼って鼻血を止めるとでもいうように、まるで経絡を使いこなすように、秘密の通路が使いこなされた。高杉と竜馬と西郷が密通し、西郷と勝が密通した。

たとえば七〇年代以後のムスリム同胞団というものを考えてみる。ファイサルを頭に、ナセル、ホメイニ、PLOのアラファト議長などが「秘書」をしていた。[*6]サウジとイラン、PLO、エジプトはそれぞれまったく違う立場でうごいているが、互いに密通して、イスラム世界から帝国主義者とキリスト教徒を追い出すための数十年来の戦略を展開している。アメリカ国内のブラック・ムスリムは包囲殲滅されかけているが、リビアのカダフィ大佐とフィリピンのモロ族が密通し、七〇年代半ばにはパキスタンが反米暴動の雰囲気の中で核実験を用意するなど、ムスリム世界の波及力はきわめて大きい。政情不安のつのるインドネシアで、かつて共産党とともにスカルノを支えていたイスラム教徒が主導権をとってOPECと連動しはじめれば、日米の太平洋戦略全体が崩壊する。ソ連の一五の共和国のうち少くとも四つはムスリムが主体であり、イランの反米がソ連を利するどころかソ連内部に波及する可能性があり、そうなればソ連邦の大ロシア主義が一夜にして崩れることになる。[*7] 世界大の規模で維新のような構図ができ、〈横議・横行〉が進んでいる。[*8] 米ソを頂点とする幕藩体制が崩れつつ

*5　徳富蘇峰「維新前後兵制の社会に及ほせし感化」『蘇峰文選』民友社。

*6　ファイサル（一九〇六－七五）は第三代サウジアラビア国王（在位一九六四－七五）。ナセル（一九一八－七〇）はエジプトの軍人・政治家で、一九五二年に自由将校団によるクーデターを主導、エジプト革命を起こし、第二代大統領（五六－七〇年）およびアラブ連合（五八－六一年に成立したエジプトとシリアの連合共和国）初代大統領を歴任。ホメイニ（一九〇二－八九）はイランのイスラム教シーア派指導者で、六四年、王朝批判によって国外に追放されたが七九年のイラン革命で帰国、イラン・イスラム共和国初代最高指導者となった（七九－八九年）。

*7　その後、一九九〇－九一年にバルト三国（ラトビア、エストニア、リトアニア）がソヴィエト連邦から独立、同年一二月八日には連邦構成国のうち、ロシア、ウクライナ、ベラルーシ三共和国首脳がソ連解体と独立国家共同体（ＣＩＳ）の創設を決定し、中央アジアや外カフカスなど他の一二の構成国も合流。同月一三日にソ連共産党が解散、二一日のＣＩＳ正式結成でソ連は消滅、二五日にゴルバチョフ大統領が辞任した。なおＣＩＳからは二〇〇九年にグルジア（現ジョージア）脱退、一四年にウクライナが脱退宣言。

*8　オイル・メジャー、グレイン・メジャーを動かすユダヤ、共産圏からの法王（ヨハネ・パウロ二世、在位一九七八－二〇〇五年）をむかえて飛躍的に影響力を拡張したバチカン、世界中に展開する華僑を情報機関とする中国、そしてムスリムが、近代国家秩序の流動化の中で実質的な世界戦略を展開している。

ある。

藤田省三は『吉田松陰』（『日本思想大系　第五四巻』岩波書店）の「書目撰定理由——松陰の精神史的意味に関する一考察」と題された解説の中で、〈横議・横行〉論を大きく発展させている。松陰は理論家・思想家であるよりも、主体の意図をこえた状況的存在として描かれている。松陰の方法は、「過剰に主体的な読書態度」であり、あらゆる異質な思想から自分に都合のいいところを切りとってきて「引用」しかつ「編集」することである。存在としての〈横議〉である。だからこそ藤田は松陰集に手紙だけを収録する。「手から手コミュニケーション」であるそれは特定の相手と密通するための状況的著作だ。状況的という言葉を藤田は独特の意味で用いる。それは「総ての『制度的なもの』、『型』を備えたもの、『恒数的なもの』が崩壊し去った社会状態」であり、「社会的行動に当って期待通りの反応を予測させうるような『秩序的な関係』が社会の中から消え失せて、『変数』相互の測るべからざる衝突や結合が社会の主たる動向となって来るのが『状況的』社会状態」である。政府は「まだ暗殺機関ではなかったが唯の『権力機関』に過ぎないもの」になっており、統治も統合もできない。その極致に、奇兵隊なり西郷のコミューン主義なり連合計画なりが「もうひとつの普遍性」を準備していくことになる。

〈横行〉はただ空間的、地域的な移動のことではなかった。それは武士と町民・農民の間の踏みこえでもあった。松陰は身分の崩壊の渦中で「幕府もいらぬ君侯もいらぬ、忠義をつくすにはこの六尺の微軀ひとつだけあれば沢山だ」と主体があって対象のない忠義を見出したとき、同時に囚人運びの駕籠かき人夫にも自らと同質の「志」を発見し連帯感をもてるようになる。

むろん駕籠かき人夫のほうが松陰に連帯感をもったかどうかはわからない。しかし、「志」を「志」としてだけ見ていくのは皮相であって、それは〈民気〉[*9]の関数にほかならなかった。「おかげまいり」やさまざまの逃散＝一揆や、小笠原コミューン構想や、さまざまな姿での庶民の夢と夢の形式としての〈横行〉の引用集が志士にほかならなかった。状況的社会状態における「夢」と「志」の密通のしかたこそが問題である。そして、この「夢」と「志」が密通するという意味での公共性の成り立ちが、なぜ「勤皇」という形でしかなかったのかが、もうひとつの問題である。イランではパーレビ王朝の崩壊にさいして「もうひとつの普遍性」となったのはホメイニだったが、明治維新の場合は天皇だった。「志」が現実の権力を形成していくなかで、「御一新」は「御維新」へと置きかえられ、民気は天皇制の回路へと回収されていった。なぜそうなったかも、むろん理由があるはずである。

## 2　大菩薩峠に出遊する幻想

三十年足らずのその短い生涯の間に、ほとんど日本の全国にわたって足跡あまねしというほどに「松蔭は旅行好きであった」と中里介山は『吉田松蔭』の中で書いている。

＊9　民気は天気などと同系列の言葉だが、清末に変革にむかう精神的気象をあらわすものとして多用された。ここではその意味とともに、北村透谷のいう「国民の元気」の省略としても使いたい。

旅行をつづけ、遂に国内に満足する能わずして海外にまで雄飛せんとした（…）これ程の大志があり、英才があり青年にして老成なる吉田松陰という人格者が、屢々《しばしば》ホームシックに罹《かか》って、綿々として家郷を懐《おも》うの情に泣いている処が見える（…）。

介山のほうがより徹底した漂泊者であったから、処士横議の人生をおくった松陰のホームシックを批評しえたのだろうか。作家生活に入ってからの三分の一以上の年月を、介山は旅におくっている。家族と郷里は介山にとって重荷でしかなかった。西隣村塾というかれの根拠地を高尾に築いた時も、かれはそれを「植民地」とよんだ。

大菩薩峠は、二八年にわたって書き続けられた小説の冒頭の舞台であるだけで、ストーリーがこの峠に収斂していくわけではない（連載一九一三―四一年）。しかし、菩薩が埋められている峠のイメージは、終始一貫、物語の基調低音となって流れている。

人生は旅である、旅は無限である、行けども行けども涯《かぎ》りというものは無いのである、されば旅を旅するだけの人生は倦怠と疲労と困憊と結句行倒れの外何物もあるまいではないか、「峠」というものがあって、そこに回顧があり、低徊があり、希望があり、オアシスがあり、中心があり、要軸がある、人生の旅ははじめてその荒涼索漠から救われる。[*10]（「『峠』という字」）

峠は定住者の生活圏域の辺境であり、境界である。苦しい、生きにくい生活の中で、人びとは峠を見上げて夢を見る。峠のむこうには、財宝のあり余る国があるのかもしれぬ。齢《よわい》の国、不死の国があるのかもしれぬ。海辺の者は海を見てそのことを想い、山国では峠にそのことを想う。峠を越えてくる旅人は、その国からの使者であるかもしれなかった。それはマレビトであり、客神でありえた。だが旅人にとっては、貧しい、余分の者を食わせる余裕とてない村から峠を越えれば、また貧しい村があるばかりである。旅人にとっては、息を切らして坂を登り、登りつめて視界のひらけた一瞬だけが、オアシスであり、救いである。峠とは、間＝共同体である。*11

　共同体はそれ自体として存在しているだけではなく、他の諸共同体との差異としても存在している。差異を媒介し、差異として成り立たしめるのが旅人であった。旅人は被差別者であり、芸人であり、宗教者であり、商人であり、たいていそれらを兼ねた。それは他所の富と情報をもちきたった。つかの間の普遍者だった。その背後に、富の国や齢の国が見えた。他の共同体の財貨と生命のいっさいを合算したものが、峠のむこうにはあった。川が河原者を泊まらせうる両世界性をもっていたと同様に、峠もまたこの世とあの世の境界であった。介山の峠のモティーフは、これまた物語の全篇の背後にか

---

*10　私事であるが、一九七九年に四五歳で急死した山崎昌夫のことをどうしようもなく想い出してしまう。彼は私の無二の飲み友達であり、たえず、ごくひかえめに、私に思想的刺激を与えてくれた。詩人であり、旅人であり、『旅の思想』（三一新書）、『旅の文法』（晶文社）の二冊のケタはずれに魅力的な書物を残した。

*11　間＝共同体については、本書V章「仮面と変身——サブカルチュアの政治経済学のためのノート」を参照してほしい。

すかに流れ続ける「間《あい》の山節」の主題と重なる。

夕べあしたの鐘の音
寂滅為楽と響けども
聞いて驚く人もなし

花は散りても春は咲く
鳥は古巣へ帰れども
往きて帰らぬ死出の旅（『大菩薩峠　間の山の巻』）

介山に描きえて、司馬遼太郎に描きえなかったものは、横議横行と横死との構造的に不可分であることである。司馬の小説にあっても、横行者の多くは横死しなければならない。しかしそこでは、志士の「志」がそれ自体としてのみ動いており、死ぬために生きているとしか思えぬような民衆の夢こそが「志」に峠を越えさせるのだという、変革の根源的システムはうかびあがってこない。

間の山、つまり伊勢神宮の内宮と外宮の間の峠は、すべての峠に通じていた。お伊勢さまにむかう時にのみ、百姓は峠を越えてあふれ出ることを許された。だがそれは自分が「夢」に化すことであり、生と死の境を越えることでもあったから、どんな形でか変身が不可欠だった。越境するとき、人びとは狂い、あるいは同じことだが、狂気を演じた。[*12] なぜ伊勢なのか。そこは辺境であって中心であるような、ある場所だった。このことはだんだんに考えよう。

海防策が横議横行につながったという藤田省三の説から出発した。海防が、どんな夢のかたちとつながったか、一つの例だけを見よう。林子平《はやししへい》の『海国兵談』は、一七八八年から九一年にかけて刊行されたのであるから、維新の論議とはいえない。しかしこれが海防策論議に叩き台を提供したことは疑いない。一七八六年に出された林の『三国通覧図説』も同様で、朝鮮・琉球・蝦夷の三隣国のゲオポリティクスである。この二著は老中松平定信によって発禁にされたが、ひそかに相当数の復刻がつくられ、よく読まれた。その一冊が、鹿島神宮から遠くない光明山無量寿寺に今でも残っている。

その名からしても、この寺は親鸞ゆかりの寺である。親鸞がこの地でたくさんの幽霊を成仏させたという。弟子の順信がその住職となった。維新の精神的流動状況の中で、親鸞の原始仏教に通ずる修行共同体の平等理念[*13]と『三国通覧図説』のゲオポリティクスとが交錯した時、順信から二〇代目の順宣とその子順道に、ある「夢」が生まれた。林子平が三国の補遺としてつけ加えておいた小笠原の無

＊12　群衆に融合する時、個体間の距離・差異はないものとみなされる。逃亡する群衆の中で老人や子どもが犠牲になるのは、日常的秩序において成立している配慮＝距離が消失するためである。カーニヴァルの中では、性差も踏みこえられる場合が多い。伊勢神宮にむかう「おかげまいり」の小群衆においてしばしば男女が衣服をとりかえ、異なる性を演じた。それは峠を越えたことのしるしのひとつだった。

＊13　野間宏は玄奘の『大唐大慈恩寺三蔵法師伝』にもとづいて釈迦がそうした結社をめざしていたことを明らかにし、さらに親鸞がそのような平等な同志的結社の理念によって教団を批判したと述べている（『親鸞』岩波新書）。

人島についての記述にうながされて、二人は、家族、使用人とここに渡って小さな共同体をつくろうとしたのである。

これは実現せずに、「計画」のまま二人は逮捕された。一八三九年のことである。ここには素朴なユートピアはあっても、正面から幕府に対決する思想もなく、形は似ているが補陀落渡海のような常世へむかう死出の旅として考えられたわけでもなかった。

しかし、半ば農民であり半ば（蘭医学などもかじった）インテリゲンチャであったこの僧らの夢は、途方もない世直しにつながりうる夢だった。民衆の夢の現実性をもっとも知りぬき、恐怖しているのは治安当局者にほかならない。権力者の内部で、この渡航計画と、こともあろうに『夢物語』というタイトルで異国をほめたたえ開国をうながす書物を書いた高野長英らへの憎悪とが連動したのは、歴史的にふりかえれば大変正確な恐怖心によるものといえた。

こうして、順宣・順道とともに、小笠原渡航には無関係の長英・渡辺崋山らが逮捕された。これが蛮社の獄である。長英らは、小笠原に独立共和国を作って外国との密通をはかったとされ、実刑を受けたのである。事実にかかわりなく、この刑を受けたことによって、長英は、海のむこう、峠のむこうに心豊かなコミューンを幻想したいという民衆の夢の一部となった。夢の一部として、生かされる存在になった。長英が脱獄して逃亡者となったことで、この機能は増幅された。彼は郷里の水沢（岩手県）から四国の宇和島にまでかくれすみながら、農業技術や医術の知識を民衆に伝えていったが、そのことの伝承は弘法大師や親鸞の事蹟を伝えるかのようなひびきを持っている。*14

中里介山は、『大菩薩峠』の最後の巻を、「椰子林の巻」とした。駒井能登守が南海の孤島にコミューンをつくろうとする。時代は維新の少し前、舞台は小笠原諸島である。その前に描かれるお銀さまの山獄コミューン「胆吹王国」が現実の国家社会主義を描いているのに対し、駒井の「椰子林共和国」は、長英を動かしたような民衆の夢に同化した介山の夢を描いている。しかし、この二つのコミューンはそれぞれに失敗して終わっている。介山は工業的近代を否定しつつ、それに対置さるべきコミューンの二つの型を精神的に実験してみて、双方の限界をたしかめている。そのあとに何を見ようとしたのかはわからない。

介山が蛮社の獄のテーマをあらためてとりあげたのとほぼ同じころに、権力はもう一度だけ、南島コミューン幻想をとりあげた。二度目の大弾圧（一九三五年）を受けた大本教の出口王仁三郎は、裁判で、南島に独立国を建設しようとした罪で告発される。大本教のつくった昭和神聖会は、内地の人口が八千万を割る当時に、八百万人を組織していた。この南島は三宅島とされ、小笠原ではなかったが、秩序の動揺期に南島に共和国ができるのではないかという恐怖を、幕末の治安当局者と戦時下天皇官僚が共有したのは興味深い。[*15]

＊14　順宣・順道父子と長英の、そしてそれを強引に結びつけた権力者の相関は鶴見俊輔『高野長英』（朝日選書）ではじめて明らかにされた。
＊15　大本教は近代日本最大の民間組織であり、今日の宗教界・武道界・政界にあまりにも大きな影を投じている。二〇世紀八〇年代の「夢物語」を語るときにわれわれはもう一度ここに帰ってこなければならないだろう。

維新の志士たちの中で、直接に「南島コミューン」経験をもち、しかもそれにこだわりつつ近代国家構想を進めようとしたのは、西郷隆盛である。西郷は徳之島・沖永良部島という、行政的にはともかく文化的には林子平が隣国にかぞえた琉球弧に属する島に二度にわたって流された。そこで妻をめとり、薩藩支配の暴虐を見すえ、奄美の民衆共同体に同化はできなかったが深く共感し、「南洲」つまり南の島々と改名して本土に戻り、革命を領導した。この、琉球体験をくぐりぬけたかどうかが、西郷と大久保の決定的な岐れ路になった。

明治権力と訣別して郷里に帰って農業と狩猟の日々をおくる中で、西郷は「獄に在りて天意を知り／官にいて道心を失う」と詞にしている。「獄」とは奄美のことであり、「官」とは新政府のことである。彼が奄美でおそらくはじめて見ることのできた、底辺の生産者の抵抗と友愛のコミューンは、彼にとって、自分が最高権力者となった新政府に対置さるべきものにほかならなかった。より現実的・計量的にいっても、琉球奄美は維新全体のカギだった。薩摩が琉球奄美で文字通りの奴隷制をしいて砂糖をつくらせ、それで倒幕の財力をつけ、全国市場をつくっていった。鳥羽伏見の戦の直前、幕府は薩摩に三万両の砂糖代金を払わねばならず、さらに一四万両の売り掛けがあった。

江戸幕府は成立してすぐ、西側のキリシタン大名などの「重商主義」を封じ込めて米本位制を打ちたてるために鎖国しようとした。それより一手早く、島津は琉球を植民地化した。この構図が維新の構図を決める。

西郷は琉球に流されることで「天意」をつかみ、高杉晋作は上海で朝鮮の亡命革命家のアドバイスを受けて、武士を排除した農民軍奇兵隊をつくる。維新は国内のみならず、アジアへとひろがる横行の中で成就した。峠の向こう側がそのようなものとして見えた時、民衆の夢物語は権力を呑み込んだのである。

### 3 死してなおの経在学

なぜ薩摩藩が維新の主体でありえたのか。それは薩摩の文化の脱領域的性格によっている。江戸という中心を一気に周縁化してしまうような、周縁の中心であった。伊勢についても私は「辺境であって中心であるような、ある場所」と書いた。伊勢と薩摩には一見何のつながりもないが、人びとの横議横行を必然とするような時代の気配にとって、両者は奇妙に折り重なる位相で位置している。薩摩はいかにして勝利したのか。まず何よりも琉球のおかげである。琉球を植民地として支配してきたことによってつくられた薩摩藩の経済的潜勢力は巨大なものだった。奄美を含む琉球弧で、島津は砂糖のモノカルチュアを組織して、徹底的に収奪した。伝統的な豊かな自給経済は根こそぎにされ、ただ砂糖のみを作らされ、その砂糖のカケラを口にすることも許されずに、九州から運ばれる穀物を高価に買わされ、それができぬ者はソテツの実を水にさらして青酸を抜き、澱粉として食い生きのびるしかなかった。琉球弧では文字通りの奴隷制がしかれ、黒糖地獄といわれた通りの地獄図が展開した。この砂糖は、幕府がその代金として、薩摩にたいし巨額の借金をかかえていたというだけではない。すでに崩れつつあった米の流通システム——政治力そのものとして管理された米こそが、米本位制の幕藩体制の根幹をなしていたのだが——を下からくいあらしつつ、大阪を中心とするアナーキーな全国市場を形成していったのが砂糖だった。
一八六四年九月一六日付の西郷の大久保あての手紙がある。勝海舟とはじめて会って、「どれだけ智略のあるやら」「とんと頭を下げ申した」という周知の手紙だが、この後半で西郷は突如砂糖のことを語り出す。

御金操りの一条、実に難渋の御時節にて、莫大の費用は相重み候に付き、南部〔弥八郎〕へ御取り結びもこれあり候間、只今蒸気船を以て、砂糖並びに唐薬種、煙草、鰹節様の品々御遣わし相成り候て、初度は高利を欲せず、銅又は糸等の品を替え候ては何様御座有りや。今月・来月迄が糸の売り出し口にて、余程値段も引き下り候次第にて、一箱に付き百両の違いと相成り候に付き、御国元織屋方御用も年々三百貫目は御買い下し相成る由に御座候間、爰許《ここもと》にて只今買い入れの手段いたし居り申し候。もふは嫌疑処の事に御座なく候間、振り切って沢山買い占め、両度とせぬように大ごといたしたきものに御座候。御内用金弐万両は御座候に付き、夫丈ヶ《それだ》は如何にもして買い入れ申すべく、十万両計《ばか》り買い占めたきものに御座候え共、手の廻り候わば、現在私面を突き出し〔自分で顔を出して〕、商法をやりたきものと相考え申し候。暴客の天誅を蒙るか、又は幕吏の刺客を蒙るか、何にしてもしれた敵に御座候間、此の儀は是非相企てたく、折角手を付け置き申し候間、左様御納心下さるべく候。御用金も、来年砂糖代に取り続く間は何も見当これなき由御座候間、のるかそるかの仕事をいたしたく相含み居り申し候。(『西郷隆盛全集第一巻』)

砂糖と生糸の相場を扱い、自分で面突き出して「のるかそるかの」商売をしたいと書く西郷は、いささか異様である。『西郷遺訓』からの相貌とはおよそ違う。だが、一六歳で藩の下級官吏となってソロバンをはじいてきた西郷にとって、これが最もリアルな世界であるともいえる。

ジョージ・D・トムソンのギリシャ研究（『ギリシャ古代社会研究』池田薫訳、岩波書店）は全体として退屈だが、オイディプスを「市場の盲目性」から説明した一節はいまだに記憶している。オイディプスは父を殺し母を犯し、地縁・血縁から脱領域して横行した。眼をえぐるオイディプスの姿は、村から脱領域して市場の相対性に身をまかせた遊民たちの形象化であったという。それと重ね合わせてみると、相場をはる西郷と、修身斉家を治国の基礎とすることに反対してまず家を捨てよと主張する西郷とは、実は同じ地点にいることがわかる。相場の話をしていて、突然、「暴客の天誅を蒙るか、又は幕吏の刺客を蒙るか」と言いだすところをみると、西郷自身の意識の中でもそれが別のことではなかった。天誅は尊皇攘夷派のテロルのことで、どうせ勤皇派にやられるか幕府方にやられるか殺される身なのだから、ということである。相争っているように見えるふたつの原理は相対的なものであって、個々の志士は自らの志に殉じて横行し、命を賭けて動いているのではあるが、見えざる運命にもてあそばれているともいえる。それが本来の横議横行ということでもあった。「志」の内容よりは、「志」をもって動こうとすることで身分秩序をとびだし、頼るべき基準のない相対的世界で、ただ気脈を通じることをもって動かねばならなくなった事態に、革命ははらまれた。商人たちが砂糖をテコにして幕藩秩序に属さない横行的流通をつくりだしたことと、志士たちが横行しつつ次代の普遍性の形式を探しもとめたことは対応しあっていた。それが、維新の第一のリアリティであった。

薩藩はその結び目のところにいた。だが、たまたまそうなったのではなしに、徳川四〇〇年の切りすててきた「もうひとつの道」が薩摩の中で生きてきて、それが機とともに表にあらわれたものである。信長の時代に、日本はヨーロッパ文化の洗礼を受ける。そのままでいけば、この国もヨーロッパ列強に伍して、侵略しかつ侵略され「進歩」をとげるという道をたどったかもしれなかった。秀吉の拡張主義、その実体化としての朝鮮侵略は、その予兆だった。九州、西方の大名たちは朝鮮侵略に参加することで文化的飛躍をとげ、それに味をしめて海外貿易に力をそそぎ、キリシタン大名もあらわれた。

徳川権力は、それを断ち切ることによってしか成立しなかった。関が原の戦いとは、農業立国論と商業立国論の戦いにほかならなかった。家康がやった利根川治水による関東平野の農業基地化と、鎖国とは切りはなしえないものだ。それは侵さず侵されず、自前で食うという建国構想にほかならず、安定支配を可能にさせた。だが、島津は鎖国の一歩手前で電撃的に琉球弧を軍事占領し、沖永良部から手前を薩摩領としてそこに奴隷制をしいて収奪し、琉球を半独立国とすることで逆に幕府の眼をのがれた密貿易の拠点にした。それは、日本がアジア侵略によって急速に成長するという道の部分的体現であった。この琉球弧が薩摩藩を動かして、徳川体制崩壊のテコになった。

西郷が砂糖の相場に「面を突き出」すにはそれなりの構造的必然がある。しかしなおわからぬのは、この手紙を書いたとき西郷は、沖永良部への二度目の遠島から帰されて、わずか六ヵ月後だということである。琉球弧で彼は薩摩藩の暴虐をつぶさに見、黒糖地獄を垣間見、しかもその深層の限りなくやさしい、自然と一体になった共同体的世界の一端を見て、薩摩に属するわが身をいったんは殺し、大島吉之助と名乗り南洲と名乗った西郷であったはずだ。いくら相手がそうした感性をわかるはずもない大久保であるにせよ、何の痛みもなしに砂糖を軍資金としてのみとり扱うことができるのか。ここには、「全国市場の形成」も「志士の横行」も相対化してしまう、もうひとつのリアリティがある。第一のリアリティの側に立つとき、第二のリアリティは見えなくなる。権力をとるまで、西郷はリアル・ポリティークの平面で活動し、自分の力の源泉である第二のリアリティを見失っている。権力の座についた時に、いずれのリアリティをとるかをあらためて迫られることになる。「眼前の百事、偽か真か」と彼はリアリティの質を問うている。

世上の毀誉、軽きこと塵に似たり　眼前の百事、偽か真か　追思す孤島幽囚の楽　今人に在らず
古人に在り

前田愛氏が「御一新」と「御維新」について整理したのも、このふたつのリアリティということにかかわっている（『幻景の明治』岩波現代文庫）。何もかも一新するという根本的な世直しを意味し、まさしく「民衆の夢」の関数となってきた言葉が、慶応四年春の上からの改革を意味する「維新」に置きかえられていった過程は、まさに「志」が権力欲に収斂し、民気の昂揚を切りすてることを欲しはじめた時期に照応する。その時に西郷は、ふたつのリアリティの比重をはかりはじめ、そしてあらためて琉球弧を座標軸に選びなおす。それと「古人に在り」とはひとつのことであって、西郷は奄美で「土中の死骨」となったからこそ「幽囚の楽」を過ごすことができた。しかし彼が「土中の死骨」と

書いた時に、奄美の洗骨葬の風習を知らぬわけがなかった。ヤマトでは死者との交流は厳格に天皇家と職業的聖者にゆだねられていたが、琉球弧ではそうではなかった。もっと古い時代の、故人とともに親しく生きる感覚が残っていて、「土中の残骨」を三年目、七年目に家族で掘り出して河水で洗い、また葬りなおす習慣にも、隣人のように幽鬼を語るケンムン話*16にもあらわれている。

明治二年に琉球弧を足場として維新を斬り、一新を継続することを選んだはずの彼は、明治四年には再び乞われて上京し、参議首座（首相）兼陸軍大将となり、維新秩序に加担する。その時に彼は自らを嘲って、「荘子に笑われそうだね」と書いている。

朝野に去来するのは名を貧るに似たり　竄謫《ざんたく》の余生、栄を欲せず　小量、応《まさ》に荘子の笑となるべし　犠牛《ぎぎゅう》、杙《よく》に繋がれて晨烹《しんぽう》を待つ

「竄謫」つまり島に流されていったんは死んだ者だということ、荘子に笑われるな、という実感との組み合わせが興味深い。

## 4　動向としての拠点

一八四八年のヨーロッパ革命の、二月から七月への民衆の動向を追った喜安朗氏が、その転形期の状況全体のキー概念としてとりだしたのが「関の酒場」という言葉であった（『パリの聖月曜日』岩波

現代文庫など）。関というのは、城壁に囲われた都市の境界領域のことで、外の暗闇の領域への「穴」である。労働者たちがたむろし、とぐろを巻き、飲みかつ「横議」する。

ハーバーマスが『公共性の構造転換』（細谷貞雄訳、未來社）の中でブルジョアたちのサロンについてふれていたのを思い出した。貴族と領主の公共性に対置される、新興ブルジョアの批判的公共性が、そのサロンの場で熟してくる。社会の秩序全体が転倒するには、既成の公共性に代わる、オルタナティヴな公共性が既成社会の内部にすでにできあがっていなければならない。前田俊彦老のように人民の大義といっても同じなのだが、ここで問題にしたいのは、大義の形式である。大義の形式としての批判的公共性の空間の成立過程である。

「関の酒場」というのは多分そういうことに違いない。貴族および市民《ブルジョア》階級に対する不満を述べあい、怒りをぶちまけあい、そして希望を育てていく。希望というのは困難なトレーニングであって、カイコが糸をつむぐようにして育てられねばならず、そしてさらには「場」が必要だ。そこがひとつの文化圏となり、避難所となり、出撃拠点となる。喜安氏は「関の酒場」によって支えられているような労働者の「生活圏」を浮き彫りにする。「生活圏」というのは、労働者が同じような仕事をしたり同じようなものを食ったり同じような習慣をもっていたりすることによってつくられる、市民社会とは相対的に独立した文化圏である。それもまた社会の境界領域にあって、オルタナティヴな公共空間に

＊16　奄美に伝わる妖怪。その外観や性質は河童やキジムナー（沖縄の妖怪）と共通する。ケンモンとも呼ばれる。

なっているのだ。なぜオルタナティヴかといえば、国権的公共性が拡大すればそれは圧迫されて縮小し、国権的公共性が縮小すればそれも拡大するという関係にあるからだ。

一九八〇年春ヨーロッパにいって特別に印象づけられたのは、この意味での「関の酒場」がさまざまな転形をしつつ、確実に持続していることであった。ドイツではそれがそのまま、ビヤホールの形をとっていた。ベルリンの緑の党の主流をなす「オルタナティヴ・リステ」のオフィスをたずねてみると、そこはブック・ショップ、教室そしてビヤホールという構成になっていたし、話をきいてみるとどのセクトも彼らのビヤホールを持っていた。それぞれのセクトが、その政治的空間を、いつ「客」の入ってくるかもわからぬ開かれた公共性の場としてつくらねばならない。セクトがタテ社会型密室になりにくく、だからこそ横議横行大連合を絵に描いたような緑の党の実験も可能になる。

長い間人びとは、「ある朝の権力奪取」を革命だと思ってき、根拠地を築いていってそれが拡がって革命になるというのは「後進国」にしかないものと考えてきた。しかし最近の史学の展開が明らかにしているのは、生活している民衆の動向を見る限り、根拠地革命がむしろいたるところで本流であったということだ。根拠地が拡大して権力構造までを変え、勝利するか、あるいは革命の勝利の結果として根拠地がつぶされるか、がどこでもくりかえされてきた。

根拠地とは、人の普遍性の形式である。人は誰でも自分が「いま、ここ」の実存的存在であるだけだとは思っていず、自分が宇宙史全体にむきあう地点であると信じている。意識しているかどうかにかかわりなく、それこそ人が支配に甘んじる根拠であり、支配を断ち切る根拠でもある。権力の中に、権力によって支配されることの中にしかわが身の普遍性が見えなければ、人はいつまでも奴隷でいる。

ひとつの奴隷主からのがれても、また別の主人をもとめる。権力奪取というのは、ある奴隷主が別の奴隷主になることだ。根拠地というのは、わが身の普遍性が目に見える形で自分たちのものとなり、そのことによって社会が押しつけてくる支配から相対的に自立し、自由になる空間にほかならない。

横議横行はこの「公共性の構造転換」に関わっている。

それが尊攘派によってのみならず、佐幕派によっても推し進められ、幕府のタテ型コミュニケーションの解体が進行していったことはすでに述べたが、そのことの方向づけに関しては、決定的に異るふたつの理念が対立した。公共性の定義をめぐる激烈な論争が両派の間にくりひろげられた。幕府および佐幕派は、「天下の天下」という同語反復による公共性を主張し、尊攘派はそれに「御一人の天下」を対置した。民主主義的観念からいえば、「天下の天下」のほうがまだましなようであるが、このトートロジーが意味するところは、すでに成り立ってきた公共性こそが公共性だということであった。武士の常識からすれば、それはそういう断言でしか表現できないほど自明のことであった。幕藩体制は四〇〇年にわたって続いた情報と物流のシステムであり、説得と強制のシステムであった。それなしに誰が生きていけるとも思われなかった。「御一人の天下」とは、いや、もうひとつの普遍性がある、ということである。そのためにたまたま、天皇というシンボルが用いられた。これはだから、滅びゆく武士階級の内部対立に投影された公共性論争にほかならなかった。「尊皇」というのは政治主義的表現であって、大久保のようなマキャベリストは天皇をどう利用するかだけを考えていたし、西郷などはできの悪いおいのように若い天皇を扱っていた。むろん、隷従が習いとなった武士の中には、脱藩して身分秩序の支えがなくなるや、なにかに支配されずにいられない者が数多くあったことだろう。六尺微軀があれば政府もいらぬ王もいらぬという境地に達するには、武士の限界から脱領域してみなければならなかっただろう。

実際には、幕藩的公共性と、それにかわる民衆的公共性が対立していた。民衆的公共性をどうイメージできるか、少くとも四つの水準で問題をたてる必要がある。商人にとっては、米の自由市場であり、砂糖や生糸の相場の世界であった。市場の普遍性は現実に幕府の物流システム（政治と経済の強引な予定調和）をズタズタにしていた。農民にとっては「おかげまいり」によって切りひらかれていった公共空間があった。それはのちの農民一揆、町人、半プロレタリアをもまきこんだ世直し一揆へとつながっていく。武士は横議横行の中で自分を再教育していった。そしてもうひとつ、武士が農民や博徒のような遊民と出会う形式として「隊」や「社」というおびただしい結社があった。すでに述べたように、砂糖相場と武士内部の権力闘争とは深くかかわっていた。米相場と世直し状況は不可分であった。そして伊勢の外宮をめざした「おかげまいり」と、武士たちの「尊皇」とは、奇妙にねじれた位相で対応しあっていた。このからみあいを段々にほぐしていきながら、この国の「関の酒場」のありかを探してみよう。

公共性観念についてつけ加える。「御一人の天下」は維新が成るや、凶暴な国権的公共性に転化する。新たな「公儀」が民衆の公共空間を圧殺しはじめる。西郷が「獄にありて天を知る」と詩を書いたのはそのことで、遠島にあった琉球弧、そこでふれた奴隷たちのコミューンこそ公共性の原点だというのだ。敬天愛人の語には、人びとこそが天であると言い切れない苦悩の響きがある。「人乃《すなわち》天」とは、維新にやや遅れた隣国朝鮮の、東学農民戦争の理念である。人民的公共性の形成そのものが主題とされたのだ。同じころ日本では福島事件で河野広中らが、少しあとに足尾鉱毒問題で田中正造らが、国権的公共性と格闘しつつ「人乃天」の道を探していた。

## 5 夢《うわさ》の関数

ひとはどんな状況に置かれても、自分の場所をあふれて流れ出す「夢物語」を持つことができる。むしろ、その場所がせまく閉ざされていればいるほど、奔放な拡がりをもった夢を見る。誰であれ、自分が「いま、ここ」の存在としてのみ生きていると思っている者はいないからだ。たとえば今日の少女漫画の、時には複雑極まる念の入った夢物語を見ると、こんな奔放な想像を必要とするほどに少女たちは閉じこめられているのか、と思わざるをえない。

いつの時代にも、抑圧の深さと夢のひろがりとはつりあっている。ということは、夢によって抑圧が解消することはない、ということだ。だが、にもかかわらず、夢から出発する以外に、抑圧の除去について語ることはできない。夢がどのようにして、抑圧に対抗しうる公共性を形成しうるか、が問題である。

うわさとは、この意味での夢物語と現実とのあいまいで移ろいやすく、しかも重いリアリティをもった接点をなしている。それは横行するものである。志士の横行よりも速く、奔放である。たえず転形し、ひとりひとりの夢物語の関数として変動していく。それは政治的言説を持たない庶民の横議の形式である。金芝河のいう蜚語は、このような民衆的公共性の前段階としてとらえられた、情報の不確定な横行である。「ええじゃないか」などはこのうわさが打ちこわし的行動を伴ったもので、旧勢力が革命を混乱させる意図をもって介入した面があるにせよ、それを民衆の夢物語のダイナミズムと切り離して位置づけるのは誤りである。金銀小判が降ったという類のうわさは、海のかなた峠のむこうに財宝の国を夢見た常世信仰のヴァリエーションが蓄気してきたエネルギーをぬきに考えられない。

志士たちも、この時代の夢の関数となってはじめて横行しえた。高野長英の「夢物語」についてはすでに述べた。小笠原コミューンは、海のかなたの楽園についての数々のうわさの一形態でしかなかった。権力はその夢物語を弾圧することで、夢を現実に翻訳した。長英は脱獄することで、現実を夢に翻訳した。彼はうわさを演じて各地を横行し、空海のそれによく似たご利益伝説を各地に残した。

国境をこえて流れ出ていく夢のかたちが、明治初年には、たとえば「天皇はフランスにむけて船で旅だち、もう帰ってこないそうだ」という根づよいうわさになっていく。黒船をめぐる不安なうわさの新版である。人びとは次第に、「フランスでなく江戸に移るそうだ」と距離感を回復していくが、それでもなお、異人による拉致のイメージは消えない。この流れがあってはじめて、西南戦争で西郷が死してのちの、「西郷がシベリアから艦隊をひきいて帰ってくるそうだ」「インドに逃げて革命運動をしていたのが、今度帰ってくるそうだ」という執拗なうわさが理解できる。この西郷伝説を下敷きにして、明治後期に強引に天皇伝説が描かれていくのも、よくわかる。革命と反革命は、同じ「夢物語」に依拠するのだ。

だがなぜ西郷だけが伝説たりえたのか。なぜ時代の底の、国家を超える夢が西郷に収斂していったのか。さまざまな面から後世の論者はそれに答えようとしてきた。私はそれを「獄＝土中の死骨＝琉球弧」の角度から見たい。幽閉された土牢が明治国家全体よりひろびろとしているという感性自体が、おかげまいり以外に旅とて許されない農民のそれに対応している。それは死者との親近感においてもよく似ている。明日の食いかた以外に何も考えぬ「大衆の原像」などではおよそ非現実なことで、富や言葉によって自分の普遍性をたしかめられぬ者はなおさら、死の一部としての生を意識せずにはいられない。そのことと、琉球弧というアジアとの境界領域とが重なった。アジア民衆解放の一部としての明治維新という視点から、何が見えてくるだろうか。高杉晋作は上海に渡って阿片戦争以後の中国の屈辱と、自立への胎動にふれてくる。彼の脱領域は、先進国を見たい、という松陰や福沢諭吉のそれとはだいぶ異質だった。上海で彼は朝鮮からの亡命革命家たちに会って、組織論上の決定的なアドバイスを受けたといわれている。その結果が、百姓の軍隊としての奇兵隊である。民衆叛乱のノウハウを、輸入するのである。

永年の泰平で、武士は弱くなっていた。教養としての剣道は、戦闘の役に立たなかった。少数の達人はいたが、集団的合戦には適さなかった。百姓のほうが毎日からだを使っていて、わずかの訓練で兵士になれた。薩摩の軍隊が強かったのは薩藩がもみがらまで含めて七〇万石の見栄をはり、実際には貧しかったため、大部分の武士が郷士として農民を兼ねねばならなかったからだ。農民でもある武士と武士になった農民の連合軍が、幕府軍を打ちやぶったのである。維新期に何百といわずできた「隊」はほとんどがこの階層的脱領域の形式だった。尾張藩も戊辰戦争に正規軍をわずかしか出さず、博徒にいくつかの隊をつくらせて派遣しているが、これも武士がまったく士気がなかったためだといいう（長谷川昇『博徒と自由民権』平凡社ライブラリー）。

維新を武士階級内部の保守派と革新派の対立とみなし、革新派が勝って明治官僚になったと見るのは、一面からしか正しくない。民衆の夢のかたちとしての本物の叛乱がいたるところで発酵していた。それに依拠し結合することができた瞬間に、歴史はぐらっと動いた。そしてその背後には、アジアの民衆解放の胎動があった。長州の背後に朝鮮革命のうねりがあり、薩摩の背後には琉球弧からフィリピン、東南アジアにひろがるうねりがあった。徳之島の叛乱をおこした流れがそのまま薩摩を活性化したわけではないにしても、そうした精神圏は存在していた。

西南戦争を「士族反動」とみるのは、あまりにも粗雑な見方である。薩藩に限っていえば、この士族は農民でもあった。西郷が中央権力による革命の推進を見限って以降——それは権力奪取から間もなくのことだったようだが——害にあって道心を失い、獄にいて天意を知るという基本的な態度を決めた彼が構想したのは、武装した農民の自給自足的コミューンであり、その連合による「近代化」であったようだ。条里制解体期の武士集団というのはもともとそのようにして山村にでき、のちに水利技術が発達するにつれて下流に降りていき、大名になっていった。武士の原点に帰るわけだから確かに士族反動ではあるけれども、一面では人民公社を思わせる、中央集権と工業化によらないオルタナティヴな「近代化」の構想でもある。そこに奄美の「獄」での奴隷たちの、これ以上ないほど貧しいシンプル・ライフを強いられているために自然と一体になったのびやかなコミューンをつくらずには生きていけぬ姿が投影されていたかどうか。それは十分にラディカルであると同時に、十分な普遍性をもっていた。だからこそ、夢物語でありえた。そして政府の中央集権的近代化の悲惨が誰の眼にも明らかになるにつれて、西郷が帰ってきて政権を担当するそうだという伝説は日を追って増幅されていった。山県有朋が除幕した上野の西郷像は、いつ「帰ってくる」かもしれぬ西郷の鎮魂のためのものだった。

もう少し時代が接近していたら、毛沢東が出てきた時に、誰もが「ほら西郷が来た」と言ったかもしれない。彭徳懐の非難に対して、そうかそれなら自分は湖南に帰ってもう一度農民運動からやろうといった時の毛は、意識して西郷を演じているようだ。二人はよく似ていて、とくに死生観が似ている。毛沢東が、日本の近代化がアジア侵略という姿をとったことによって生み出された「もうひとつの近代」の形式としての農村根拠地の中に自己形成したからというだけではない。二人は深い部分でタオイストだったからである。

## 6　もうひとつの闘争史

志士の横議横行を民衆の夢物語の関数として読んでいこうという本論の主題からすれば、「おかげまいり」は決定的な位置を占める。なるほどそれは宗教的熱狂から宗教改革へ、そして近代的政治運動へというヨーロッパ革命に見られたような展開をしたわけではなかった。「おかげまいり」の延長上に、維新の政治改革があったわけではなかった。しかしだからといって、「おかげまいり」のもつラディカルな政治性を見おとすとしたら、維新全体が見えなくなってしまう。

「おかげまいり」とは、伊勢神宮をめざした巡礼運動である。巡礼そのものは、中世期に伊勢信仰が次第に俗化して現世利益的になり、ひろがっていく過程で見られ、近畿のみならず関東農村にも男子がお伊勢参りの旅で性的にも一人前になり、帰ってくると米俵に座らせてこれをむかえる風俗があった。通過儀礼でもあり、豊年祈願でもあった。しかしこうした例は一人かせいぜい家族で分散的にする旅だった。「おかげまいり」はそれが信じがたいほどの集団的うねりとして生じたもので、近世に特有のものである。本居宣長の『玉勝間 三の巻』は「(伊勢)大神宮御蔭参り」の一文があって、宝永二(一七〇五)年の「おかげまいり」のことを書いているが、参宮者は「閏四月九日より五月廿九日まで五十日の間すべて三百六十二万人なり」とされている。当時の人口(約二八〇〇万–二九〇〇万)の一割以上の人びとがごく短期間に伊勢に参宮した。こうした現象は慶安三(一六五〇)年、宝永二(一七〇五)年、享保三(一七一八)年、享保八(一七二三)年、明和八(一七七一)年、文政一三(一八三〇)年、慶応三(一八六七)年に大規模に、全国的ひろがりをもって生じた。ただし最後の慶応のものは、クーデタをめざす倒幕派武士によって意図的にひきおこされたものとみられ、伊勢神宮に集中せず、「ええじゃないか」と叫びながら打ちこわしをしたもので、「おかげまいり」と区別されて「ええじゃないか」とよばれている。列挙したうち慶安・享保のものはやや小規模で、より大規模なものは宝永・明和・文政とほぼ六〇年周期でおこっている。

歴史学者たちの多くは、「おかげまいり」と「ええじゃないか」を一緒にして「マス・ヒステリアの現象」(E・H・ノーマン)、混乱と退廃ととらえ、羽仁五郎などによる、民衆の革命的エネルギーが政治闘争にむかうことをそらせる反革命的な役割をはたしたという評価が古典的に定着している。[*17]

遠山茂樹はこれを受けて、「『お蔭参り』にあらわれた自由奔放な気分は、民衆の封建秩序への反発の鬱積した感情が、明確な階級意識をとらず、むしろ社会組織からの一時的な遊離として、流民化し群集化することによって、偶発的に病的に表現されたものであった。（…）宗教的エクスタシーと、それをかりての性的倒錯の放埒情態の中に、革命的エネルギーを放散せしめてしまった」と評価した（『明治維新』岩波現代文庫）。これらに対してようやく一九六八年になって、藤谷俊雄の『「おかげまいり」と「ええじゃないか」』（岩波新書）が、窮民一揆のみが革命的だったのではなく、ヒステリーというなら百姓一揆もそうであって、「『おかげまいり』は『平和』の時期における民衆の解放運動の形態であったとかんがえたいのである」という評価を下し、その解放運動ないし民族形成運動という側面にかんして実証的に光をあてた。折から、次から次へと大学高校が封鎖され、われわれの世代の「マス・ヒステリア」がひろがっていた。バリケードの中で私はこの一冊を鮮烈な印象をもって読んだ。奇妙なことに学生たちは羽仁五郎の『都市の論理』（勁草書房）をベストセラーにしていた。この書物もまた想い出ふかいものだが、しかし大学叛乱はどちらかというとボローニャ自治都市よりも「ええじゃないか」に似ていた。

飢餓時には一揆、「平和」時には「おかげまいり」という図式を示したあとで、藤谷は書いている。

階級闘争として見た百姓一揆やうちこわしは、もっぱら経済的直接的闘争であり、それゆえ封建

---

＊17　E・H・ノーマン「『ええじゃないか』考――封建日本とヨーロッパの舞踏病」『クリオの顔』岩波文庫。羽仁五郎「幕末における思想的動向」『明治維新研究』岩波文庫。

支配の性格上、地域的に限定されざるをえず、したがってそれも非政治的であり、非組織的であることを免れなかった。これは封建社会における、人民闘争のさけられぬ性格であったといえよう。だから封建時代における人民闘争は、しばしば宗教的形態をとってあらわれた。そのことはかならずしも、闘争の革命性を否定する理由とはならないのである。むしろそのことによって、より大きな政治的展望をもった広範な運動に発展したのである。

「おかげまいり」はまた「ぬけまいり」ともいわれたが、この「ぬける」ということ、つまり脱領域ということが、「おかげまいり」の本質であった。神のおかげで何がどうなるのかといえば、もともとは前述のように豊作祈願の農耕儀礼であって、神のよりしろとして田に立てる木の枝を「おかげ」とよんだのに由来するといわれるのであるが、「おかげまいり」の中では人びとが口ぐちに「おかげでさ、ぬけたとさ」とはやしながら行進したと記録にはある。「ぬける」ことがいわば自己目的化していった気配がある。

もともと巡礼行は追いつめられての旅であり、途上で横死する者も多く、「行きて帰らぬ死出の旅」になる可能性の大きいものであるから、現代のレジャー旅行と比較することはできない。にもかかわらず、この時代には仏教巡礼かお伊勢参り以外には庶民が合法的に旅をする機会はなかったのであって、「ぬける」ことによる心理的地平線の飛躍的拡張の意味は、今日からは想像もしにくいほど大きかったはずである。

横議横行とは、社会の情報体系そのものの変革のことである。既成社会のタテの情報流通に対して、横の情報流通がひろがっていき、それが既成メディアの機能をも変化させていく。武士たちは脱藩し、身分によってではなく志によって自分を定義しようとし、そのアイデンティティの「切断」によって横議横行のにない手となる。町人百姓の脱藩・横行が「ぬけまいり」であった。かれらは在所によってでなく、信仰によって、いやむしろ夢によって自らを定義しようとするのだ。

そのことは、地域的な脱領域だけであったわけがない。「おかげまいり」と「ぬけまいり」は同じものとされるが、「ぬけまいり」の言葉は、その非合法的性格を強調したニュアンスがある。人民の所在を管掌すべき権力機関にはもちろん、親にもいわずにとび出す子どもや、主人に黙って出ていく奉公人が多く、それが狭義の「ぬけまいり」にほかならなかった。主人が「ぬけまいり」した下人を罰したところ神罰を受け、家が出火した、あるいは家人が病気になった、といった類の説話がさまざまに流布された。これなどは封建的身分秩序から勇気をもって「ぬけよ」という被雇用者へのよびかけであり、神の名における豪農・豪商層への警告、あるいは投降のすすめである。こうした話の中で、罰を受ける主人らはしばしば仏教徒、それも真宗か日蓮宗の門徒とされた。この両者が最も非寛容な宗派であったからだ。「おかげまいり」をめぐって仏教と神道が激烈な思想闘争をしたことがうかがえる。実際に各地で、伊勢参宮をやめよとよびかけたり、それに使う金なら寺に納めよと説いたりした住職が民衆に襲われる事件があった。幕府権力の末端をになわされている寺檀制度への怒りがそうした形で噴き出したのだろう。後期の文政「おかげまいり」には、真宗の牙城である北陸・東海からも多数が参加した。「神々の闘争」はまた、農民たちを村に縛りつけようとする動きと、「流民化し群衆化し」て普遍的領域を形成しようとする動きとの闘いでもあった。

## 7 「おかげまいり」と少年自治

群衆が形成されるとき、人びとの個体差は消滅し、群衆自体がひとつの生きもののように動くとエリアス・カネッティは『権力と群衆』（岩田行一訳、法政大学出版局）の中で書いている。カーニヴァルの中では、日常的な差異にもとづく秩序が失われ、身分や年齢や性の差が無視される。ドストエフスキーが戦争を賛美した論理も、総力戦の時代にはカーニヴァルとなる戦争の平等性と超常性——貴族も賤民も常ならぬ身ぶりへと溶かしこまれてしまうこと——への着目からであった。群衆の中に身分はない。しかし、年齢や性の差への配慮（＝距離意識）もなくなってしまうために、群衆の中ではしばしば子どもや老人が犠牲になる。オイル・ショックの七三年には、トイレットペーパー騒ぎの中で老女がふみつぶされた事件があった。

「おかげまいり」の主体は、この意味での群衆であった。日常の身ぶりと異次元の身ぶりが採用される。「ぬける」ことの本質は実はここにある。私の身ぶりとは何だろうか。七〇年代にヨガとエソロジー（動物行動学）がブームになったのには共通の根があって、それは私が「思う」ところでない私の存在、つまり身ぶりを解読したいという欲求にほかならなかった。ヨガのポーズの大半は動物の名が冠せられているから、ヨガとはエソロジーである。中国の導引に五禽戯が大きな地位を占め[*18]、また太極拳もシンボリックには鶴と蛇の闘争と解釈されるので、これもエソロジーである。児童漫画、とくにナンセンス・ギャグでは、身ぶりの解釈学が主題とされ（とくに『がきデカ』と『らんぽうくん』）、家族を猫の側から解読する『綿の国星』的な世界とともに、漫画もまたエソロジーの地平に参加した。

なぜ動物行動学なのか。それはエコロジカルな主体の拡張——私のからだは動植物の死体でできている——を確認するだけの理由ではない。むしろ人間行動のなかに、他生物と共有される身ぶりの次元をさがし出すことで、生得的でない、学習される身ぶりの諸次元を対象化することが求められていたのである。

学習される身ぶりには、まず折口信夫のいう「古代」から送達されてくる身ぶりがある。戸井田道三が『演技——生活のなかの表現行為』(『戸井田道三の本3 みぶり』筑摩書房)の中で解明した身ぶりの主要部分はこの次元に属する。そこでは「かごめかごめ」が天の岩戸と通底していたり、「めっ」や「あかんべ」が市川家の襲名披露で演じられる「にらみ」と同じく、眼力によって魔を退散させる儀礼から由来することなどが明らかにされる。こうしたものがどの程度、集合的記憶として遺伝子情報に組みこまれるのかはわからないが、常識的には文化的に伝達されていく身ぶりだろう。

そこまでをカッコに入れてしまうと、私が諸制度とかかわるなかで押しつけられてきた身ぶりが浮かびあがってくる。家族は「いいお顔してごらん」からはじまって、「子どもらしさ」や「男の子らしさ」を要求したりする。A・トフラーによれば学校が本気で教えたいことはただ三つで、それは時間厳守と服従と反復作業への忍耐だという(『第三の波』)。それはすべて、機械のペースにあわせて人間が活動するための準備である。当然に労務管理は身ぶり指導となる。

＊18 導引とは「ストレッチして気を導く」という意味で、大部分の気功はこれに属す。五禽戯とは虎、鹿、熊、猿、鳥を指し、導引ではこれらの動きを模した動作も取り入れている。

これらは私が学習する役割であり仮面でありヨロイである。そうした身ぶりの束が「自我」とよばれる。

「おかげまいり」で人びとはどのようなヨロイを脱いでいったか。その第一の軸は、聖賤観念、清浄観念とそれにもとづく差別的秩序である。藤谷俊雄は部落史研究をしているから、この点に敏感だ。本居大平の『おかけまうての日記』から「又常にはいといやしきものゝ、人にもしらせず、忍びてまうづるをば、ぬけまゐりとなんいひて、かたゐのごと思へるに、こたびは、さしもいやしからぬほどの人どもゝ、いさといへば、せちに心もよほされて、思ふどち家人にだにしらせで、ゆくりなく立出るたぐひも数しらずなん」という箇所を引いて、いやしからぬ人もかたゐ（乞食）にあえてなっていく、群衆の発生機会をとらえようとしている。藤谷はまた言う。

文政「おかげまひり」の最中に、火災が起って内宮古殿が焼失したさい、その理由として、「穢多」身分の人びとが参宮したこと、山田神領の人びとが商売の多忙にまぎれて別火の戒しめを破ったこと、また同様な理由から、病人や生理期の女性が別宅しなかったこと、諸国の旅人が神域に籠り、神前拝殿をもいとわず大小便の不浄をたれたためなどによるといわれたが、これは「おかげまいり」の運動のなかで伝統的な「清浄」観念がくずされたことを語っている。

清浄の強迫観念があって「穢れ」への不可触意識も生ずる。群衆形成のなかで、単に一人ひとりが自己の身分の標識である身ぶりを脱出する（旦那が乞食になる、等々）だけではなく、身分を「分」ける方法的前提となる清浄観が崩壊して、生理や出血や排便の要求が当然のこととされる精神的大転換のなかで、被差別の身分外の人びとも群衆に加わってくることができる。
第二の軸は、年少者の叛乱である。

洛中童男女七、八歳より十四、五歳に至り、貧富を論ぜず、抜参りを致す事夥し（『元禄宝永珍話』）

閏四月廿一日の朝より、大坂中の七、八歳から十四、五歳の子どもが、家並に二人三人づつ逸参《ぬけまいり》したのを、親仁方は節句まえでいそがしい時分なので堅く制止したがききいれず、朝から暮まで逸参の子どもは凡そ一万余りといわれた。（『伊勢太神宮続神異記』読み下し）

山城の記録では宝永の「おかげまいり」参加者のうち六歳から十六歳までが三六%を占めたといわれる。五歳までは親がつれるのが普通だったが、六歳からは自分の足で、多くは親にもいわず参宮したという。六歳から十六歳ということから、われわれはハーメルンの笛吹き男を思いだすこともできるし、『少年の町ZF《ゼフ》』を思い出すこともできる。あるいは義和団の年齢制限が十六歳以下であったことを。[*19] またこれも十六歳以下だった紅衛兵たちがためらいもなく長征をはじめ、「おかげまいり」のように天安門に集結したことを。それは少年自治への激しいまでの要求であった。親に対する叛逆もあれば、少年奉公人の主人に対する叛逆もあったろう。

もともと日本文化の古層には、少年自治の伝統があった。いわゆるイモ栽培狩猟民文化の年齢階梯別組織がそれで、薩摩・高知・紀州・伊豆等の黒潮文化圏ぞいに、若衆宿、若者組等の形で残ったものがそれである。「七歳までは神」と日常を超越した存在として扱われた子どもたちは、その後は若者の相互教育の場で労働と性と共同性のトレーニングを積んだ。この形はどこのムラにもあったわけではないが、子どもに「子どもらしさ」の分を求めつつしかも大人社会の身ぶりを押しつけていくという世間文化伝達の矛盾を、可能な限り抑圧的にでなく処理しようという努力は、工業社会の義務教育より考えぬかれていたといいうるのではあるまいか。

それにしても伊勢信仰が子どもたちにどのように情報伝達されていったのか、「笛吹き男」もなしに彼らは行進をはじめたのか。「おかげまいり」における少年少女の叛乱が若衆宿的な文化とどうからみあっていたのかも考えてみなければなるまい（薩摩の武士層の中の若者自治組織は明らかに若衆宿文化の武家社会的変異である。西郷や大久保は二才《にせ》——青二才の二才！——ともよばれるそのリーダーだった。今も続く西郷塾の類になおその痕跡がうかがえる）。「近世社会における青少年層の活動について、われわれは再認識しなければならない」と藤谷が言うのに、賛成である。

もうひとつ、決定的に重要な軸があった。それは性差の消失、異装による性転換である。

## 8　底なしの蜂起群

文政おかげまいりについての『伊勢御蔭参実録鏡』の文章を『「おかげまいり」と「ええじゃない

か』から孫引きする。――「大坂より若き女五拾人余銘々ひしゃく一本宛《ずつ》持ち、歯黒は落して白歯なり。皆一様のしたくにて、からすねへ白の脚半計り、衣装は男模様の紬《つむぎ》紀の大嶋なるを着、びろどの男帯にて裾高々と引上げ、ひ縮緬のふんどしをしめ、髪は男まげに結い、さらし手拭ほおかむり、笠に御蔭と書き、銘々旗をたて抜参りと書く。又道中歌はやしに、御蔭でさ、するりとな、抜けたとさ、というはやしにて、やっさもっさの御蔭は実に勇みなる事どもなり」

文政の時には「ひしゃく」をもつことが流行して、巡礼者はこれで報謝の銭などを受けたものらしいが、女房がお歯黒もおとし、肌もあらわに男衆の格好をし、髪も男まげにしとなると、女という性のありようへの意思表示、異議申し立てと考えるしかない。

群衆の中での性差の消失は、ある場合にはかよわき女性がふみつぶされる形をとり、ある場合には日常には見られない集団的エロティシズムの実現になるのだが、「するりとな、抜けたとさ」というはやしで踊っていく彼女らには、女が孤立して家に縛りつけられる時にはありえないエロスがあふれていたことであろう。

前述の『演技』の中で戸井田道三は、演じられる性について論じて、ロベール・ブレッソンの映画

＊19　日清戦争直後の中国を、欧米各国および日本が侵略していることに対し、義和団とよばれる山東省の秘密結社が貧農を組織して反乱を主導し、清朝がこれを支持して一九〇〇年六月に宣戦布告。義和団は北京まで進入したが、イギリス、ロシア、ドイツ、フランス、アメリカ、日本、イタリア、オーストリアの連合軍により同年八月に鎮圧された（義和団事件）。

『ジャンヌ・ダルク裁判』にふれている。彼女は叛逆者としてではなく、女のくせに男装をしたという罪で火刑にされるのであるが、その判決を言いわたす裁判官がスカートをはいている。戸井田はこの象徴的な図柄から、両性具有は権力者の特権とされていて、庶民が性転換をすることには彼らは極端な憎悪をもやして犯罪視するので、同性愛に対する態度もそうだと指摘している。カーニヴァルにおいて、また叛乱において、しばしば性転換のスタイルが演じられる。日常的なタブーが踏みこえられるのである。シェイクスピアの一連の性転換劇（『ヴェニスの商人』から『十二夜』『お気に召すまま』など）も、中世教会と農民の象徴戦争のなかに位置づけてみると、また興味深い一面が浮かびあがってくるに違いない。おかげまいりには異装がほとんど不可欠の要素としてあった。女の男装だけでなく男の女装があり、貴人が乞食の格好をし、庶民がきらびやかに飾った。

（…）家々に右の造酒を、亭主などが商売は皆御下りあると四、五日も休み、ただ表を通る人にのますのを仕事に致し、また奉公人などや、娘下女の類は、昼夜鳴物などを打ちたたき、男女老若も町中を大さわぎ。または面におしろいなどをつけ、男が女になり、女が男になり、また顔に墨をぬり、老母が娘になり。いろいろと化物にて大踊り。ただよくも徳もわすれ、ゑじやないかとおどるのみなり。（『慶應伊勢御影見聞諸国不思議之扣』）

市中祭り、二見之浦などの作り物これあり、衣裳美々しく飾り、おとり歩き行く。その哥《うた》にいはく「ゑいじやないか〳〵おそゝに紙はれ　破れりや又はれ　ゑいじやないか〳〵」といひて市中大賑合い、夜八ツ時ころまで太鼓打ち、囃子にて山手などへ聞へ申し候。（小寺玉晁『丁卯雑拾録三』）

柳田國男のいう「祭」と「祭礼」の区別でいえば、見物人に見せるための作り物などが次第に凝ったものとなって、「祭礼」になり、にない手と見物人とが分離していく。そのことへのいらだちが「同じ阿呆なら踊らにゃ損々」という阿波踊りの囃子に典型的に残されているが、おかげまいりの場合、この行進する踊狂が著しい伝染性をもって沿道をまきこみ、見る阿呆を踊る阿呆にひきこんでいったことがうかがえる。それは、身ぶりの社会的秩序総体の変革をもとめた、体育運動だった。体育とはもともと、特定の身ぶりのシステムを押しつけることである。学校の体育はそのひとつの集約にすぎず、6節で述べたように、あらゆるメディアを通じて、社会は特定の身ぶりのシステムを人びとに教えこみ、その結果、その時代に見合った「子どもらしさ」や「女らしさ」や「老人らしさ」がつくられる。「女が男になり、顔に墨をぬり、老母が娘になり」とはこの身ぶりを脱ぎすてて選びなおすことにほかならない。ぬけまいりはそうした意味での、民衆の体育運動だった。

しかし、人がいったん受けいれた身ぶりの体系とは、彼または彼女が世間とむきあうための役割の束なのであるから、彼または彼女のアイデンティティそのものである。そのようにして身についた身ぶりは、実は彼または彼女にとってのリアリティそのものにほかならない。それをどうやって、なにを根拠にして、脱ぎ、まるで試着室に入るようにして着がえることができるのであろう。

体育が単にヨロイとその選びなおしだけだとしたら、人間の魂のうちから湧いてくるものがそこにはない。きわめて見えにくい、もうひとつの極がそこにはある。W・ライヒがヨロイ（武装した筋肉＝自我）に対置した概念でいえば、それは「生命の泉」である。

ヨロイと生命の泉とが、どうして「指導」という悲劇を生み出していくのかのメカニズムを、ライヒは『キリストの殺害』（片桐ユズル・中山容訳、太平出版社）の中で解明した。社会の押しつけるヨロイが耐えがたいものとなる転形期に、人びとは自分自身を憎みはじめる。自分のからだの中に、輝く生命の泉を見ることができず、自分の着た身ぶりとも整合することができない。根気よく自分の中をのぞきこんでいけば、そこに「泉」があるのだが、そういう習慣自体がないところでは、存在に耳をかたむけることさえも恐怖である。このとき人びとは、自分よりも生命力があふれているように見える人のところへあつまりはじめる。人びとはその英雄から生命を汲んで飲むが、自分の泉が見えない以上、底のないバケツに水を汲むようなものだ。人びとは「救い」を求め「指導」を求める。なぜキリストが求められ、しかも殺されたかの矛盾をライヒは、ヨロイと泉の関係から説明する。なぜスターリンとかヒトラーといった「小キリスト」が地歩を築いたかも。

しかし、おかげまいりには英雄も指導者もいなかった。このうねりが志士をつきうごかしはしたが、志士がこのうねりに影響を与えたことはほぼなかった。これはむしろ驚異といってよい。おかげまいりは単一のまたは複数の指導的中枢をもたず、リゾームとして増殖した。おかげまいりのひろがり方は、脳のニューロンが互いに八方に稲妻型の触肢をのばして連結していきながら情報を再処理し加工し生産するさまをむしろ思わせる。コンピュータが単一の情報中枢しか持てないのに比べて、脳はずっと自由で、複雑である。コンピュータが「タテ社会」なのに対して、自然存在としての脳は「横議横行」である。コンピュータは膨大なヨロイのシステムであるが、脳は「泉」に根ざしている。

遠山茂樹のいう「宗教的エクスタシーと、それをかりての性的倒錯の放埒状態の中に、革命的エネルギーを放散せしめてしまった」というおかげまいり評価にもう一度帰っておこう。女が男を演じ、老女が娘を演ずることを性的倒錯の放埒状態としかよべぬ革命とはいったい何だろうか。おそらく遠山にとって革命の根拠とは生命の泉を解き放つこととはまったく無縁な、社会の必然的法則性についての書物の中にあるのだろう。ヨロイを着なおすことが革命とよばれているのだろう。革命についての論議の九九％までが、武装した筋肉とともに語られている。だからわれわれは何度でも、あの単純で底知れず深いファノンのテーゼに戻らねばならないのだ。

「だが肝心なのは、人間を解き放すことだ」

## 9 目的なき活元運動

太極拳はゆったりと舞うように動くから、スピードこそ生命だと思っている空手などの人からは、ありゃ盆踊りじゃないか、といって馬鹿にされる。空手の指導者であり、太極会を主宰もする笠尾恭二氏は「いや太極拳のほうが偉大だ。武術であってしかも盆踊りにもなる」と笑ってみせる。私は武術としての太極拳をまともに学んできたわけでないので、今のところ「盆踊り派」である。近ごろは開きなおって、音楽を流してやってみている。

太極拳の特徴というのは、動きはじめるや宇宙的振動に同調して途方もなくスケールの大きな自動車運動に巻きこまれるという実感である。太極拳が「うまくなる」というのは一面からいえば、自分が個人史の中で着こんできた身ぶりのヨロイをひとつひとつ脱いでいってこのリズムに「まかせきる」ことができるということだ。この拳法が殴りあいに起源をもつことは当然だが、同じくらいの重みで踊りの起源であってもいいような気がする。ジャッキー・チェンくらいになると、演出としてでなく身体の躍《おど》りそのものにおいて戦いと舞踊とを統一していて、ただ舌を巻く。ディスコやリズム体操がはやるのも、人びとが自分の日常の身ぶりを重いヨロイとして感じ、それを脱ぎたいと感じはじめたことの指標だろう。

本当は太極拳やジャギーダンスのように一定の別次元の身ぶりを媒体として習得しなくても、活元運動のように体内の自動運動が噴出してくれれば、そのほうが簡単で効果がある。活元とは故野口晴《はる》哉《ちか》氏が自律神経の錐体外路系の解放として理論化し方法化したものだが、もとは神道の振魂（フルタマ、タマフリ）である。私は一九八〇年、台湾系の老師に「外丹功」という振動運動を習い、翌年正月に上海で「本能体育療法」を習って、このオートマティスムの東アジアへの拡がりの地図を少しずつ頭に描きつつある。

この活元も、音楽があったほうが入りやすい。整体協会本部では私が行っていたころはベルリオーズを使っていたようだが（ついでに書いておくと野口氏は日本有数のオーディオマニアといわれ、触手だけでたいていの病気を治す〔というより自己治癒の力をひきだしてくる〕ことのできた氏が「私の健康法は音楽を聴くことだけ」という言葉を残しているのは面白い）、かつて哲学者、福田定良氏と対談したら、「長唄での活元もなかなかいい」と言っておられた。私はその時ふと、さまざまな「舞い」の様式のもっている記号体系としての差異にもかかわらず共通文法のようにある「活元」的要素の遍在を感じた。太極拳と能舞がなぜよく似た印象を与えるのかが少しわかった気がしたのである。

さて「おかげまいり」というのは何かの目的意識によって組織されたものではないから、一種の「活元運動」としての性格をもっている。「直す」ということがもともと分析的な治療のことでなく、医療舞踊にみられるような体内エネルギーの爆発によるバランスの回復を指していたものとすれば、「世直し」もまた目的意識的集団に導かれなければならないものではなく、活元であった。頭脳でいえば新皮質でなく、視床下部ないし「ワニの脳」がつかさどった動きである。革命がしばしば復古を不可欠の要素とするのはそのためだ。理性は、理性そのものが一種のからだのヨロイであることの自覚から出発することなしにこの過程に介入しえない。

関ケ原の戦いのあと徳川がやろうとしたのは、利根川系の再開発による関東平野の穀倉化に強制力の基礎をおいた米本位体制と、西側大名の力の源泉である海外貿易を禁じた鎮国とによって、権力を定着させることだった。だが、そのスタートのところで、象徴的に言えば二つの風穴があいた。ひとつは一六〇九年、薩摩藩による電撃的な琉球占領で、その後琉球は形は独立し、奄美までが薩領という形にしてみても、薩摩が独立王国となることは避けられなかった。もうひとつは一六一四年の伊勢踊りで、一六一六、一六二四と継続的に諸国に流行した。伊勢踊りはお伊勢さまのご利益をうたった歌謡とともに「諸人が風流《ふりゅう》の衣裳をかざり、市街村里を踏歌し（…）農業を廃し人馬をやとい、老若群をなしておどりあるいた」（藤谷俊雄）。これは中世の風流（仮装行列）の伝説をひくものだが、「農業を廃し」というのは一種のストライキであって、徳川農本体制と真っ向から対決する精神領域をかかえていた。これが集団参宮と結びつくとともに大規模化し、「おかげまいり」になる。二つの「風穴」は徳川体制にとって構造的な弱点であって、結局そこからこの情報システムの自己完結性は崩壊するのである。しかし、「おかげまいり」のおどり的要素は単に中世の延長上になかったと藤谷俊雄は書いている。

民衆を熱狂的な陶酔に誘いこむものは、この「おどり」的要素であったとかんがえられる。そしてこの「おどり」的要素がとくに強く発揮させられたのが、一八六七（慶応三）年の「ええじゃないか」であった。そしてまたこの点が、「おかげまいり」をヨーロッパ中世農村の、舞踏病と対比する見方の根拠ともなっているのであるが、「おかげまいり」における「おどり」的要素そのものは、むしろ近世的、都市的な特徴をしめすものというべきである。

このように見てくると、「おかげまいり」そのものは、起源としては農業儀礼からはじまり、参加した民衆の多数は農民であったけれども、それはけっしてたんなる農業祭儀ではなく、また農民だけの運動ではなかった。基本的には近世の商業交通の発達を条件として起ってきたものであり、直接運動を推進したのも都市民であり、都市の商人層であったということを否定することはできないのである。

おかげまいりの持っている農村的求心力と都市的遠心力の二重構造、その絶妙のバランスが少しずつ見えてくる。伝統的・農業的な象徴世界が、都市が形成されていく時のアナーキーなエネルギーと結びついて変形していく。米の独占流通体系は農民の移動禁止と結びついてこそ独占たりえたのだが、その体制そのものがこの遠心力を準備してしまう。踊りの身ぶりの次元でも、この二重構造は見られたはずであった。

都会下の自然主義というのは言うまでもなく逆説的なものである。体育が動物の身ぶりの学びなおしであったり（典型的にはヨガと五禽戯）、農作業を模している（今日も中国各都市の公園でやられている「易筋経」は農作業の名前がつけられた動作から成るものがある）のは、すでに失われたものを復活・蘇生しようとする衝動に根ざしている。阿波踊りやどじょうすくいに残っているような動作の骨格になっているのは、右足の出る時に右肩、右手も出る「なんば」の身法で、いうまでもなく種まきや耕す動作に根ざしている。だが別の領域もある。手が頭の上に伸びていく動きは、労働作業にはない。神にむかって手をさし伸べるこの動作は「手伸《たの》し」であって、楽しの語源とされる。「踊る宗教」とよんで私がやっている体操はこの「手伸し」の状態で腰を前後左右に振り、ひねっていき、自由な動きに移行していくもので、これはロックに乗りやすい。中国のスワイショウの変形である。この伸ばされた手がひらひらとひるがえって自由な表現領域を形成するところが、下半身のステップだけで或るパターンを演じていく西洋の舞踊とまったく異質な、自己表現力をもった東洋の舞踏になっていく。手ひらひらがさらに伸していって、のぼりやハタになり、都市的ひろがりの身ぶりにおける表現となる。都市住民にとってまず農作業の様式化が身ぶりの脱領域となり、農民にとってこの普遍性の拡張が脱領域となって、のびやかなオートマティスムが可能な条件ができる。

II

# 群衆は増殖する

1975. 3

夜と群衆は、このおぞましい夢の中でともどもに濃密になってきた
そして、どのような視線も測ることのないこの地域で
人間がふえるにつれて、影もまた深くなった

――ヴィクトル・ユゴー

## はじめに

一九七三年の春、ある総合商社の調査部門は、古今東西の商店焼き打ちの比較研究に手をつけた。左翼の大部分が、言葉で「激動」を語ってもそうした群衆的破壊行為を想像もしていなかった時点でいえば、これは資本のおそるべき敏感さを意味していた。人びとが生活をもはや耐えがたいと感じ、

自分の場所から出たいと感じ、それが暴動にさえ発展しうることを彼らは予感していたことになる。だから、当の商社の過剰流動性を利しての商品買い占めに直接の端を発した一連の〈パニック〉が、はたして彼らの恐れていた当のものなのか、恐れていた事態を先取りするための演出によったものなのかは判然としない。

群衆が動きだしていた。ふだん、人は「自分の場所」に立てこもり、そこから出ることをおそれている。自分の領分の外は闇であり、先史人が洞窟の外でなにものかに接触することへの恐怖から夜の深さを避けるように、それを避けたがる。だが、群衆の中で人は恐れない。彼は濃密な影それ自身になるのだ。

市民社会の影であるこの群衆はファシズムの予備軍でもあれば、革命的暴動の予備軍でもあった。〈パニック〉は、自警団へと転化することも、米騒動へ転化することもできたはずである。高度に可動化し、文字通り動員された群衆が私的領域を現実に乗りこえられないとしたら、それはファシズムとよばれるにふさわしい。ファシズムは、「〝私〟の外皮としての〝公〟」の姿をとる。だが、「〝私〟を打ちやぶる〝公〟」(「破私立公」)がこの可動性の中で実現するとしたら、それは市場原理による社会を超える新しい人間関係の現実的予兆となったはずである。

〈パニック〉の初期に、ついに実現しなかったが真剣に考慮されたひとつの政治組織のことを一言だけふれておこう。それは仲間うちで、「動きだす会」とだけよばれていた。野党も労組もいわゆる新左翼も情勢へのヘゲモニーを完全に喪失している時に、この群衆を結晶させ、維持し、方向づけるためだけの、綱領ももたず単一の指導中枢ももたない横断的ネットワークそのものであるような組織が計画されたのである。おそらくこうした群衆結晶体の構想は各所にあったに違いないが、それは登場しなかった。

「階級」や「大衆」ないし「民衆」についてさんざん論じられていたにもかかわらず、この意味での非連続な、カタストロフな「群衆」についての研究はほとんどなされてこなかった。〈パニック〉が一方でエゴイスティックな買いだめを、他方で主婦たちのエッソ某営業所「襲撃」といった事態を萌芽的にはらんだとしても、その二重の性格がとことん問われることはまだなかった。問題は今後にのこされたのである。

ここでは、群衆についてのもっとも首尾一貫した研究であるエリアス・カネッティの方法に多くを負いつつ、さしあたり、現代世界――まさに一九七三～五年の世界――を定義し、今後を展望するに必要な限りの群衆像の検討を試みることにしよう。

## 1　群衆は自らの外に出る

### 開かれた群衆・閉じられた群衆

群衆は季節の顔をもっている。

このことは、ごく近い例に限っても、乗客暴動[*1]からトイレットペーパー・パニック、豊川信金事件[*2]等にいたる一九七三年の群衆と、長島とハイセイコーの引退の儀式に象徴される一九七四年の群衆とをひきくらべてみれば明らかである。巨大な人数が限られた空間をみたし、ともかくも日常からかけ離れた、極限へと飛翔する興奮を体験したことでは同じであるこの二つのタイプの群衆群衆は、どこが違っているのか。

七三年の群衆は、開かれた群衆であった。[*3] ちょっとした言い争いや抗議、単純な衝動買いに端を発して、群衆は急速に形成される。組織者がいたわけでなく、戦争のように対抗 - 群衆があったわけでもないから、この群衆の存続の条件は、それ自体が増殖しつづけるというそのことだった。開かれた群衆の場所——駅、団地のスーパーマーケット、地方小都市の金融機関——は共通の性格をもっている。それは一定程度——濃密な興奮でみたしうるほどに——限定された都市の局部であり、しかもたえず人が増え続けることができるという場所である。

七四年の群衆は都市に背をむけている。フォード（米大統領）のために羽田に無理にしつらえられた「歓迎の群衆」と同じく、それは街路や広場、記念建造物といった本来の群衆の空間に背をむけているのだ。それは閉じられた群衆である。円形競技場の中で、群衆は自分自身を見ている。叫び、涙を流すなかで、彼らはそこにいなかった者には拒まれたある秘密を共有する。なにか機会があれば、ブラジルのサッカー試合が時に血なまぐさいカーニヴァルに転ずるような種類の爆発が見られたかもしれなかったが、そうしたことはおきなかった。

〈暴動〉〈パニック〉とよばれた七三年の群衆は、二重の情動につきうごかされていた。迫害と、逃走とである。それは直接の「敵」をもっていた。国鉄労働者や、小商人たちにむけて彼らは殺倒した。獲物がさがされ、かりたてられた。狩猟の群れは時に、見えざる流通機構や巨大集団を仮想敵としたもしれなかった。にもかかわらずそれは、逃走する群衆であった。生活の耐えがたさは、場所の耐え襲う前のパリの民衆によってまず血祭りにあげられた兎や狐たちであり、権力が次に目ざされるのか戦闘の群れをはらんだ。あるいはそれは顛覆群衆にさえなりえた。糾弾されたのは、バスティーユを

---

＊1　一九七三年の春闘で、国鉄労働組合（国労）と国鉄動力車労働組合（動労）はスト権奪還のために、法令や規則を厳守することで合法的に電車遅延をくり返す「順法闘争」を争議戦術として展開。それに反発した乗客が三月一三日朝、高崎線上尾駅などで車両や施設を破壊して駅一帯を占拠（上尾事件）、四月二四日には首都圏の二六駅でも同様のことが起きた。

＊2　一九七三年一二月、人口一万七〇〇〇の愛知県小坂井町（現・豊川市）の豊川信用金庫小坂井支店で、「豊川信金が倒産する」などのデマ（噂）から、預金者らがパニック状態に陥って取り付け騒ぎが発生、三日間で二〇数億円が引き出されたといわれる。日銀と大蔵省が豊川信金の経営を保証するなどして収束した。騒動の発端は、警察の調査によれば、電車内での高校生の会話に出てきた冗談だったという。

＊3　以下の群衆の分類は、エリアス・カネッティ『群衆と権力』（岩田行一訳、法政大学出版局）に依っている。彼は接触恐怖の解消に群れの根本衝動を見、(1)増殖、(2)平等＝日常的距離の解消、(3)密集、(4)方向をもつことの四点で群衆を定義し、このどの側面が前面に出るかで群衆を分類する。構造的には「開かれた／閉じられた」「リズミックな／停滞する」「速い／遅い」などの軸が出され、情動による分類として、迫害群衆、逃走群衆、禁止群衆、顛覆群衆、祝祭群衆の五つを挙げる。またとくに注目されるのは、見えない群衆すなわち霊の群れの現実の群衆形成における役割を問題にしていることである。群れは群衆のアルカイックな、局限された形態であり、むしろ動物の群れに近い。狩猟の群れ、戦闘の群れ、哀悼の群れ、増殖の群れの四つが基本単位として数えられるが、これらは後世の宗教的群衆や戦争、生産等組織の中にくりこまれる。

がたさとしてまず感じられていた。団地の居住から、限りなく惨めな通勤コースから、逃げねばならない、モスクワから敗走するナポレオン軍のように――ここは敵地であり、冬はさらに厳しさを増すのだ。

競技場の群衆はもはや動かない。そこにいるのは、哀悼の群れである。少なからぬ未開民族に、死にゆく者を静かに死なせない習慣がある。死を間近にした者をまえに、人びとは自らの体を傷つけ、血を流し、あらそってその病人に体をすりつける。興奮のるつぼの中で多くの肉体は瀕死の者の上に堆積をつくる。人びとは彼の肉体を吸収しつくそうとする。[*4]七四年に去った者はなんだったか？それは増殖のための増殖が一般原則となっていた時代の「速度の英雄」たちであった。この意味では、これら哀悼の系譜に、ほぼ全国民がマスコミを通じて立ちあうこととなった田中角栄の公開処刑の経験をつけ加えるべきかもしれない。哀悼の群れの成立は、共同体が過ぎ去りゆく時間にたいして無力であることへの怒りにその根拠をおいている。群れは死んでしまった者の粗末な家を焼き払うことで絶頂をむかえ、そして急速に冷える。

後楽園をも目白台をも焼き払うことなしに、われわれがもはや自らの無力を怒ることさえできなくなっているとしたなら、それは何によるのであろうか？

## 攻撃する群衆

六八、六九年の大学を舞台とした祝祭の群衆が去ったあとで登場した七〇年代の群衆は、基本的に迫害群衆であった。公害と開発に反対する住民闘争、そして消費者運動は、具体的な怒りを抱き、直接の敵をもっていた。三里塚や富士川火力をはじめとして、「武装した学生軍団」よりもはるかに徹底した反権力の暴力を行使しえた群衆の形成例を、われわれはいくつも挙げることができる。局部的であれ、秩序の顚覆をめざす群衆がたちあらわれ、その裾野ははかりしれなかった。「権力」一般でなく、個別の企業活動が迫害対象とされていることも、新しい事態であった。五〇年代末以降、春闘方式は、日常性を自らに禁ずることで成り立つ禁止群衆としてのストライキを閉ざされたものへと制度化してきたが、反開発の思想の登場によって、あらゆる場所でこの禁止が成り立ちうることとなった。事実、「暗闇でいいじゃないか」というところまで電力公害に反対する立場が徹底しないことには、不払い運動という攻撃的消費者運動はあらわれなかったはずである。そしてこれら「禁止された日常」の一般化によって、労働運動が再び開かれた群衆への爆発を経験することも考えられることであった（実際、「国民春闘」はこのあまりにも弱々しい実現ではなかったか？）。

企業社会の危機はすぐれて政治的であった。しかもグローバルなものであった。「反開発」＝「反成長」の価値転換はまず第三世界によってこそ突きつけられたのであった。七四年の資源・人口・海洋・食糧をめぐる一連の国際会議[*5]で「先進国」の側からたえず表明されねばならなかったのは、第三

＊4　カネッティが典型として紹介しているのは、中部オーストラリアのワラムンガ族の哀悼の群れである。
＊5　一九七四年四－五月に国連資源特別総会（非同盟諸国会議およびアラブ石油輸出国機構の議長国アルジェリアが開催提案）、六－八月にカラカスで第三次国連海洋法会議（第二会期）、九月にデトロイトで世界エネルギー会議、一一月にローマで世界食糧会議などが開かれた。

世界の「増殖する群衆」としての性格であり、それへの恐怖であった。ダンテからローマクラブ・リポートまで、地獄はつねに密集した群衆とともにイメージされてきた。日本における迫害群衆の諸タイプが実際に第三世界に共鳴したり密通したりしているかどうかにかかわりなく、権力はそれを通底したものとしてとらえた（静止した相でみれば、これらの群衆の多くは、外部世界にたいして鈍感な「小所有者」の群れにほかならなかった）。企業社会の権力の主要な努力は、こうした群衆の解体へとむけられざるをえなかった。

第一に、権力の本源的な機能が再建されねばならなかった。ホッブスが「万人の万人に対する闘争」に近代権力の基礎を見出したとすれば、マルクスが公民《シトワイヤン》の「空虚な普遍性」とよんだ法の下の平等とは、「死を前にしての万人の平等」にほかならなかった。権力はいつでも、霊界を独占しようとしてきた。人民が呪術を用い、霊界と交信することを能うる限り禁じてきた。権力は、死者の共同体の上に自らをたてることで、自ら死の管理者を演じた。そうでなければどうして命令が成り立つだろう。命令とは、執行猶予された死刑判決なのである。

軍事的用語をかりれば、権力の基礎は〈抑止〉である。〈抑止〉がその完全な姿をあらわしたのは、地球を粉砕しかねないとされる核兵器の登場によってであった。戦後的価値をつらぬいた焦燥にみちた上昇志向をかきたて続けてきたのは、「核で滅亡するくらいならこの秩序をうけいれ、豊かにしようではないか」という平和主義者たちの言葉であった。六〇年代半ばから七〇年代にかけての、全世界的な「攻撃する群衆」の登場は、核大国アメリカのベトナムでの敗北と、核拡散の現実の中で、それが有効な抑止力を形成しなくなったことをその一因としていたといえる。

新たな生贄・新たな公共性

新たな恐怖が、新たな逃走命令がさしだされた。それが「宇宙船地球号」である。人類は生きのびられるだろうか、というこのところいやというほどくりかえされた問いは、死を前にして人類の中の差異はとるに足らないという主張を背後に隠しもっている。資源の有限＝地球の破滅という観念によって、攻撃する群衆は意味転換を強いられる。ブルジョアジーを追撃する迫害群衆は、突如、ブルジョアジーを先頭とした逃走群衆としての自分を見出す。七三年のいわゆる石油危機が、こうした錯覚を定着させるためのプロットであったことは、今では誰の眼にも明らかなことである。

だがこの意味論的転換だけでは、群衆の情動的あるいは戦略的志向が中和されるだけであって、群衆そのものは構造を変えない。そこで第二に、生贄の儀式が演じられる。迫害群衆が生贄を屠るやきわめて急速に冷却し、解散することを権力はよく知っているからである。爆弾をめぐるフレームアップはなお続いているが、浅間山荘を頂点として袋叩きにあった「過激派」はすでに生贄になりえない。ふるいパターンのスケープ・ゴートはもはや群衆の怒りの内側へ入りこめない。「宇宙船地球号」から演繹される「クリーン」の強迫観念が提出される。生贄にえらばれるのは「クリーンでないもの」である。中野ブロードウェイセンターの室内／路地（後述するように、室内としての街路は群衆の故郷である）の壁に貼られた「KEEP　CLEAN！　公徳心のないのは地球上の鼻つまみ者」という手書きのステッカーは、七三年秋から七四年にかけてうちだされた支配的イデオロギーを、このうえない明析さで要約している。

最初に――あまり徹底しないやり方ではあるが――投げ与えられたのは、いくつかの「公害企業」であった。次には「モノ不足」演出で儲けすぎた商社、石油会社などの「悪徳企業」が問題にされた。人民の怒りが爆発する以前に、権力が国会の場で企業を――軽く！――いびったのである。東商がはじめたクリーン・ジャパン運動を、思想的には政府がひきつぐこととなった。だがこれはむろん、権力自身に犠牲を強いないわけがない。献金打ち切りから金脈追及へ、企業社会はついに最高権力者を生贄に差し出すことになる。そして「クリーン三木」の誕生である。

「クリーン三木」というのが悪い冗談であること、その出現の狭義の政治的経過についてはここでは問わない。われわれが問題にすべきは、公害、買い占め、超過利潤、企業選挙＝金権選挙と失態をくりかえしてきた企業社会が、巧みに生贄を公開処刑――共同殺害にこんにち人は新聞を通じて参加する――しつづけることで、逆にそこから「公共性の神話」を作りあげてきたそのプロセスである。「公共性」とは、先取りされ、制度化され、代行された群衆である。

長いあいだマスコミは、均衡化モデルによって「意見」を形成してきた。言論の自由のタテマエのもと、賛成意見と反対意見、右と左等々をバランスよく配置することでさまざまな少数者の発言を封ずるという方式である。これはマイホームと「脱イデオロギー」にふさわしいやり方であったし、言論市場における理想的な均衡＝循環モデルの存在が、戦後の「言論だけの民主主義」の内実にほかならなかった。だが現実には、この時代を貫いて、私的価値の内部崩壊が進行していた。核家族化は、ふるい共同体のさらなる解体と同時に、巨大都市における群化社会の形成に対応していたのである。見知らぬ人びとの国で、たえず群衆が形成され、群衆はたえず自分の外に出る。ここに秩序をもたらすには、均衡化モデルに代わる公共性モデルが必要だった。

公害反対なり、金脈反対なりに反論する人はいない。マスコミは適切な生贄をそえて、単一の公共的合意としてこれを流す。だがちょっと考えてみればただちに、コカ・コーラボトラーズが「KEEP JAPAN BEAUTIFUL」をうちだしたのは産経懇が資源多消費型企業のアジアへの追放の総路線を提言したのに対応していたし、田中金脈でも、日韓の黒い金脈やオイル・マネー還流をめぐる暗闘は厳格に伏せられていたことに気づく。実際にはグローバルな展望の中でしかなにひとつ理解できなくなっている時に、公共性が「日本の常識」として立ちあらわれるとしたら、それは群衆の国際的な形成（第三世界の増殖）への死物狂いの抵抗でなくてなんだろうか。

状況に密着してみる限り、群衆を飼いならし、制度化するこれらの装置は効果を上げているように見える。だが、にもかかわらず群衆は自分の外へたえず出ていくことをやめない。

## 2 群衆は犯す

### プロレタリアと群衆の二重形成

現代社会の基軸を工業化にのみもとめることができるとすれば、工業プロレタリアートによる社会主義革命はもっと大きな力をもったはずであった。だがわれわれは、重化学工業化による高度成長を内実とするソヴェト型社会主義建設がいつしか新‐資本主義社会との本質的差異を喪失したのを見てきた。そして今、新‐資本主義と国家社会主義（巨大官僚制の自己増殖に基礎をおいた「社会主義」社会をこうよんでおこう）がともに、成長の神話の挫折をむかえたのを見ている。

七四年にあらためて世界的規模であらわれた「生活の質をかえる」という要求は何を意味しているのか？ それはつまり、生活の量的「ゆたかさ」を追求する工業化に還元されない、人間の全体性への要求にほかならない。だが単なる人間主義は今日では回顧趣味以上のものではない。工業化に誘導されつつ、しかも、工業化によって存分に犠牲にされてきた都市化に光があてられねばならないのである。[*6]

ベンヤミンがしばしばくりかえした「プロレタリアと群衆の二重の形成」というテーマ（たとえば「複製技術の時代における芸術作品」）は、このことに関わっている。これをわれわれは、マルクスの示唆（『資本制生産に先行する諸形態』）にたちかえりつつ、こう理解しよう。プロレタリアートは可能性としては、土地の呪縛を離れることですべての物的生産手段と結合することができるという未曾有の「具体的普遍性」をもっている。それは「新しい人類」である。だが現実には彼らは工場＝監獄にしばりつけられ、また居住形態においてももろもろのゲットーに分断されて押し込められている。工業化はもっぱらこの現実に組織されたプロレタリアートに依拠して展開してきた。工業化によってひきおこされる都市化の「実体」は、群衆であった。群衆は、現実のプロレタリアートの外部にたちあらわれるプロレタリアートの本質である。「労働者」の連続性にたいして、群衆は非連続であり、労働運動は、労働力としての自分をより高く売りつけるという線形的課題の外へ出るときには、いつも群衆の中へ入り、群衆によって犯されねばならなかった。パリ・コミューンは実際には、プロレタリア独裁よりも群衆独裁の範型となった。レーニンはこの工業化と都市化の問題を戦略的に把握できなかったが、決定的な時期に群衆に手ばなしで依拠すること、つまり身を投げだして「可能なるもの」に賭けることをためらうことはなかった（本書Ⅲ章「レーニンと組織戦略」参照）。この意味では、『人民日報』が文化大革命期に「無産階級独裁万歳」と「群衆独裁万歳」を併記して掲げたことの意義ははかりしれず大きい。[*7]

## ガス灯と遊民

見たところ束の間の存在である群衆は、社会学者や政治学者よりは詩人たちによって観察されてきた。ランボーはパリ・コミューンの輝く群衆を見、ボードレールはオスマン男爵がパリを治安のために乱暴に櫛《くしけず》った時期の憂鬱な遊民を見た。カフカは停滞し、制度化された群衆の、その内部での放

＊6　この概念をわれわれは『資本論』以後の最も重要な書物であるアンリ・ルフェーヴルの一連の都市論、とくに『都市革命』（今井成美訳、晶文社）に負っている。本稿では都市革命の戦略問題を正面から扱うことはできないが、群衆の概念の位置づけはもっぱらルフェーヴルの都市・空間・祝祭の理論によっていることをことわっておこう。

＊7　第四期全国人民代表大会（一九七五年）の採決した中国新憲法は、都市的なものによる国家主権の制限を方向づけた点で際立っている。五〇年代末と六〇年代末の群衆独裁の生みだした人民公社と革命委が行政機構としてくみこまれたこの政体は「群衆独裁にむかって制度として開かれたプロレタリア独裁」とよびうる。

浪、変身、代位のあくことなき観察者であった。カネッティやベンヤミンはこれらの詩人たちを受けついで群衆の理論をつくりあげた。アーケード、つまりガス灯に照らされた「室内としての街路」こそが群衆の生まれ出た場所であったとベンヤミンは書いている（「遊民――ボードレール論」円子修平訳、『筑摩世界文学大系37 ポー／ボードレール』）。迫害や逃走の、狩猟や戦闘の「群れ」を人間はむしろ動物から学んだ。祝祭や哀悼の群衆もまた歴史とともにふるい。だが近代的な、近代の「可能なもの」にして影の存在たる群衆は、一九世紀の都市に発生したのである。ガス灯は詩人たちから月や星をうばう。かわりに、人が遊民として特に目的もなくいつまでも街を歩きまわることのできるある中間的な状態をつくりだす。遊民は、水滴が海にもどってはじめて安らぐことができるように、ただ群衆の中でのみ安らぎを得る。

彼にとって商会のきらめく七宝の看板は、いわば市民《ブルジョア》にとってサロンにかかる油絵のような壁飾りである。塀は彼がその上に手帳を開く事務机であり、新聞雑誌のキオスクは彼の図書館であり、珈琲店のテラスは一日の仕事を終えたあとでそこから彼がわが家の家事を見おろす出窓である。

（同前）

エドガー・アラン・ポーの傑作短編「群集の人」（谷崎精二訳、『ポオ小説全集4』春秋社）はまさにこうしたカフェ・テラスから夕暮れの街並みを執拗に見ることからはじまる。「わたし」は陽が沈みガス灯が街を徐々に支配していく間そうしているが、そのうちふと一人の老人を見つける。作家ならば悪鬼のモデルにしたいような凶悪な顔をしながら、しかもなお神秘な、豊かな人生経験を背後に感じさせるその老人を見て、「わたし」は彼がなにをする男なのか、どこへ行くのかを見たいという誘惑に打ちかてなくなり、カフェをとびだして尾行する。老人は目的をもたぬように歩きまわり、沈みこんで歩いたり、走るようにして元気づいたりする。苦労して見つからぬようについていく「わたし」は、引きまわされているうちに奇妙なことに気づく。老人は人気のないところでは不安そうに沈みこみ、早く通りすぎたいとでもいうふうに歩を速め、劇場が引けたあとやまだにぎわっている百貨店の群衆の中に入りこむと突然生き生きとし、若返ったように見えるのである。百貨店の中で老人はなにも買わずに一時間半をすごす。夜半すぎに何度目かにもとの広場にもどってきたとき、「わたし」はついにあきらめる。「この老人は犯罪の化身であり、その霊なのだ。彼は一人でいることができない。彼は群衆の人なのだ」――「わたし」が直観した邪悪や豊饒がもし彼にあるとすれば、それは群衆の邪悪であり豊饒なのだ。

なにも犯罪がおこるわけでもないのに、ポーは老人を「犯罪の霊」とよぶ。われわれが毎日といわぬまでもしょっちゅう街々とつきあう常套的なしかたを奇怪な姿で描いてみせたこの短編は、ポー自身の探偵小説のレントゲン写真でもある。ベンヤミンによれば、「探偵小説の本来の社会的内容は、個人の痕跡を群衆の中に消しさること」にほかならないからだ。

群衆は反社会的な人間の避難所である。これこそ権力がどんな犠牲をはらってでも、群衆の中に記録されたものの網の目をはりめぐらし、群衆を可視化しようとする理由なのだ。かくて国民総背番号制は権力者のユートピアとなる。

一つの死体からすべてがはじまる。書斎にあろうと十字路にあろうと、死体は日常的なものをおびやかす。日常性は、それが破壊された時にはじめて見ることができるようななにかである。死体は対象化（ものとしての人間）を、あるいは秩序の秘密としての「執行猶予された死刑判決」をあばきだす。ボワロー&ナルスジャックもいうように、ものとは窮極的にはわたしの他殺死体にほかならないからだ（『推理小説論』寺門泰彦訳、紀伊國屋書店）。ポーやコナン・ドイルにとっては、死体のまわりに突然生ずる「見知らぬ人びとの国」こそが謎である。謎がとかれるということは、この距離が解消して習慣的世界が回復することを意味する。犯人は単に人を殺したから犯人なのではなく、権力の特権をおかしたからこそ追われるのだ。彼は人びとの中にかくされていた恐怖をむきだしにする。この恐怖にたいする理性の闘争、というのが本来の探偵小説のテーマであった。言いかえれば、群衆にたいする合理主義の闘争である。ドイルの成功は、理性のにない手として神秘的な異邦人をよびだしたことにあった――麻薬中毒患者、ヴァイオリン弾きのボヘミアン、ホームズを。この突然の見知らぬ人びとの国を分光器にかけるのに、こうした異邦人ほどふさわしい者はいない。

モーリス・ルブランがあらゆる点でホームズと反対の英雄をつくろうとした時、彼は群衆そのもののひとつの形象をつくることになった。途方もないたえざる変身によって、リュパンは神話の領域に入りこむ。「この貴族主義者は〈民衆〉なのだ。彼は誰とも同じでないがゆえにみんなと同じであり、みんなの眼につかないのだ」。群衆の内部での探偵と犯人の同一性＝相互転化というモティーフによって、ルブランはシムノン以後の、特殊な陰謀家や狂人ではなしに、万人が余儀なく犯罪をおかしうるという新しい地平を準備することになる。

探偵小説史がここでの目的ではないにしても、ダシール・ハメットによるハードボイルドの創出とウィリアム・アイリッシュによるサスペンスの創造が、群衆論としての探偵小説に決定的な飛躍をもたらしたことだけは指摘しておかねばならない。もはや理性は物神化されず、したがって異邦人もよばれない。見知らぬ人びとの国は、ほとんど日常そのものになるからである。犯人を追跡すると犯人は発見されずに、消滅してしまう。ハメットやアイリッシュは、エイゼンシュタインと全く違ったやり方であれ、群衆を主人公にしたのだ。

### 総力戦と祝祭群衆

一九世紀末から二〇世紀の最初の二〇年間にかけて、ひとつの巨大な〈傾斜〉が生ずる。都市と農村がさまざまに形をかえて争っていた段階から、社会全体の都市化へむかっての地すべりが生ずるのだ。帝国主義の世界体系の成立、総力戦の出現、複製技術の登場はこの都市化への傾斜のいくつかの条件となり、また結果となった。資本主義の上部構造としての帝国主義は世界的な闘争の体系であるから、全人民を動員する総力戦は、「平時」にも潜在的に継続することになる。このことは共同体の急速な崩壊を促すだけではない。総力戦は都市生活に「めまい」（ロジェ・カイヨワ『戦争論』）をもちこむ。戦争の本質を二重群衆[*8]のエクスタシーすなわち絶頂への飛翔に見出したのはクラウゼヴィッツだが、延期されたエクスタシー（のちに「持久戦」として理論化される）は、世俗都市の内部のいたるところに、潜在的な祝祭群衆を生みだすのだ。サスペンスとは延期された死の衝動のロマンにほかならない。アイリッシュは、彼の短編のすべてを新聞の報道記事の断片からつくりあげることができた。

この「めまい」の最良にして最大の報道者は、ポーとカフカの中間に位置する犯罪小説の完成者ドストエフスキーである。『罪と罰』で彼は「倒叙法」の極北を示したが、それは群衆の犯罪を描くための必然的な形式であった。彼は戦争を賛美しつづけた。それはほかでもなく、「犯す群衆」への限りない憧憬のためであった。戦争は増殖し、平等であり、密集した群衆を永続させる。死と明白に隣りあうことで、群衆は「めまい」のうちにカーニヴァルのジャンルへ迷いこむ（本書Ⅳ章「ゲッベルスの大衆操作」参照）。この隣り合った死霊の群れを彼は『悪霊』で解き放ってみせた。

ここでは権力者はもはや権力者であるために不安なのではない。もはや彼が他の人間と同じになってしまったことをたえず感じざるをえないところに、権力の新たな質の不安がある。

## 3　群衆は都市の中の自然である

### 群衆シンボルの理論

「深淵は群衆をなしている」というユゴーの詩句は、群衆の非連続性、垂直性が下降のイメージと結びつくことを表している。群衆を直接の主題としているからといって、『モルグ街』や『マリー・ロジェ』だけがポーの群衆論のすべてではなかった。群衆という深淵のいっそう鮮烈なシンボリックな解明がたとえば『メールストロームへの落下』の中で与えられている。この「下降の嘔吐」について、バシュラールはこう言っている。

恐怖は客体から、すなわち、語り手によって暗示された場景からくるのではなく、恐怖は主体のなかで、読者のたましいのなかで生気を与えられ、ふたたび生気づく（…）。彼はわれわれの内的本性に深く刻まれている或る型の夢想に由来する、いわば原始的な嘔吐を見つけだすのである。エドガー・ポーの多くの短篇において、人は必ず夢想の原始性を再認するであろう。（『空間と夢』宇佐見英治訳、法政大学出版局。傍点原文）

群衆の形成は他のいかなる人間集団の形成よりも深く、下意識に、集合的下意識に関わっている。われわれが確かに味わった、10・21の新宿騒乱[*9]や、決裂を間近にした大衆団交の場での群衆形成時のめまいと墜落感覚はおそらくここから説明される。われわれはその時、われわれのあずかり知らない原始的な感覚へと送りかえされる。この意味では、あらゆる群衆は死者と生者の共同体である。

＊8　カネッティによれば「群衆にとって自らを保持しうるもっとも確実な――しばしば唯一の――可能性は、群衆が相互関係をもつ第二の群衆の存在にある。（…）この構造の起源を理解するには、われわれは三つの根本的な対立関係から出発しなければならない」として、①男たちと女たち、②生者たちと死者たち、③敵と味方の対立関係を指摘する。

『レ・ミゼラブル』『海の労働者たち』といった集合名詞を正面から主題にすえた最初の大作家であるユゴーは、あるとき群衆の生の構造を森の営みとして描いた。

この街で起こったことは森をも驚かしはしなかったろう。樹幹と下ばえ、雑草・解きがたく纏《もつ》れあった小枝、丈高い草が曖昧な生を営んでいる。見透しがたい茂みをつらぬいて眼に見えぬなにかが走る、人間の下にあるものが霧を通して人間の上にあるものを感知する。（『レ・ミゼラブル』）

ジェイムズ・フェニモア・クーパーのインディアンの森についての記述（『モヒカン族の最後』など）を下敷きにしたアレクサンドル・デュマ（父）の『パリのモヒカン』やウージェーヌ・シューの『パリの秘密』の系譜に連なるこの描写は、人間の下にあるもの（集合的下意識、神話的意識）が人間の上にあるもの（権力）とからみ、相わたり、ともに群衆の中にあらわれる構図を伝えている。

群衆は、都市の中の「自然」である。遠い昔に征服された「自然」は、都市の「下方」から復讐の機会を狙っている。群衆という身体を通して、「自然」は都市への権利を行使するのだ。

群衆シンボルの理論は、カネッティの群衆理論のひとつの要石に——当然のことながら——なっている。彼は、人間以外のものからなるにもかかわらず群衆の特徴をそなえ、群衆を感じさせるものをとりあげる。火、海、雨、砂、風、森、穀物などがそれである（『権力と群衆』上）。

アイリッシュの『夜は千の眼をもつ』では群衆シンボルは星であり、それらの眼は闇の彼方から少女の不幸を見ている。細菌はもっともありふれた群衆シンボルであろう。身体の内外のあらゆるところに密集し増殖しているそれは「迫害する群衆」である。群衆をよびさますような危険思想は権力にとって「感染する」（日経連の文書）ものとしてとらえられる。

「火事と喧嘩は江戸の華」という言葉が意味しているのは、江戸っ子にとっての二つの主要な群衆形成の契機である。とくに火事は、人間のもっとも原初の恐怖を復元させる。人間が火を管理して久しいが、火事は本来の火をよみがえらせる。すなわちそれは増殖し（もえひろがり）、平等であり（すべてを焼きつくし）、密集している（単一の火の中に無限のほのおがある）。解き放たれた火はいつでも地下から群衆をよびさます。そこにいる群衆を解散させたくなかったら、あるいはエクスタシーへといま一歩近づきたかったら八百屋のお七に学べばいいというのは都市ゲリラのイロハである。同じ理由で、消防法は劇場など人の集まる場所から火を追放しようと必死になる。

群衆が自らを結集させるにさいしての群衆シンボルは諸国民において異なるとカネッティは言う。これは「国民性」についての馬鹿馬鹿しいナルシスティックな議論に片をつける、歴史的行為の象徴的「スタイル」の理論を予感させる。

＊9　一九六八年一〇月二一日、東京では反日共系全学連の学生六〇〇〇人が防衛庁や国会、国鉄新宿駅などに突入しようとして警官隊と衝突。新宿駅では、東口広場に集結した二〇〇〇人を超える学生が午後九時前に駅構内に進入、駅施設やホームを占拠した。警視庁は午前〇時過ぎ、五二年の血のメーデー事件、吹田事件（不成立）、大須事件以来一六年ぶりに騒擾罪を適用、この夜、都内の逮捕者は一〇〇〇人以上にのぼった。なお国際反戦デーは、六六年一〇月二一日、総評が「ベトナム反戦統一スト」を実施するとともに、全世界の反戦運動団体にもベトナム戦争反対を呼びかけたことに由来する。

イギリス人の国民感情の全体が海のシンボルの上に成り立っている。海を服従させることは彼らの歴史への基本的衝動である。海はどんな群衆よりも激しく変化し、危険である。海の底には死者たちがおり、海は霊の群れの場所でもある。彼らの単調な日常生活への偏愛、家庭生活と社交生活における習慣的なものの根強さは、海との同化、海との戦いの変化の激しさの償いである。

同じ海洋民族でも、オランダ人の群衆シンボルは堤防であるとカネッティは言う。スイス人にとってはそれは山々であり、ユダヤ人にとっては出エジプトの道程をみたした砂である、等々。むろんこうした単一の群衆シンボルをもたぬ国民もあるし、地域や個人によっての差も当然あることだろう。

### ヒトラーと緑の森

なかでも興味深いのは、ドイツ人と森との結びつきについてのカネッティの考察である。典型的な放浪者としての青少年時代を送った彼の最初の衝撃的な群衆体験は、一六歳の時のフランクフルトでのデモへの参加であった。

> ドイツ人たちの群衆シンボルは軍隊であった。だが、その軍隊は単なる軍隊以上のものであった。それは行進する森なのであった。近代の国家において、森に対する感情がドイツにおけるほど生き生きと保持されてきた例は類を見ない。直立する木々の整然かつ厳然たる姿、木々の緊密さと豊かさがドイツ人の心を神秘的な喜びで満たす。（…）ドイツ人は森の中では決して恐れなかった。（カネッティ前掲書）

「動く森」のイメージはすでにタキトゥスの『ゲルマーニア』に見られる。このイメージをもっとも印象的なものに仕上げたのは『マクベス』終幕でのシェイクスピアである。シェイクスピアの全作品が、あの中世末期を彩ったカーニヴァル、農民叛乱対魔女狩りのシンボル戦争の卓抜な記録であったが、このおしよせるバーナムの森は——マルカムの復讐の戦いにおける迷彩蔽《スクリーン》としての小枝をもった軍隊なのだが——権力にむかっておしよせ、復讐する農民の凄惨なまでにとぎすまされた形象であった。中世農民戦争が霊界の占有をめぐっておこなわれたことは思いかえされてよい。魔女狩りとは、死者の群衆と交接しようとする者の残虐な摘発であったし、それに対抗するに農民たちは墓をあばき、悪魔をよび、霊たちとの共同戦線をはることで群衆としての爆発力をもった。森は、教会の恐れる「もうひとつの聖」の場所であった。

　ロシア革命が農村の力（エスエル）と都市の力（連合主義・未来主義・フォルマリスト）をかりて成功しながら工業化の独裁（レーニン、とくにスターリン）へと帰結した時に、「動く森」がふたたびとりあげられた。東欧全域にわたる「十月」に反対しての反革命農民戦争は Green Rising と自らを称したのである。[*10] これをひそかに継承し、「赤化か緑化か」の問いかけへとねりあげたのがヒトラーであった。

「ヒトラーのカリスマ」について多くのことが語られた。だが実際にはヒトラーはしがない画家のなりそこねであり、過去の英雄の特徴を人格的にも精神的にももちあわせていなかった。彼は権力の座についた「群衆の人」であった。邪悪や豊饒や霊性が彼にあるとすれば、それは群衆の邪悪や豊饒や霊性なのだ（前掲「ゲッベルスの大衆操作」）。

ヴェルサイユ条約が軍隊を禁じたことこそが、ヒトラーの機会であったとカネッティは書いている。

> ヴェルサイユ条約がドイツの軍隊を解体させなかったら、ヒトラーは自分の目的を決して達成できなかったろう。(…)一般義務兵役制の禁止はナチズムの誕生にほかならなかった。力ずくで解散させられる閉じた群衆はすべて、それ自身のあらゆる特徴をうけついだ開いた群衆に変身する。党は軍隊を肩がわりし、その新兵徴募を無制限に行なった。(…)〈ヴェルサイユ条約〉という言葉を聞いたり読んだりした者なら誰でも、自分から奪いとられたもの、つまりドイツの軍隊を自己の深部で感じた。(傍点原文)

森は復活した。ヒトラーが最初に署名した法律はカナリヤ保護法であった。キリスト教を粉砕し、アルカイックな農民像を再建するための「緑の週間」が企画された。

カネッティは、ヒトラーづきの建築家シュペーアの回想録『ナチスの狂気の内幕』(邦訳、読売新聞社)の書評の中で、彼らがベルリンにつくろうとした「緑の山」の分析をしている(「ヒトラー」『断ち切られた未来』岩田行一訳、法政大学出版局)。聖ペドロ大聖堂の一七倍の容積をもつこのドームは、緑の銅版でおおわれるはずだったから、高さ三〇〇メートル弱の緑の山となったことだろう。これはたえず増殖できるほどに広い空間において、しかも閉じられた群衆が森のようにみちることができるための山なのである。

鉤十字《ハーケンクロイツ》が古代太陽信仰からとりだされた太陽シンボルであることはあらためて言うまでもない。一方、ナチスの親衛隊はライン川を模して壮重な行進をくりかえした。太陽と水こそ緑を育てるものである。

この反近代主義のシンボル体系が、七〇年代の世界の広告界を制圧したことは注目に値する。それは宇宙船地球号とクリーン・キャンペーンを準備し、それに「色」をそえた。ちょっとあたりを見まわしても、日本電気（NEC）のグリーン・コミュニケーション、東京相互銀行（現・東京スター銀行）の東京緑化計画、新日鉄の緑の製鉄所、日産のグリーン・キャンペーンなど枚挙にいとまがない。サントリーの野鳥キャンペーンはむろんカナリヤ保護法を受けついでいる。白々しい工場緑化運動がすすみ、都市計画家たちは再び「緑地空間」をとりあげる。工業化への自然の復讐を鎮める儀礼の空間であるだけでなく、群衆をそこにとらえ、無害なものと化することを夢みて。だが、二つの理由でこれはできない。第一に、ヒトラーやゲッベルスのように群衆とたわむれることのできる権力者がもはやいないことによって（群衆の制度化への本当の「勝負」は現在いわゆる「CR＝コミュニティ・リレーションズ」のレベルで進んでいる）、第二に「緑の森」が日本の群衆シンボルの中ではそう重要な

＊10　ロシア革命で成立したボルシェヴィキ政府は一九一八年、前年二月から領内に進撃していたドイツと講和条約を締結（これによってロシアは第一次大戦から離脱）、現在のバルト三国、ベラルーシ、ウクライナにあたる広大な領域を割譲することになったのに対し、これらの地域で反ボルシェヴィキ運動が活発化。ベラルーシやウクライナでは、エスエル（社会革命党）の指導者で作家のボリス・サヴィンコフが農民などからなる「緑軍 Зелёная армия」を率いて蜂起、軍事活動を行った。

役割をもっていないことによって。

## 日本の群衆シンボル・稲

日本の歴史の中で最もくりかえしあらわれる群衆シンボルは、稲である。

自然物に神を見出すアニミズムは、目に見ることができる現実の人びと（共同体）を超えた「自分たち」の力の自然への投射である。共同体はそれ自体であるだけでなく、当然のことに、諸共同体間の差異である。つまり、間＝共同体性が共同体によって意味される。祖霊神と外来神の二重形成を説明するこのことは、カネッティの難解な概念である「増殖の群れ」の一つの説明にもなるように思われる。人間は増殖したいことのみのために群れを形成することがしばしばあるが、その理由は自然にたいして人間があまりに非力だということだけではなく、おそらくは共同体と間＝共同体のギャップがそれを生みだすのである。アジア的生産様式とよばれる、間＝共同体性が上位の共同体として外化した社会構造は、この増殖衝動への照明なしに理解できない。

アジア的生産様式の日本的形態において、基本となるシンボルは、水と稲であった。乱暴にいえば、水は他界につながる穴であり、すべての外来神は水をこえて、または水中からやってくるのだが（河原者、すなわち水のそばに住む者とは世俗化した外来神であろう）、稲は穀母の、祖霊の宿るものであった。上州では伊勢参りによって神体に変じた遍者を米俵の上に座らせてむかえる。変身によって彼は群衆シンボルと同一視される。

山伏の冬の峰による変身も同じ構造をもつ。農民の間で春先に花に山霊を憑依させて山へ送りとどけ、山でそれに穀霊を憑かせて下るという類いの儀礼がひろく存在するが、山伏の山ごもりはその変形＝代行とも考えられる。この場合、山とはヨーロッパのそれのようなデーモンの場所ではなく、水の源泉としての山であり、その意味での霊界との接点である。

冬は増殖の群れの季節である。宗教学者の宮家準《ひとし》（慶応大学名誉教授）によれば「ふゆまつりのふゆは、殖ゆあるいは触る、さらに密着（ふる）という意味をもっている」（「修験道の峰入に見られる変身の論理」『ふぉるく叢書 変身』）というが、この増殖・接触・密着こそ群衆の基本特徴にほかならない。ふゆまつりは鎮魂式によって新たな外来神をよぶ増殖のまつりなのである。現在もおこなわれている羽黒山の冬の峰は、二人のえらばれた松聖が一〇〇日間、山にこもって修業し、十二月三一日に験競べをふくむ一連の結願の儀礼をおこなう。修験の主要な部分が火の操作能力であるのも興味深いが、同時にそれは、穀霊の力を身にまとう過程でもあった。松聖は秋の収穫後（入峰は九月二一日）五穀を興屋聖に納め、穀霊が休息する冬の間じゅうこれを拝み、守っていたのである。山伏に憑いた穀霊は外来魂として戻ってくる。これは、アジア的農耕社会における、上位の共同体への現実の穀物貢納との反世界的な対称をなしているように思われる。

穀霊信仰は稲荷やえびす大黒と習合して多彩な展開を見せただけでなく、近代においても米騒動や農本ファシズムの、また食糧メーデーの群衆シンボルの源泉でありつづけた。穀物は「伐られた森」であり、風雨にたいしては事大主義的にふるまう。軍隊という閉ざされた群衆（「真空地帯」）の中で一般化した過剰な暴力はしかし、農村の都市への復讐であったようにも思える。七五年、中東情勢の推移によってはアメリカの食糧メジャーは「食糧戦略」を行使することになろうし、その場合日本でコメ・パニックがおこる可能性は比較的高い。この時、稲シンボルがどのような機能をもつかということは、むろん笑ってすませられることではない。

## 4　世俗都市における群衆の解放

「市場の失敗」が意味するもの

現代の世界を支配するのは、増殖の群れであるとカネッティは言う。

現代の工業生産においては、増殖の群れの古代的な実体は巨大な拡張を蒙ったために、それに比べれば、生活の他のあらゆる要素は影がうすくなっている。（…）現在ひとつの信仰があるとすれば、それは生産信仰であり、増大に対する現代的熱狂である。（…）この点では、資本主義も社会主義も同断であり、同一の信仰をもつふたごのライヴァルといえる。（『群衆と権力』下）

過剰生産は工業化それ自身を破壊する。恐慌は、増殖しすぎた使用価値を自己破壊することで市場と工業化とを救済する調整作用を意味した。これが、使用の場所としての都市化が工業化によってたえず犠牲にされてきた理由のひとつと思われる。だが、恐慌は群衆を危機におとしいやることで群衆を強める。それは顚覆群衆にとっての機会となる。ケインズが提案し、危機下にあるブルジョアジーに急速にうけいれられたのは、延期された戦争のモデルによる――彼はヴェルサイユ批判から出発した――「延期された恐慌」のシステムである。管理通貨制と需要創造によって資本は使用価値を記号として無制限に破壊しつつ生産を増大させつづけることができる。だがそれはまた別のしかたで群衆を形成する結果となる。「商業は、たとえ表面的なことにすぎぬにせよ、あらゆる個人の魂をものにしようとする普遍的宗教に似ている。（…）商品の増殖を通じて、生産は本源的な意味での増殖、つまり、人間自身の増殖に回帰するのである」（同前）。

権力が肥大化したにもかかわらず以前よりもいっそうもろくなっていると同様、資本は今や自らの危機を糧として成長を続けなければならない。

引き延ばされた恐慌は、永続的なインフレーションへと帰結する。カネッティは言う――「インフレーションは、言葉のもっとも厳密かつ具体的な意味において、群衆現象である」（『群衆と権力』上）。紙幣は貨幣のもっていた古代的財宝のキッチュとしてのヒエラルキーを克服することで、大都市の住民たちの空虚な平等に対置する。インフレーションの中で、紙幣は飛躍的に増殖しつづけることで価値を下落させるが、それは逃走する群衆のメディアなのである。一切れのパンに一〇〇万マルクを払うヴァイマルの住人は、自己の群衆としての価値下落を痛感する。ヒトラーは、ユダヤ人の「金脈」を強調することで、密集した動員と解散とが同義であるような群衆をよびだす。同様の事態は今日、インフレーションの空間ではどこでもおこっている。

〈群衆の解散＝群衆の動員〉というこの経済体制のディレンマは、ここ数年の間に誰の眼にも見える破局を生みだした。今ごろになってマーケット・フェイリュア（市場の失敗）などと言いだした近代経済学者は、それでも敏感なほうである。都留重人は、マーケット・フェイリュアの三つの内容として、価格自動調整機能の喪失、goods（商品）にたいするbads（公害など外部効果）の比重の増大、消費者主権の喪失の三つを挙げている。だがこれはわれわれが過去数十年にわたって経験してきたことにほかならない。問題はここ二、三年の間にそれがある種の爆発へとむかっていることである。「石油危機」を契機に、価格の市場による自動調整どころか、管理制さえもが内側から崩壊しはじめる。オイル・メジャーにとってもＯＰＥＣにとっても、価格決定はひとつの政治的投機である。ソ連もまた七四年の砂糖相場に露骨に見られたように、豊富な外貨準備を国際商品市場への投機的介入にむける。このことは、賃金交渉さえも投機的文脈におくだけでなく、クジ付定期預金やマルチ商法などの流行をうみだし、それは世界的に共通する経済行動の新たなスタイルになりさえする。だがこれは、市場の外部でおこっていたいっそう深刻な事態の市場の内部でのあらわれにほかならなかった。〈外部効果〉の蓄積は、群衆の増殖衝動の自己否定を生んでいた。成長神話によって群衆を先取りできるとタカをくくっていた企業社会の足もとをおびやかすような「反開発」の住民運動が登場したのである。他方で、消費者主権の幻想——裸の王様としての——がとことんくずれ去ったところで、「主権」をもとめての、つまり権力問題を遠くない将来目標にのぼらせざるをえない消費者運動が出現した。資本はつとめて冷静にふるまおうとしたが、しかし動揺はかくせなかった。資本ははじめて、市場の外部で群衆に出会ったのだ。

この「外部」にいどもうとする公共経済学の真剣さをわれわれは疑いはしない。あるいは交換の経済の外部に贈与の経済を見るケネス・Ｅ・ボールディングの卓抜な視点（『愛と恐怖の経済』）から

「金脈」や不用品交換会の論理を省察するのはこのうえなく興味深い仕事であろう。にもかかわらずわれわれは経済学者たちに、群衆と変身の視点からマーケット・フェイリュアを再検討せよとよびかけざるをえない。われわれがはじめに検討したように、公共性が群衆の代行的制度化にほかならないとすれば、すべては市場の外の群衆と資本のあいだでおこったことなのであるから。

### 消費の記号的性格

必要なのは、消費を記号的行動としてとらえる視点である。

ものを食べるということ自体が、本来生理的次元と同時に象徴の次元をもっていた。摂取すること、は生きのびるために他の生物を殺すことであるから、その根本において権力的行為であった。歯の滑らかさ、鋭さ、秩序は権力のそれの原型であった。同時に食べることは霊界との交信であった。狩猟の群れはその獲物の平等な分け前にあずかるが、この一人分に分けられた獲物が日本古代社会ではタマスとよばれた。タマシヒの語源である。こうしてあらゆるコミュニオン、ポトラッチ、饗宴は「自然」の記号的摂取による群れの再形成を意味した。

現代的な意味での消費の記号的性格に最初の概念をあたえたのは、ソースタイン・ヴェブレンの「衒示的消費」の理論（『有閑階級の理論』）である。どんな消費行動も、使用のためになされる以前に、他人や自分自身にたいしてそれを見せびらかすためになされるということの理論にしたがって、たとえばデイヴィッド・リースマンは、通過儀礼としての消費——新婚家庭にはかくかくの電化製品がなければならぬという強迫観念、等々——を明らかにした（『何のための豊かさ』）。

この立場を徹底しておしすすめたのは、ジャン・ボードリヤールである。彼は『物のシステム』の結論部分で「消費」を二〇世紀に固有の行為として再規定し、消費は一貫したディスクールとして構成された事物やメッセージの全体であり、消費の対象となるには事物は記号とならねばならず、事物は物質性においてよりも、むしろ差異において（記号として）消費される、と定義した。[*11] これはいうまでもなく、記号として使用価値が破壊される、「ビルト・インされた恐慌」の時代の理論である。ここから当然次のような命題が導かれる。消費が記号の消費であるとしたら、それは生命の現実的拡張の断念を意味する。このことこそが「消費には限界がない」ことを説明するのだ。

使用あるいは摂取とは、変身である。人間と自然との、自己増殖にして自己消費であるような二重の同化である。二〇世紀的な消費とは、この変身としての使用が、仮面的行為へおきかえられたことを意味する。不断に変身がなされるが、それは記号として、仮面のレベルであって、身体そのものが変身にむかうことはない。

衒示的消費とは、身分を表すものとしての消費あるいは浪費のことであった。消費へと動員される庶民は、消費することによって自分の領域を乗りこえうるように錯覚する。領域とは身分ないし階層と考えてもよいし、オルテガやハイデガーの使った意味での関心《ゾルゲ》の領域――農夫にとっては自分の畑が、商人にとってはその店が、関心《ゾルゲ》である――と考えてもよい。彼はその領域にたてこもりながら、脱領域を願っている。記号としての消費は、彼に超越をもたらすとともに、その挫折をもたらす。これがつまり〈群衆の解散＝群衆の動員〉の今日的構造である。「自由な」高移動社会において差別が強化されるという逆説は、このことによってしか説明されない。

高移動社会化＝群化社会化が万博をひとつの指標として音速の壁を突破した一九七〇年以降、日本の広告は正面から変身を主題としはじめる。一方で、「私たちはグレゴール・ザムザ氏をもとめてはいません」という有名な求人広告に見られるように、変身のマイナス・イメージが出される。他方でカネボウはメタモル・キャンペーンを展開し、国鉄はディスカバー・ジャパンの中で「あなたを見つけよう」と叫びだし、総体として仮面ライダーに代表される変身ブームと密通する。元来は仮面としての変身を説いていた広告が、変身論を展開しはじめた――メタ広告！――とすればそれはこの高移動化と停滞的ヒエラルキー＝ゲットー化の矛盾が従来の記号的秩序の限界を超えたことのあらわれにほかならなかった。広告は今や群衆を市場に動員するだけでは足りなくなり、節約広告、意見広告の氾濫にみられるように、彼らを政治的・イデオロギー的に動員せざるをえなくなった。前述したマスコミの公共性モデルは、「公共広告」にリードされて成立したのである。

われわれはすでに今日、「クリーン」や「グリーン」に簡単にだまされぬだけの批評意識を獲得している。だが、「日本は生きのびうるか」という問いがわれわれのうちによびおこすものは、おそろしいまでに深く、根強い衝動なのだ。日本が生き<u>のこる</u>ということは、他者の死を見るということであろう。それはなんと根源的な快感（！）であろうか（「地球は生きのびうるか」も同じである。現実にグローバルな搾取と収奪があり、日本は収奪者なのであるから）。

死と権力についての考察を重ねてきたわれわれは、カネッティが「生きのこる瞬間は権力の瞬間」

*11　ジャン・ボードリヤール『物の体系――記号の消費』宇波彰訳、法政大学出版局。

であって「真にのぞましいのは生きのこることをやめることである」という言いまわしをとることにもう驚きはしない。われわれはもはや、第三世界を犠牲にして生きのこること、安い石油の収奪の上に「成長」することをやめたいのである。そのためにこそわれわれは、都市の中の自然を、死霊たちを解き放ちたいと願う。それは、増殖へと一面化させてきた群衆を、世俗都市における新たな祝祭へと解き放つことにほかならないだろう。

III

# レーニンと組織戦略

1974. 4

現代ロシアの民衆のあいだで、飽きもせずにくりかえし口から耳へとささやかれ伝えられつづけている、ひとつの伝説があるという。当然にも種々の変形があるのであろうが、その原型はアレクサンドル・N・アファナーシエフが採用した民話のようにごく単純なものであって、いつか近い将来、雲の彼方から白い馬に乗った巨大な騎士が降りてきて、クレムリンを一撃のもとに打ちたおすのだが、その騎士はレーニンの顔をしているというのである。聖ジョルジュの竜退治の伝説をすぐさま思いおこさせるこれが、どの程度に装われた素朴さとともに流布しているのか、いっそ、非合法のウオトカの一杯にきまって添えられる気のきいたコントのひとつであるのか、そのあたりは知るよしもないが、これが意味しているものは明白であろう。

現代のソ連が、いかにして「社会主義」であり、いかにして「帝国主義」であり、またいかにして

「独占＝官僚＝資本主義」であるかについては、まだ誰も首尾一貫した説明を提出していないように見える。だがソ連が現実にアラブをめぐって、「アジア安保」をめぐって、どんな役割をはたしているかについては、ほとんど議論の余地はあるまい。またソルジェニーツィンの『収容所群島』が描いているような監獄国家としての実態についても。あるのはただ、ソ連の「外交」を「平和への一貫した努力」と見るか、アメリカ帝国主義に対抗しつつその立ち直り（ベトナム敗北とドル危機からの）を支えている目下の同盟者としての反革命外交を見るかの、またその「内政」を「社会主義的中央集権」と見るか「ロシア人民への反革命的弾圧体制」と見るかの、立場の相違のみであろう。筆者はいうまでもなく、後者の立場に立っているが、だからといって、日本革命の主敵をソ連帝国主義と見なす一部の人びとや、「スターリン主義のナレのはて」と一言いえばすむと思っている人々に与する気は毛頭ない。

「スターリン主義」という便利な言葉は、ソ連における国家＝官僚主義的（ないしは「テクノストラクチュア」的）反革命の成熟の過程総体を漠然と指示してきた。それがまさしく直接的な反《アンチ》でしかなかったために、反スターリニズムは、その敵対者が「トロツキスト」非難の中でみせた頽廃と同じ分だけ空転した。比較的最近になって、われわれはこの鏡の構造を遠く超えて出ていくことが可能になった。それは、一方では研究者の間で、ロシア革命の厳密な構造分析に寄与するような一連の地味な研究が出され、他方で「われわれ」自身の政治の質が、少なくとも「反スタ」の直接性を最終的に埋葬しうる地点までは成熟したためである。無論こう言い切るためには、われわれ自身の現在との、また未来への構想力との十全の緊張をもって、ロシア史全体が再検討されねばならない。

私の問題意識からすれば、今日の状況の中でのレーニン再検討には、少なくとも二つの柱が立てられねばならない。第一は帝国主義論であり、レーニンがその解明の基礎をすえ、また実際にその矛盾に介入して「十月」の最初の勝利を切りひらいた帝国主義の世界体系が、その後、半世紀の間にどのような展開を見せ、それは今日におけるわれわれの世界認識にどのような転換を迫っているか、という問題である。第二は組織論であり、レーニン的な党形成論で、統一戦線＝労農同盟論、ソヴェト＝コミューン論が実際どのような内容をもっていたのか――というのは、これほど様々の曖昧な独断の彼方におしこめられた問題も珍しいからだが――そしてそれはどのように当時のロシアの社会的現実に規定され、またどのように普遍的なプロレタリアート解放の論理としての性格をもっているかの検討である。

その目的はただ、今日にいたる世界人民の汲みつくしがたい闘争経験をいっそう深く総括し、その上に立って現代世界におけるプロレタリア革命の戦略と戦術を再構築し、共有化していくことにある。その意味では、レーニン個人が問題ではない。だが従来の「スターリン主義」をめぐって問題がはてしもなく曖昧化されてきたことからすれば、レーニン像の革新がひとつの焦点であるということも可能である。本稿では、そのごくおおまかな整理の上に、とくにその組織論への、強いていえば政治＝社会学的な一照明を狙うことにしよう。

エドマンド・リーチによれば、かの邪悪な竜は聖ジョルジュの分身であって、竜の七つの首が落とされることと、改宗を拒否したジョルジュが七度処刑されて再生することとは対応しているのだという。われわれもまた、白い馬に乗ってやってくるレーニンを幾度となく見た気がする。だが、その打ちすえる冬宮《クレムリン》はツァーリのそれなのだろうか、ブレジネフのそれなのか、それとも、レーニン自身なのであろうか？

## 1　『なにをなすべきか』の世界

レーニンの死後、スターリンは、レーニン主義の「スタイル」について述べ、それはロシアの革命的熱情とアメリカの実務精神との結合であったと論じた。スターリンの口からきくと、それは後の米ソによる共存的世界支配の予言的形象であるかにさえ思えるのだが、無論ここでいわれているのは、別のことである。すなわち、レーニンという人間が全く稀有の存在としてわれわれに迫るのは、ある能力がすぐれているとか、ある思想がすばらしいということではなしに、およそ相矛盾するさまざまのものを、矛盾したままに一身にあつめているということによるのである。

レーニンとは、寄せ集めの形式である。これを彼への侮辱ととる人がいたら、それは一九世紀の体系的思弁を理性一般の形式の基準としているのであろう。レーニン自身はしばしばこの思弁に憧れたにもかかわらず、彼の二〇世紀思想としての性格はここにあった。純粋な政治的指令と暴露、よびかけを除けば、彼の著作は読書ノートというべきものであり、肯定的な引用と、論争的なそれとから成っているのだが、それこそがマルクスに決してできなかったこと、「実践」の現場で、運動家として思想することの形式であった。それはレーニンがプラグマティストであったことを意味するのか？彼はあまりにしばしば、重大な問題についての態度をあっさりと変えた。彼はそれを「戦術的」なものだとつねに主張した。だがわれわれとしては、これをプラグマティズムとして難ずるよりも、また「戦術的変更」として合理化するよりも、むしろ現実のはらむ論理が彼の理論なのであり、現実とその可能性との現実的な二律背反を一身に体現し目に見えるものとすることこそが、彼の「指導」にほかならなかったとする見方を採りたい。

こうした二律背反の並存という視点からのレーニン像は、たとえば「誰よりも十戒を守った君は／誰よりも十戒を破った君だ／誰よりも民衆を愛した君は／誰よりも民衆を軽蔑した君だ／誰よりも理想に燃え上った君は／誰よりも現実を知っていた君だ／君は僕等の東洋が生んだ／草花の匂のする電気機関車だ」とした芥川龍之介の詩「レニン第三」に、適切かつ簡潔に描かれている。そして、どのような背反をとりだすかで、そこに立ちあらわれるレーニン像は異なるのである。ここではわれわれは、レーニンとその時代とをさしつらぬいたばかりでなく、プロレタリア革命にとって普遍的に基本的な二項対立、自然発生性と目的意識性の対立の問題に立ちかえることにしよう。勝田吉太郎は、『なにをなすべきか』のレーニンと『国家と革命』のレーニンとは「ジキルとハイド」だと述べ、後者の「アナルコ・ボルシェヴィズム」を高く評価する一方、ソヴェト政権の官僚制化・代行主義化の起源を前者にもとめている（『アナーキスト』、『勝田吉太郎著作集4』ミネルヴァ書房）。『国家と革命』を執筆した一九一七年の前後に、レーニンがブハーリンの強い影響の下にアナキズムないし言葉の本来の意味でのコミューン主義に接近したということはひろく認められている。R・ダニエルズの場合には、クロンシュタットの反乱（一九二一年）以降のレーニンを本来の「レーニン主義の復活」と見ている（『ロシア共産党党内闘争史』国際社会主義運動研究会訳、現代思潮新社）。二つのレーニン主義が存在し、それが交互にあらわれたのであろうか？　問題をさらにはっきりさせるには、多くの論者によってレーニン主義の「原罪」とされている『なにをすべきか』の立ち入った検討が必要となろう。

Ｅ・Ｈ・カーのロシア革命論は、むしろ逆にレーニンの『なにをなすべきか』における能動性、意識性、エリートの教育機能の強調の積極的な容認のうえに成り立っている例である。彼はそれこそが一九世紀から二〇世紀への変遷、すなわちフロイトに代表されるような理性の積極的な勝利をさらに推し進めるものと見なした。しかし、「過去と現在との対話」という、ベンヤミンを思い出させるような方法を提起しながら、カーは骨の髄まで進歩主義に犯されているように見える。それではやはり、この「意識性」をもとめた系譜をこそロシア革命の「原罪」とすべきなのであろうか？　そうではない。こうした粗雑な議論は何事も明らかにしない。

リチャード・パイプスの注目すべき研究『社会民主主義とサンクトペテルブルクの労働運動一八八五〜一八九七』（邦訳『レーニン主義の起源』桂木健次・伊東弘文訳、河出書房新社）は、一九〇二年に書かれた『なにをなすべきか』に先立つ十数年間に、レーニンが身をもって生きていた二律背反が何であったかをわれわれに教えてくれる。レーニンは決して、目ざましい組織者ではなかった。一八九四年にペテルブルクに着いた時、レーニンはまだ「人民の意志」派的なテロリズムの影響を――無論、処刑された彼の高名な兄を通じて――受けていたが、それはすでにその地の急進的インテリのマルクス主義への要求と合わないものであった。彼は急速に成長し、九五年五月には、ストルーヴェを批判したパンフレットの中で、合法マルクス主義の舞台にデビューした。

この時期全体を通じて、ペテルブルクには「中央に集中する二つの運動」があったことをパイプスは明らかにしている。つまり、社会民主主義と労働運動とは相互に深い影響を与えながら、一つの運動として結合することができなかった。

社会民主主義者たちが労働者の協力さらには共鳴を獲得したのは、労働者が必要としてはいたが当時のロシアで支配的な条件のもとではどうしても得ることのできなかったもの（教育と労働組合組織への結成時の支援）を提供するかぎりであった。しかし労働者は、自分たちの運動を政治的に扱おうとする社会主義者の努力をけっして認めはしなかった（…）。

一八九六～七年の織物工場を中心とする大ストライキは、このディレンマに一気に解決を与えたように見えた。指導的部分の準備なしに、まったく「自然発生的」に湧きおこってペテルブルクをおおったこの熱狂は、「局外者」としての社会民主主義者をひざまずかせるに足るものであった。この結果としてあらわれた「経済主義」の波の基本見解は、レーニン自身の言葉であたえられている。すなわち、この「ロシアの労働者がなしとげた巨大な前進」が明らかにしたことは、「日常の必要のために、労働者たちが工場主に対して行う闘争は、おのずから、また不可避的に、国家的・政治的問題に、すなわち、ロシアの政治体制が何であるか、法律や布告はどのようにして発布され、それがだれの利益のために奉仕しているかという問題に、労働者たちをつきあたらせる」ことであった。

だがレーニンは間もなく、当時は誰の眼にも当然と見えたこの結論が誤っており、反動的なものであることに気づくことになる。おりしもベルンシュタインの「目的はどうでもよい、運動がすべてだ」という極端な現実拝跪論がドイツから伝えられてきた。ベルンシュタイン、そして「経済主義」の目の前には、すでにマルクス的な「可能なるもの」としてのプロレタリアートはなく、ただ日常的存在としての労働者大衆があった。

鋭敏な詩人たちのレーニン像のつきせぬ源泉となった、『なにをなすべきか』の中の「夢想すること」についての興味深い記述は、こうした日常性への拝跪へ対置されたものであった。彼は目をこらして、見えないものを見たのである。自然発生的な闘争とは何であったろうか？　それは、プロレタリアートの存在としての普遍性と、バラバラにされ、工場および都市の居住地へと収容され隔離されたその狭い存在形態との矛盾の、一時的な解決形態であった。最初、社会民主主義者が望んだように、合法的行政的政治闘争によって労働者と結合し、それを支援しようとすることは、この一時的な解決形態のエゴイズムを強化することでしかない。「どんなにわれわれが『経済闘争そのものに政治性をあたえる』任務に骨をおっても、この任務の枠内では、労働者の政治的意識を発達させることはけっしてできないであろう。というのは、この枠そのものが狭いからである」とレーニンはかつての自分の立場を清算し、続いて言う――「階級的・政治的意識は、外部からしか、つまり経済闘争の外部から、労働者と雇主との関係の圏外からしか、労働者にもたらすことができない。この知識を汲みとってくることのできる唯一の分野は、すべての階級および層と国家および政府との関係の分野、すべての階級の相互関係の分野である」。ここから、レーニンの「外部注入」論が導かれる。

だが、理論を外部からあたえる、とはどういうことであろうか？　なにかできあがった先鋭な理論を無知な大衆に教えこむことが意味されているのだろうか？　この「外部から」をそのように解釈するのは、後の史家たち、知的エリートたちの誤読であって、彼らはレーニンに自己の影をうつしているのだ。上に引いた文脈からも明らかなように、理論とは書物の知識を意味するのではない。そうした啓蒙は、「経済主義」出現以前にくりかえしてきたことであった。レーニンがもとめたのは、プロレタリアートが、自分のおかれている狭い「枠」の外へ出ること、自分の行動領域にとじこもることのかわりに、「すべての階級の相互関係の分野」に出ていくことであり、その本来の普遍性が所与の一面性を揚棄することの過程を「革命理論なくして」と言いあらわしたのである。そして、自然発生的闘争の大きな昂揚それ自身が、自らのエゴイズムの揚棄を要求しはじめている時に、その現象上の戦闘性に拝跪して、その質的転化を援助しえないことを、レーニンは「反動」といったのであった。

偏見なしに『なにをなすべきか』を読むなら、その組織論の中には二つの、質的に異なる情報システムが提案されている。ひとつは、「ツリー型」のモデルである。すなわち、単一の決定の中心、情報中枢をもち、情報はここからのみ発し、枝分かれして諸末端に及ぶピラミッド的なシステム。レーニンは、メンシェヴィキが西欧社会民主主義党からうけついでいたサロン的情報処理にたいして、より緊密で集中的な、「鉄の規律」によるそれを提案した。最も典型的にはこれは「プロシャ軍隊型」の情報システムであると説明された。そしてこうしたシステムが必要なのは、ツァーリの野蛮な弾圧という条件によってであるという注釈が付されていた。

もうひとつは、「ネットワーク型」のモデルである。すなわち、情報中枢をもたない、というよりはあらゆる部分が中枢でありうる網の目のシステム。レーニンはもっと後になって、たとえば『背教者カウツキー』の中で、もはや党と組合だけでなく、ソヴェトという人民自身のネットワークがもとめられているのだということを金融資本のもつシステムの質から説明したが、この論拠はすでに『なにをなすべきか』に萌芽的に見られる。第一、党は広場である。あらゆる階層、あらゆる職種の人々がそこで、「枠」をこえ差異をこえて出会う。第二、そこでは諸々の自然発生的闘争が横断的に結合されることによって持続し、自らの枠の外へ出る。

「ツリー型」と「ネットワーク型」の二つのシステムは、全く背反する。だがすでに述べたように、これは一八九〇年代の労働運動がその現実的な枠と可能性との矛盾として必然的にかかえていたものの「反映」であった。レーニンはこのような形で指導を二重化することで、このディレンマに形を与えた。といっても、レーニンがそれをどの程度に「二重化」の論理として把握していたかは疑わしい。レーニンにとっての当面の緊要事は、きわめて限定された、訓練をうけたエリート革命家による中核部隊をつくることにあった。そして、軍事組織をモデルにした党の構想のほうが、ずっと強調されて語られた。しかし肝心な点は、指導＝目的意識性、被指導＝自然発生性という後の「レーニン主義者」の通俗的な図式は、レーニンにははじめからなかったということにある。「指導の自然発生性の克服」をレーニンは強調した。指導が従来の自分の枠から脱け出るということは、つまり、大衆が自分の手工業性を克服してシステムを確立し、その「狭さ」を克服して大衆自身の枠をこえるうごきと結合することを意味した。大衆闘争が自分の枠から脱領域するということは、すでに述べたように、自分にとって当面直接の利害として目に見える目標をこえて、「国家の大事」を問題にするということであり、そのための指導を自らもとめるということであった。縦断的指導は、横断的結合に媒介されてのみ指導となることができる——これが原則であった。そのための媒介装置が、全国的政治新聞であるはずであった。だが、フィードバック装置としての通信員制が熱心に提唱されたにもかかわらず、政治新聞はもっぱら「ツリー型」に組織され、その主要な任務は命令伝達となった。この意味では、実践において、レーニンは自らの「夢想」を裏切っていた。理論作業に多くの努力をさきつつ、ツァーリの過酷な弾圧のもとで、レーニンにできたのはせいぜい、「指導の自然発生性の克服」へのカードル（党幹部候補）の側からのアプローチであった。あとの「半分」は、非レーニン派によってになわれ、補完されたのである。それがソヴェト運動であり、あるいは芸術革命＝文化革命の戦線であった。

ソヴェトとレーニンについては後述するとして、ここでは特に、レーニンの「外へ出る」ことと、彼よりわずかに若い世代の芸術前衛たちの「非日常化《オストラネーニエ》」とが、方法の問題として酷似しているという点を強調しておきたい。

シクロフスキーが、芸術の方法は日常的なものの「自動運動」を断ち切り、見なれたものを見なれぬものとして、その事物の外へ超え出て表現する非日常化《オストラネーニエ》にこそ見出されるべきであると主張する時、彼は自然発生性への凶暴なまでのデリカシーを『なにをなすべきか』の著者と共有しているように見える。見世物、サーカスと演劇の結合によって、グロテスクなもの、バロック的な傾奇《かぶき》精神の復活を狙ったメイエルホリドも同様であった。「十月」の前後、なかんずく革命の最初の成果の全国への急速な波及が課題となった時、大衆に新しい事態を伝え、理論の簡潔な身ぶり化によって彼らを外に連れ出し、蜂起と自律をよびかけえたのは、政治新聞ではなくて、メイエルホリドを責任者とする革命的アジ・プロ劇のネットワークであった。

大衆蜂起にとってこれが『プラウダ』に匹敵する、そして政治指導の総体を媒介しさえするネットワークでありえた驚くべき事情の一端は、A・リペッリーノの次の記述からも知ることができる。

革命の日々、闘争から生まれた熱狂がロシヤ民衆のうちに演劇に対する飽くことを知らぬ渇望を目覚めさせた。近親の死、チブス《ママ》、飢え、社会全体の混乱にもかかわらず、演劇や、パレード、儀式に対する情熱は燃えさかるばかりだった。荒廃し、飢えたロシヤに、実験演劇、スタジオ、研究所、演劇学校、演劇部、演劇班などが急速に増えていった。（…）「そしてロシヤは演じに、演じ続ける。生きた組織の演劇的な組織への、何やら自然発生的な変態のプロセスが生じつつある」。（A・リペッリーノ『マヤコフスキーとロシヤ・アヴァンギャルド芸術』小平武訳、河出書房新社）

だがこれはいずれも、「十月」以後のことである。しかもレーニンは、こうした中に見られる、エヴレイノフいうところの「生活の演劇化」の巨大な政治的意義に気づこうとしなかった（ちなみに、毛沢東はこの課題をきわめて重視し、身ぶりの変革としての整風運動を一貫して展開した）。ジガ・ヴェルトフの「映画眼」にかんしては、レーニンは熱狂的にこれを支持した。このことは、レーニンの哲学において存在論が欠如し、認識論が優越しているのとおそらく無関係ではない。彼は「見者《ヴォワイヤン》」であり、「外に出る」出方もまたそうであった。ヴェルトフの力強い報道カメラは日常的な眼から離れてあらゆる場所に入りこみ、社会と革命を「天下の眼を以て見」たのである。それはずっと後のことであるが、『なにをなすべきか』の脱領域感覚を支えていたものは、やはりこの「天下の眼」にほかならなかったろう。この脱領域的性格において、「十月」は最初の二〇世紀革命としての性格をもった。ツァーリの弾圧と四つに組んだ軍事的「民主集中制」において、「十月」は最後の一九世紀革命であった。

以下、『なにをなすべきか』のこの異質な二つの政治的‐文化的空間が、一九〇五年において、さらに一九一七年以降においてどのような関係をむすんだかを、ごく大雑把に検討しておこう。

## 2　一九〇五年

「一九〇五年になって初めて、レーニン主義は革命に直面するにいたった」とマルセル・リーブマンは書いている。それはレーニン主義を試錬にかけ、とりわけ組織問題にかんしてレーニン主義の従来とは異なった側面を前面におしだすことになったのであり、それは組織理論の若干の修正を意味するとともに、自らうごき出した大衆の前でレーニンがいかに謙虚に彼らから学ぶことができたかを意味していた、とリーブマンは言う（スウィージー&マグドフ編『現代とレーニン』坂井秀夫・岡俊孝訳、福村出版）。

「農奴解放」以降のロシア・プロレタリアートの急速な階級的成熟と、日露戦争の敗北とが、ストライキとテロルとの頻発する騒然たる状況を生み出していた。一九〇五年一月の「血の日曜日[*1]」にいたる経過についてここで詳説する必要はあるまい。

皇帝が途方にくれているのにたいして、元蔵相のウィッテ伯は、この危機は歴史的必然に根ざしたものであって、弾圧によって解決することはできず、むしろこの自由をもとめる運動を「内部化」し、政府自身が人民の前衛として再登場することによって、危機そのものをシステム化すべきであると進言した。

「現在の自由のための運動は、新らしく生れたものではなく、その根源は数世紀のロシア歴史によって培われている……。『自由』が政府の標語とならなければならぬ。それ以外に国家を救う方法はない。歴史的進歩の前進を阻止することは不可能である。もし市民的自由の思想が改革によって勝利しないならば、革命の道によって勝利するだろう。（…）政府は立憲政治の実施にむかって進まなければならぬ。政府は国家の安寧のためにまじめに公然と努力すべきであって、あれこれの政体の擁護を計るべきではない。政府は国家全体を動かしているこの運動の先頭に自ら立つか、それともこれを寸断しようとする本源的力に自らをゆだねるか、そのいずれかである。それ以外に選択の道はない。」（ダヴィッド・シューブ『レーニンの生涯』現代政治思想研究会訳、田園書房）

ウィッテは問題の本質を理解していた。しかし、「本源的力」がどのような運動形態をとるかについての洞察まではなかった。今日、酷似した状況のもとで日本の企業と政府がおしすすめつつあるように、「コミュニティ」に狙いをつけたソヴェト的運動（かの「自警団」と紙一重の、しかし明らかにそれよりは質の高い）を、人民が手をつける前に組織していたとしたら、ウィッテの構想は完全な勝利を収めたことだろう。ソヴェトという、人民の内部から突如出現した新しい「政体」は、しかし、政府はもとよりウィッテにとっても、人民自身にとっても、想像の限界をこえるような何ものかであった。一九〇五年一〇月、ソヴェト議会が成立し、若い弁護士フルスターレフ＝ノサールが議長に、若きトロツキーと社会革命党のN・アウクセンティフが副議長に選ばれた。ソヴェトはスト参加要請のアピールを出した。数日後には、トロツキーが全面的に指導権をにぎった。それは彼の人並みはずれた雄弁にもよっていたが、また次のような変化に根ざしてもいた――「ソヴィエトは単にストライキを指導する中心的委員会と考えられていたが、その指導者たちはまもなくそれが有力な政治的煽動の機関――革命を準備する機関――となりうることを悟った。数日ののち、ソヴィエトは革命の機関となった」（シューブ前掲書）。

これによってストライキはさらに飛躍的な力をもった。一〇月末に皇帝はウィッテを首相に任命して収拾にあたらせたが、その組織的内実において革命勢力はすでに一歩先んじていた。こうして、一時的にせよ、二重権力の状況が生じ、ペテルブルクの生活は完全に停止するにいたった。

レーニンがスイスの亡命地からロシアに帰ったのは、一一月のことであった。一九〇五年の夏に、レーニンは敏感に革命情勢を感じとり、ヨーロッパ諸都市における内乱の軍事問題を研究した。そし

＊1　一九〇五年一月二二日（ロシア暦九日）日曜日、ロシアの首都サンクトペテルブルクで起きた虐殺事件。司祭ガポンに率いられた労働者と家族一〇数万人は、皇帝《ツァーリ》ニコライ二世に対して、労働者の権利擁護、待遇改善、立憲政治の実現、日露戦争の停止などを求める請願行動として冬宮に向けて行進したが、待機した軍隊が発砲、労働者側約一〇〇〇人が死亡した。これをきっかけに、一九〇五年の第一次ロシア革命が起きた。当時、ロシア社会民主労働党や社会革命党（エスエル）は当局の激しい弾圧を受け、レーニンやプレハーノフもジュネーヴに亡命中だった。

て、ロシアから意見をききに来た者が呆れかえるような唐突さで、「武装蜂起」にすぐ手をつけるべきことを説いた。社会民主党ペテルブルク委員会にあてた手紙の中で、レーニンは「一年以上も爆弾に関する議論についやされ、まだ一個の爆弾もつくられていないのを見て、私は慄然とする」とおどしつけた。「青年よ行け。今すぐに、いたるところで、学生のあいだに、ことに労働者のあいだに、戦闘部隊を組織せよ。即刻彼らに武装させろ。武器はナイフでも、ピストルでも、石油を浸ませた放火用のボロでも、何でも手当りしだいでいい。社会民主党への入党を強要してはならぬ。諸君の思惑は一切捨ててしまえ。(…)一ヶ月か二ヶ月のうちに、ペテルブルクに少なくとも二百か三百の戦闘部隊ができぬようなら、委員会は死物同然である。さしあたっての作戦のために、部隊の訓練を開始せよ。ある部隊はスパイの暗殺、あるいは警察署の爆破を企て、ほかの部隊は銀行を襲撃して(…)」。

亡命地で、レーニンは大衆から隔絶していた。だからこのように貧しい「蜂起」をしかイメージできなかった。二つの点が注目される。一つは、党の組織原則など投げすてても、実際の戦闘を遂行しうる部隊を準備せよとしている点で、レーニン独特の柔軟性がここにも見られる。第二に、「二百か三百の戦闘部隊」を勘定に入れたとしても、こうした「蜂起」は基本的にブランキズムの延長線上にしかないということである。だが現実は先を行っていた。大衆のほうが、レーニンより先へ行っていたのである。ゼネスト、そしてソヴェトの成立は、「ツァーリよりもむしろレーニンを驚かせた」(シューブ前掲書)。帰国してソヴェトの大衆的雰囲気にふれるや、レーニンはただちに自分の誤りをみとめ、メンシェヴィキと社会革命党がリードしているソヴェトを全面的に支持した。このことは、単なる情勢認識上の修正ということをこえて、彼自身の組織論上のかなり根本的なところでの修正・

発展ないし、重心の変化を意味した。「この考えには、つぎの二つの目的が重なりあっていた。その一つは、党のエリート的概念を大衆政党の概念に変えることであり、他の一つは、革命組織と大衆の関係の再認識、すなわち自発性の問題を検討する新しい方法を示唆することであった」。

一九〇六年一月の『国会をボイコットすべきか』の中でレーニンははじめて、革命党を「大衆政党」と表現した。「わが党は長い間地下にあった。わが党は過去数年の間、そこで窒息していた。しかし、今や『地下運動』はなくなりかけている（…）」。党内闘争にプロレタリアートの内的矛盾が「反映」するという見解、したがって党活動はその矛盾の隠蔽ではなしに、矛盾の適切な展開として構想されねばならないという論理はすでに『なにをなすべきか』に見られたが、この時期には「いろいろの傾向の公然たる内部闘争がなければ、大衆の党、階級の党はありえない」として「分派の権利」を承認するにいたった。

これとともに、大衆自身による「自然発生性の克服」の問題にレーニンは立ちかえった。『なにをなすべきか』の中では、このことは論理としては与えられていたが、その具体的な形態は一切示されぬままになっていた。そこから、「外部注入」なしに飛躍できないというペシミスティックなうけとられ方をこの著作はされることとなっていた。だが今や、レーニンは労働者自身のヘゲモニーによる、政治的権力組織――個々の要求や抗議にもとづくのでない、権力の戦略空間に屹立する組織を目のあたりにしていたのである。

プロレタリアートは、闘争の客観的条件が変化して、ストライキから蜂起へ移ることが必要になったことを、彼らの指導者よりもはやく感じとった。(『モスクワ蜂起の教訓』)
ロシアの革命的旋風の六週間になされたと同様に多くのことが、人民大衆の自由で自主的な組織によってなされたような時期を、ロシア史または世界史についてあげてみよ、このような六ヶ月または六ヶ年を発見してみよ！(『カデットの勝利と労働者党の任務』)

レーニンは本当にこの「ソヴェト」に熱狂した。メンシェヴィキや社会革命党がいることなどなんだというのだ。労働者人民が彼らを邪魔だと考えるようになれば、手もなく追い払われるに違いない。――だがボルシェヴィキのほとんど全体が、ソヴェトと、ソヴェトに熱狂するレーニンとに強い反感を抱いていた。レーニンは皮肉にも、自分の最も忠実な追随者にたいして、激しく闘わねばならなかった。ボルシェヴィキの『ノーヴァヤ・ジーズニ』紙が「『労働者代表ソヴェトか、党か』……と問題を出しているのは間違っているし、解答は無条件に労働者代表ソヴェトも、党もでなければならない」。ソヴェトが社会民主党綱領を採用したりするのは正しくない、むしろ「ソヴェトは臨時革命政府の萌芽と見るべきであろう」とレーニンは主張した。そしてこの組織論上の柔軟さは、戦略上の「トロツキー主義」との協調、すなわち永続革命の理念の全面的承認と互いに結びついていた。

リーブマンがこの過程を総括して、「一九〇五年の革命によって、レーニンの戦術に含まれているきわめて民主主義的な構成要素があらわになり、他方、一九〇七年から開始された反革命の勝利は、レーニンの理論にも存在する権威主義的要素を強化させた」と述べているのは――第一節にのべたところにしたがって「民主的」と「権威主義的」という二項対立はうけいれがたいにもかかわらず——非常に興味深い。そして、それを、指導の党が本当に革命的な力を発揮するのは、ただプロレタリアートの解放力のまえに身を委ねたときだけである、と一般的に定式化してみることは、その後今日にいたる世界革命の（とくに中国文化大革命とヴェトナム革命の教訓を思いおこそう）豊富な経験をふまえてみれば、いっそううなずけることであろう。

ゼネストの「次の一手」を見出せないでいるうちに、反動派は態勢をたてなおした。許容しうる範囲の「自由」を「内部化」し国会をひらき、他方で都市ゲリラ部隊にたいしては軍事的弾圧をくりかえした。反動派は資本家、中産階級を味方につけるのに成功していた。レーニンは「武闘」方針を撤回したわけではなかった。モスクワで、武器をもった二五万人の労働者が組織された。軍事的に敗北し、同志から「いたずらに血を流した」と非難されながらも、それが次の高潮期の「質」を決めるという考えは捨てなかった。

黒百人組によるユダヤ人大量虐殺は、革命情勢の全面的退潮期のひとつのシンボルであった。反動派は危機にはナショナリズムのために必ず異邦人をよび出す。あるいは民衆がアイデンティティを再建したくてよびだす異邦人を政治的な意味論的儀式に利用する。国際主義者もこれに手も足も出なかったのである。その後、黒百人組と結びついたストルイピンが登場し、「ストルイピン反動」と総称される、土地立法を中心とした一連の改革をおこなうことで、「一九〇五年」の残り火を消した。ストルイピンは、「歴史の必然にそった反動」というウィッテの原則を継承した。農奴解放以降、共同体の破壊とその再編をテコとした原蓄が進行していた。ストルイピン反動が勝利したのは、「農業における資本主義の道をきりひらく」ためにミール（農村共同体）の桎梏を破壊するという歴史的必然をふまえていたためであるとレーニンは論じた。「ロシアのブルジョア革命の特殊性は、革命の基本問題である土地問題で革命的政策を行っているのが黒百人組であり、農民と労働者であるということである」（『政治的覚え書』）。ただ前者は地主のため、後者は農民とプロレタリアート自身のためであるが――危機は共有される――この切迫した時空感覚は西欧派にもナロードニキにも見られないものであった。彼の労農同盟論は、支配者と被支配者の間の「危機の共有」という事態への洞察に規定されたものであって、決して平板な多数派原理によるものではなかった。

「危機の共有」とは何を意味するのか？　ナロードニキは、農民の側に立って、ミールの土地共有制をそのまま基礎にして人民的社会主義を実現しようとしていたのだから、当然にもレーニンのこの提起に呆れ返り、憤激していた。そしてここには、後述するように、「十月」以降の革命の進展を誤らせた、レーニンの「近代主義」があったとわれわれは言うべきかもしれない。にもかかわらず、レーニンの全局を見る視力というのは驚くべきものであって、彼はナロードニキも西欧派も見られなかったものを見たのである。つまり、ミール共同体の構造的崩壊の中に、ロシアを農業社会から脱出させるほどの巨大なエネルギーが蓄積されており、それこそが人民――労働者・農民・兵士を問わず――の生活と闘争の中で従来の日常性から「外に出る」様々な行為として表れてきているのだということを。その巨大な超越のエネルギーを、もし「われわれ」がとらないとしたら、「やつら」がとるだろう。リヴァイヴァリズムとしての革命というものがあるように、「進歩」としての反動というものもある。決して歴史はまっすぐに進んでいくわけではない。そして、一つの「力」を二つの方向性のどちらが「とる」かという構図はつねに、いたるところにあるのである。「やつら」はソヴェトの力を知ったのであるから、さらに進んだ反動として擬似ソヴェトの組織にとりかかるかもしれない。だからこそまた、ソヴェトと党はさらに新しい質において更新され、再組織されていかなければならないのである。

### 3　コミューン・党・ソヴェト——レーニン主義における空間の神話学

あらゆる革命は「空間」への挑戦であった。それというのも、政治それ自体が、つねに空間の占有を基礎としていたからである。これはたんに、「国境」という平板な領域画定を指すのではない。一回性や生成、要するに時間にたいする、空間の支配によってはじめて政治が出現したのである。最初の集中的な権力の場所である「アジア的都市」は、大地の悠久の恵みのリズムを、貢納制という生産物の空間移動のシステムに転移させることで成立した。ごく大雑把にいえば、商業は、「アジア的」世界にあってはこの空間移動のシステムそれ自体から生じ、「古典古代」においては旧共同体から脱落した異邦人の間で一種の「放浪芸」として成立していったのであるが、いずれにせよ、時間にたいする空間の優位の成立過程が、使用価値にたいする交換価値の優位のそれと相即的であったことは疑いえない。したがってカール・マルクスは、交換価値の形態分析から階級形成という空間の時間化＝使用価値の復権へといたるその雄大な著作に「空間の政治学」という題をつけることもできたはずなのである。

月並みないい方をすれば、帝国主義諸列強が「地球の分割を一応完了した」一九世紀末から二〇世紀初頭の革命家は、なおのこと空間の政治と格闘せざるをえなかった。そのことによって当然「一国権力」の空間も変質し、いっそう閉ざされたシステムとしての性格を強めていたからである。レーニンのこの問題への寄与は基本的なものであり、決定的なものであった。

第一は、レーニンがマルクス主義を「政治化」するさいの不可欠の前提となった、政治＝経済学上の一般法則、不均等発展の理論である。周知のように、ロシアでは西欧派マルクス主義とスラヴ主義ないしナロードニズムとが『資本論』をめぐる激しい論争をしたのであり、前者は資本主義発展の一般性のみを説き、後者（およびマルクス）はもっぱら「特殊性」を強調したのであるが、レーニンは「寄せ集めの形式」としての本領を発揮し、この差異自体を一つの法則として定式化することで、両者を矛盾したまま結びつけようとしたのであった。

《発展した》資本主義諸国間に、――発展した国と低開発国または未開発国とのあいだに――生産部門間および生産セクター間に、レーニンが確認しているところのきわめて複雑な関係が生ずる。

ある意味では、レーニンの全著作はこれらの不均等性を分析しているとも言える。たとえば、農業問題に関するかれの諸著作は、農業への資本主義の滲透、工業にたいする農業の立ちおくれ、農業に固有な発展の不均等性を解明している。マルクスが知ることができなかった新しい諸現象の出現によって不均等発展の概念はますます大きな深化をとげて、本質的な、基本的な、普遍的なものとなっている。（H・ルフェーヴル『レーニン』）

レーニンは、帝国主義によって「システム化」された空間に、差異の一般理論を導入することで革命理論を飛躍的に深化させ、強化した。

第二は、われわれがすでに初歩的に検討した「外に出る」理論である。プロレタリアート独裁の樹立という当面の戦略目標にとっては、それは主要な戦術であった。いうまでもないことだが、これはたとえば職場放棄のような、たんなる空間移動でしかない「形左実右」の戦術とは全く無縁であって、日常性の内部で、所与の空間の強制力としての「自動運動化」を断つこと、そして異質性との出会いによってユートピア（不可能性の空間）を可能性の空間すなわち戦略空間へと組織することこそが問題であった。プロレタリアート独裁の維持という次なる戦略目標にとっては、それは戦略的な地平においても関わってきた。つまり、大ロシア主義の「外に出」て、ロシア諸民族の間に社会主義的関係をうちたて、さらに、中部ヨーロッパの革命の昂揚との間に、横断的結合をうちたてること、がそれである。この主題はフォルマリストからブレヒトへ（「異化」の理論と技法として）うけつがれ、その後で連合主義的な人民戦線（社民的人民戦線と区別された、レーテ運動[*2]、スペインの初期人民戦線、日本の工代会運動等々）にひきつがれた。

こうした整理は、レーニンの無謬神話への加担であろうか？　それどころではない。レーニンがこうした空間へのこだわりをもち続けていたことこそ、彼をして重層的な矛盾そのものたらしめたのであった。

H・ルフェーヴルは『都市革命』の中で、現代性を解析するための三つの空間の弁別と相関をくりかえして問題にしている。農業の空間、工業の空間、そして都市の空間である。農業空間は自然的・地理的諸事物によって決定され、工業空間は空間自体の費用によって、また生産性の基準によってのみはかられる空間である。それに対して、都市空間は「示差的」であり、「寄せ集めの形式」である。以下われわれはレーニンにおけるこの三つの空間に関してごく大まかな、予備的な考察をおこなうが、それは「レーニンの都市革命路線」という問題――中国共産党やH・マルクーゼから、保守的研究者までが一致して認めている――の展開の中に、前節に見出した『なにをなすべきか』の諸形式を投げ入れることを目的とすることになる。

### (1) レーニンと〈緑の空間〉

制服を着た農民、すなわち兵士たちをのぞけば、ロシアの広大な農村の人口の大部分は「十月」をまったく体験しなかった。ボルシェヴィキは都市部の工場労働者に基盤をもっていたのみであり、レーニンは、農民にひろい影響力をもった左翼エスエルとの協調を提唱するところから出発しなければならなかった。「いずれにしても、革命の波は、都市から農村に波及した。農村への革命の波及は、主として、一九一八年の前半に、漸進的におこなわれた」（渓内謙『ソヴィエト政治史――権力と農民』勁草書房）。

ロシア革命における戦略論争の主題は、もっぱら「農民問題」にあった。ロシアにはじめて近代的知識人が登場してきた時、都市とは孤島であった。西方の進んだ文明から遠く離れ、また母なる大地に対しても「異域」であった。そこで、二重の、対立しあう「外へ出る」運動が開始された。一方で西方の個人主義、機械文明への同化が追求され、他方で大地への、また辺境への、共同体への回帰が目ざされた。この超越的脱領域と回帰的脱領域の二重の運動は、西欧派マルクス主義とナロードニズムとの対立に引きつがれた。

問題は次のように出された。ロシア革命は、資本主義の成熟とともに農民層の分解が進み、国の人口の多数が工業プロレタリアートとなっていく過程とともに現実化するのか、それとも、ミール共同体における土地の共同所有は、資本主義の苦しみを経ずに直接超近代の共同体所有へと移行しうるのか？『資本論』への大きな反響がまずロシアからあったことでこの論議に「巻きこまれ」ることになったマルクスは、後者に近い見解を表明した。すなわち、『資本論』自体（特にその歴史記述）は西ヨーロッパにおける資本の展開にもとづいたもので、これがどこにでもあてはまると考えるのは誤っており、さしあたりミールの評価について『資本論』は答えを用意していない。しかし、ミールは土

＊2　第一次世界大戦後の一九一八年一一月、ドイツ北部のキール軍港で水兵が反乱、これをきっかけとして特にドイツの都市部に革命が広がり、帝政を打倒した（ドイツ革命／一一月革命）。レーテ（評議会）運動とは、このときドイツ各地で形成された労働者・兵士評議会（労兵レーテ）を中心に展開された直接民主主義的な大衆運動をさす。平和の実現や旧体制の打破など政治に対する大衆の意思の貫徹をめざし、地方行政・工場・軍隊などにおける第二帝政以来の権威的諸関係の民主化をはかった。この運動のなかから議会制民主主義および資本主義にかわる「レーテ体制」が提起され、一部の地域ではレーテが政治権力を掌握して「レーテ共和国」が形成された。

地の共同所有と分割地耕作・その成果の私的占有による個性の発展との二面性によって強烈な生命を与えられており、その孤立分散性が克服され、また世界市場によって「大規模に組織された協同労働の物質的諸条件を完成されたかたちで提供」されれば、それは新しいコミューンの直接の前提となりうる、と（山之内靖『マルクス・エンゲルスの世界史像』未來社）。農民と労働者の同盟の問題に一貫して強い関心をはらっていたにもかかわらず、レーニンはこれを直接継承しなかった。

農民の内部の階級闘争を、その自己展開そのものによって暴露させよとくりかえしたレーニンは、他方で、何度でも農民の伝統的なコミューン願望へとたち帰っている。メンシェヴィキが「土地公有化（自治体所有）」を政策目標とした時、レーニンは「公有化なるものは、人民による官吏の選挙制がなく、常備軍の廃止等々がなければ、国有化と同じように危険なもの、いやもっと危険なものですらある」と反対した。一七年には「コミューンは農民には完全に適している。（…）農民の一〇分の九までがこれに同意するに違いない」と書いている。

にもかかわらずレーニンは、二つの空間の断層を超えられない。R・G・ウェッソンは「オプチシーナ」に対して「コムーナ」という外来語でしかこれをイメージできなかったことに、レーニンの「西欧派」的限界が見られると述べている（『ソヴェト・コミューン』広河隆一訳、河出書房新社）。また菊池黒光が、レーニンは千古不易の共同体生活の中で蓄積された中農の性格を資本主義的な性格と見あやまったとするのは興味深い指摘である（『十月革命への挽歌』情況出版）。

革命後まもなく、途方もない食糧危機が都市都を襲った。ボルシェヴィキが労働者と兵士を結集し、権力を維持するにはパンの配給制が不可欠の前提であったから、活路は農民からの食糧強制徴発しかなかった。追いつめられたボルシェヴィキ権力は、エスエルと農民にたいする全面的なテロルに走った。「ピーテルはしめ殺されようとしている！」――レーニンは再び「孤島」に立っている。ヴィクトール・セルジュは、この時期をこう回想している。

この社会主義革命はもっとも古い、未開なロシアの最深部から盛り上がったものであった。農村は都市を組織的に略奪しつつあった。百姓たちはひそかに都市へ運びこんできた一握りの小麦粉にも品物――たとえそれが馬鹿馬鹿しい物であろうとも――を要求した。（…）今や単なる蛮性の爆発にすぎないような農民の革命の恐怖から革命政治を護らなければならなかった。（ヴィクトル・セルジュ『一革命家の回想』山路昭・浜田泰三訳、現代思潮社）

実際、農民からの、スラヴから東欧全域に及ぶ規模でのじわじわとした逆襲――Green Rising〔緑の叛乱〕とよばれた――が進行していた。それはやがて、ボルシェヴィズムの心臓としての、制服を着た農民＝兵士の中にまで及んだ。クロンシュタット水兵の叛乱はその最大のものであった。レーニンとトロツキーは、クロンシュタット圧殺という最大のテロルと引きかえに、戦時共産主義の一般化されたテロルを解除することになった。

### (2) 国家主義、そして重工業の空間

ネップ（新経済政策）の採用とともに、食糧危機は魔法のように消えうせた、とセルジュは書いて

いる。だがそれは農民の独自性の了解のうえに友愛と連帯を回復したことを意味しなかった。むしろ、農民が私的所有者として振る舞える空間をつくり出したことで、ボルシェヴィズムのイメージに沿って農民を「教育」したとさえ見えるのであるが、少なくとも確かなことは、レーニンのコミューンにとって必要なものが「友愛と平等」でなく機械化であることだった。「共産主義とは、ソヴェト権力プラス全国の電化である」とレーニンは宣言していた。泥炭採掘をおしすすめよ、ウォルホワ発電所を建設せよ……「ただそのことにこそ、われわれの希望はかかっている」。

なにがレーニンをしてこのような文体をとらせていたのか？　国内的、対外的な二つの問題があった。

農業もふくめ、混乱の極みにある全産業の組織化のためには、戦略的な基幹を構築する必要があった。それは、エネルギー産業に基礎を置く重工業である。この時レーニンが後の中国革命におけるような農業基礎論をうちだせなかったのは、産業構造によるよりも、ボルシェヴィキが農民戦争を組織しえなかったという「十月」そのものの構造にあった。ボルシェヴィキは自己と工業を同一視した。そして、おおまかにいえば、党の組織論の延長上に、労働と産業を組織したのである。

企業組織と革命組織の相互浸透について、レーニンは醒めた認識をもっていた。「国家独占資本主義は社会主義の完全な物質的準備」であるが、われわれがそうした「前段階」に達していなかったことは明らかではないか、と左派をなだめて、レーニンは「国家資本主義」の建設に党が着手すべきことを説いた。この「枠」の中でこそ、レーニンは物質刺激を導入し、テイラー・システムを導入することができた。そして、レーニン的党の「ツリー型」システムは逆に欧米企業体の組織論へと浸透していったのである。

工業と「社会主義」国家とのこのような結びつきを考えるにあたって、対外的な側面、ソヴェト・ロシアの途方もない国際的孤立という側面を無視するのは酷であろう。レーニンの選択はすべて、ヨーロッパ革命実現までいかにすればもちこたえられるか、の基準に発していた。マルクスも、西欧の技術的達成の支援が得られることをロシア革命の展開の不可欠の条件としていたが、それは「やってこなかった」のである。周知のように、一九二〇年には、レーニンは世界革命のポテンシャルをむしろ東方に、中国とインドに期待しはじめる。レーニンはとうとう、この期待を新しい世界革命空間の構想へと高める余裕をもたずに死んだ。だが、当面必要なことが、ロシアの工業化のために帝国主義諸国間の矛盾を利用することであることは、明らかであった。

レーニンの死後、一九二〇年代の末に、ドイツと東欧で「ナショナル・ボルシェヴィズム」とよばれる潮流が登場した。広い意味ではカール・ラデック、エルンスト・ニーキシュからカール・シュミットまでを含むこの人びとは、かつて熱心なレーニン派であったことと、「プロレタリア国家《ナツィオン》」すなわちドイツとロシアの連合による米英への対抗という構想をもったことで共通していた。これはヒトラーにおいて「持たざる国」の理論に転化する。だが、「ナショナル・ボルシェヴィキ」はドイツでだけ登場したのではなかった。それはロシアそのものにおけるボルシェヴィズムのナショナルな変質に対応しており、その鏡にすぎなかった。世界革命の戦略配置——レーニンが、ネップ時期にもなお決定的には手放そうとしなかった——からの全面撤退によるコミンテルンの国境守備隊化、そしてドイツ軍部との接近は、「十月」から一〇年を経たソ連の工業化の新たな要請に決定されていた。全面的な設備革新の要請を意味する「第一次五ヶ年計画」には、ドイツの工業が必要不可欠であった。国家と工業の結びつきの一つの完成――それは、官僚制の著しい肥大化、すなわち、鉄の規律と代理形成＝代行主義との「ツリー型」空間が全国津々浦々へと拡張されたことを意味した。

### (3) 都市――身体《ビオ》・運動《メハニカ》・空間

エル・リシツキーが一九二九年に「十月」以後の建築運動の全体を総括しつつ、構成主義のあの輝かしい最初の宣言『イデオロギーの上部構造』を書いて「実利主義」に「形式主義」を再び対置した時、彼がもとめていたのは、工業化に従属しない都市空間の復権にほかならなかった（『革命と建築』阿部公正訳、彰国社）。

ボルシェヴィキが結果的に農民と敵対せざるをえず、主要に工業化をしか達成しえなかったことをもって、それを「都市革命路線」とよぶべきであろうか？　そうではない。少なくとも三つの、主要な「路線」が存在したのである。第一に農民革命の路線が、第二に工業化＝近代化革命の路線が、そして最後に、都市＝革命の路線が。第三の潮流には、構成主義・未来主義の運動、そしてブハーリンやコロンタイを中心とした連合主義的ボルシェヴィキ、アナキズムないしアナルコ・ボルシェヴィズムが含まれていた。

Ｒ・ダニエルズは、一九一四年段階で、亡命中のロシア社会民主主義者に二つの結集点があったと書いている（『ロシア共産党党内闘争史』）。ひとつはレーニンであるが、もうひとつは、トロツキー、マルトフ、マヌイリスキー、アントン・アントノフ・オフセイエンコを編集委員とするパリの日刊紙『ナーシェ・スローヴォ』であった。後者には、コロンタイ、ルナチャルスキー、ブハーリンをはじめ、ボルシェヴィキ左派、調停派、旧フペリョード派、メンシェヴィキ左派そしてアナキストが雑多に結集していた。当然にこのグループは、レーニンの組織論、とくにそのシステマティックな部分に極端な反発を見せたが、綱領上はつねにもっとも左であった。つまり、綱領上の左翼性と組織上の柔軟さとの結合が、このグループの特徴をなしていた。彼らは、ロシアでオプシチーナと同義に使われていたコムーナとは少し違う意味で、つまりパリ・コミューンの意味で、都市的なコミューン主義に接近していた。彼らは、国家の死滅の現実的基礎を、都市に、都市の普遍性が国家の「空虚な普遍性」(マルクス)を止揚する過程に見出した。彼ら、とくにブハーリンの大きな影響を受けていた間に、レーニンは彼が以前より抱えていたコミューン願望を最大限に発露し、『国家と革命』を書き、社会民主党をコミューン主義者の党と改称した。

ペテルブルクを中心とする都市ソヴェトは、主要にこの潮流によってになわれていた。いや、ソヴェトは広場であり、街路であって、それはロシアで最初の真の都市的なものの形であった。工業化と区別された都市的性格をわれわれはどこに見出すべきだろうか? 都市革命の路線をもっともよく代表するV・セルジュについて、P・セジウィックは言う――「彼はアナーキストであり、ボリシェヴィキであり、トロツキストであり、修正マルクス主義者であり、そして彼自身のいうところでは〝人格主義者〟であった。(…)その生涯の内で、彼が、少なくとも二つか三つの国籍、イデオロギー、職業を併有していなかった時期は殆どなかった」(セルジュ前掲書への浜田泰三氏による解説中に引用)。

セルジュは、レーニンのいう「外に出る」ことをそのまま存在と化したような人間であった。彼は、存在としての脱領域である。彼はベルギーの下層プロレタリアートの子弟として育ち、その存在様式の中に、この時代のプロレタリアートが到達していた都市的な普遍性とその国際主義とを体現していたのだ。

こうした原理において、再びソヴェトはネットワークされようとしていた。ソヴェトは、社民的な系譜と異なる、新たな都市的現実に基礎を置いた人民戦線のひとつの祖型であったし、事実、コルニーロフ叛乱を中心とする一七年夏の対抗革命＝ファシズムの撃退にさいしては、反ファシズム人民戦線として機能したのである。都市空間は、示差性において定義される。都市革命路線は、必然に「外に出る」ことをすべての原理とし、異質の連合を組織論として、ユニークな政治空間をめざした。メイエルホリドのビオメハニカ空間をみちびき、それに力を与えたのは、このような政治空間であった。ここには、反‐官僚主義的文化革命と、具体的国際主義とに至る、ロシア革命の可能なるものの核心があった。

ボルシェヴィキ主流は、ソヴェトの原理を破壊し、異質のたんねんな排除のうえで、ソヴェトを党の飾りものに変えてしまった。にもかかわらず、たとえば「共産主義的土曜労働」についてのレーニンの熱烈な称讃はわれわれに、ソヴェト原理へのこだわりと憧れの存在を教える。それはたんに労働者が労働の組織過程において自ら「外へ出」た体験であったばかりではなかった。レーニンはここに、国家の死滅の基礎としての新しい都市の予兆を垣間見たのである。

都市革命路線が農村問題に無力であり、かつ工業化の要請によって圧殺——トロツキー、ブハーリン、メイエルホリドの処刑、マヤコフスキーの自殺をメルクマールとする——されねばならなかったとすれば、それは彼らが、自らの先進性におぼれたためではなかったか？　レーニンは、プロレットクルトの活動に懸念を表明したとき、このことをにおわせている。

　三つの空間、農村、工業、都市は、三つの時間、過去、現在、未来に対応している。緑の空間に入る道を知っていた者らは、過去の諸理想に身を委ね、過去のいっさいを、その蓄積を保存しつつ解き放とうとした。未来主義とソヴェト派は、ただただ「可能なるもの」にのみ賭けた。メイエルホリドの「人間すべてのビオメハニカ的改造」の企てはなんと大胆で、雄大で、デリケートなものであろうか？　それらに対して、工業化の言葉は「現実的なものは合理的なもの」である。

　今日われわれは、工業社会そのものの危機を帝国主義ブルジョアジーと共有している。いまわれわれは、どのようにして夢見ることができるのであろうか？　どのように不均等性を分析し、過去・現在・未来を戦略配置し、そしていたるところで非日常化の戦術を組織することができるのであろうか？

IV

# ゲッベルスの大衆操作

*1973. 10*

## 1 「大衆」の時代の政治的神話

カール・マルクスは、最晩年にクーゲルマンに宛てた手紙の中で、こう述べている。

ローマ帝国支配下におけるキリスト教神話の形成は、印刷術がまだ発明されていなかったからこそ可能であったのだ、と今日まで信じられていた。しかしまったく逆なのである。日刊新聞や電信は、それらがつくりだしたものを一瞬のうちに、世界中に広めてしまい、昔は一世紀かかってつくられた以上の神話を一日にしてつくりあげてしまう。そして市民階級がその神話を受け入れ、広めるのだ。(「クーゲルマンへの手紙」一八七一年七月二七日付)

この短い断章の中には、いくつもの予見的洞察が含まれている。来るべき二〇世紀は、新たなる神話の時代となることであろう。それは、新たな質をもったマスメディアの成立によって準備されよう。神話は大量現象となり、個々のそれは絶えずエスカレートするものとなろう。そしてそれらは市民階級に依拠してひろまり、展開するだろう、等々。無論マルクスは、労働者階級が同様にこの神話を受け入れる可能性を無視していたわけではあるまい。だが少なくとも、まさしく政治的神話の時代となった二〇世紀において、政治的神話によって労働者が「祖国」をあたえられてしまうという事態は、彼の予測をこえたものであったろう。

ジャン＝マリー・ドムナックは、第二次大戦後に書かれた『政治宣伝』（小出峻訳、文庫クセジュ）の中で、二〇世紀前半の経験をふりかえりつつ、一九世紀から二〇世紀にかけての強力な国家形成＝民族的統合の波と、コミュニケーションの技術的諸手段の著しい発達との二つが、今日的な政治宣伝の成立条件であったとしている。どんな経験なのか？　ヨーロッパにとっては、それはレーニンおよびヒトラーの経験であった。それこそ、労働者が余儀なく「祖国」をもってしまった二つの典型的な経験ではなかったか？

この混乱した時代について語るには、「大衆」という、混沌《カオス》そのものを意味するような概念をどうしても用いなければならない。大衆の登場、という言葉の背後には、労働者階級の力の著しい増大と、その市民階級への包摂、そしてさらに旧市民階級の生活規範＝座標軸の崩壊といった実に多くの運動と交互作用がひそんでおり、全体としてそれは、人民の力の大きな昂揚と、その新たな規模での形成および解体とを同時に意味している。この極端に矛盾した性格は、フランツ・ノイマンがヒトラー主義について「組織されたアナーキー」[*1]と言ったそれにほぼ対応している。そして、オルテガ・イ・ガセットの「大衆の反逆」から毛沢東の「大衆の中から、大衆の中へ」まで、目的意識性は千差万別であれ、ほとんどあらゆる二〇世紀思想がこの矛盾に取り組んでいるのである。

あるいは、このように言うこともできよう。近代文化はつねに主体性を強調してきたが、それはいわば主知主義的なそれであった。近代政治学について言えば、それは政治の「送り手」という意味での「主体」の学であって、政治の「受け手」に関しては不当に軽視してきた。それは人民の政治的力量がなお低い段階にあるという現実に規定されていたのであるが、一方でまた、近代的知の基底にある「我思う《コギト》」の構造に対応してもいたのである。二〇世紀に入って、たとえば量子力学における「観測問題」や、構造言語学の根底にある「視線が対象を作る」というパラドックスの再確認等々によって次々にコギトのよって立つ前提が崩され、それが形而上学の歴史にはねかえって、現象学における「相互-主体性」の理論等が生み出されていくのであるが、このような知的転回の背景には、従来「客体」でしかなかった大衆が――まさに受け手としての不透明さをもったまま――歴史の舞台に「主体」として登場しはじめたという巨大な転回があったのだといえよう。

フリードリヒ・マイネッケは、「マイネッケの悲劇」としばしば評される暗い音調にみちた書物『ドイツの悲劇』（矢田俊隆訳、中公文庫）の中で、この大衆の登場とそれがナチズムに帰結していく過程とを総括している。ドイツ保守主義のナイーヴな「良心」を代表するこの歴史家は、「民衆の圧

---

＊1　『ビヒモス』（岡本友孝・小野英祐・加藤栄一訳、みすず書房）の主題である。

力」によってドイツが「ゲーテ時代からビスマルク時代に、ビスマルク時代からヒトラー時代に」転がり落ちるように変貌していったことを嘆き、かつあっけにとられているのだ。「ヘーゲルがはやくも語ったと伝えられているように、大衆は前進するものであり、かれらの量的な増大が質的な差異に転化したのである」。

啓蒙時代あるいはフランス革命の時代にすでに、「到達しがたい人間の幸福を得ようとする大衆のまちがった努力」という巨大な不幸がきざしていたことに、彼はあらためて気づく。ヤーコプ・ブルクハルトは、マイネッケらがナチズム体験のあとで理解しえたことを半世紀以上も前に指摘していた、とマイネッケは言う。すなわち、大衆のこうした欲望は権力欲と「豊かさ」への欲にふくれあがり、その結果「すべてを単純化する恐ろしい人々」があらわれて、新たな、非常に暴力的な社会的束縛が成り立つだろう、と。この「すべてを単純化する恐ろしい人々」という引用は、特にナチズムの宣伝政策を考える時に非常にぴったりした言葉であるが（「宣伝とは、単純化の技術である」ゲッベルス）、保守主義者の無力な当惑をあらわすにもまたふさわしい言葉である。マイネッケは、オットー・ヒンツが彼に語ったという、「ほんらいまったくわれわれの種族に属していない」「原始種族のよう」に「異質」だというヒトラー評価に、さらに「謎のような深み」という印象をつけ加えている。知性によってよりも、その異形そのものによって、さらには単純化と原始回帰の技術によって大衆の深い謎の部分にふれようとするヒトラーは、明らかにロマン派の系譜に属していた。だが同時にそこには、「有用で直接役に立つものを目ざして鋭く集中する知性」、理性人《ホモ・サピエンス》にかわる工作人《ホモ・ファーベル》が存在することを書いている。結局ナチズムは、復古的なロマン主義のイデオロギーと、未来へむかう技術的合理性のイデオロギーとの巧みなバランスをとることによって、大衆の欲望の中へ入り込むのに成功したのだ、とマイネッケは考える。

極端に対立したものの結びつき、というのは、アルカイックな神話と政治的神話に共通するひとつの根本原則である。マイネッケはヒトラー主義が有利な地位をおさめた最大の歴史的条件として、大衆の登場の二つの大きな波、社会主義運動とナショナリズム運動を——国家＝社会主義として——巧みに統一したことを挙げているが、これもまた、いわば神話的な「融即」に類するものにほかならなかった。

ところで、神話とは何であろうか？　一言にしていえば、神話の役割は人間世界に意味を与えることにある。

「自然状態」と時によばれる原始の状態において、自然と人間の調和は——ルソー以来しばしば人がそう思い込んできたように——あらかじめ「自然発生的」(!?)に与えられていたのであろうか？　否むしろ、自然との間に隔たりが生じたことをもって、人間を人間とよぶべきではないのか？　この隔たりによってこそ、人間は環境から直接決定される存在であることをやめる。いま現在、彼が直接関わっていない自然の総体が「意味」をもったものとなる。この「意味」とは——ノヴァーリスふうにいえば——「関係の欠如」としての可能性、といったことである。自然と人間の均衡は、「関係の欠如」においても、その解消(認識と現前)においても、たえず破れる。神話はこの隔たりを埋め、秩序を不断に復元し、人間の側から「意味」を再建する処方として発生してくるのである。

要するに神話とは、世界内存在の自然発生的な構造であって、それが衰弱して物語となるのは、ずっと後の詩人と思想家の時代においてにほかならない。こうした方向性における神話論を最も遠くまでおしすすめた哲学者であるジョルジュ・ギュスドルフは、神話とはくりかえされるべき一つの行為である、というファン・デル・レーウの主張にふれつつ、この「存在論的構造としての神話は、『与えられた』現実を永遠化する、ということであると思われる」と述べているのは、非常に興味深い（『神話と形而上学』久米博訳、せりか書房）。それは「常民」といった考え方に筋立った説明をあたえるものだし、また他方で現代の政治的神話の重要な一側面に光をあてているように思われるからである。

西欧を中心とした連綿たる知的意識の歴史は、総力をあげてこの神話的意識を駆逐し、現実を離れた論理の世界──それがまさにより多く現実を支配するものであると思えたがために──を構築しようとしてきた。だが、神話的意識はつねに形を変えて「常民」の存在論的構造になってきたし、知的意識それ自身の見えざる基層をなしてきたものである。ところで、「危機はいつでも、アーカイックな神話をよびさます」（エドガール・モラン『オルレアンのうわさ』杉山光信訳、みすず書房）。無論それは、意味の原型が無意識のうちに参照されるためである。自由主義的な資本主義の危機のただ中に「大衆」が登場してきたとき、それはまさに主知主義の伝統の破産と、新たなる神話時代の到来とを意味するものにほかならなかった。だが、当然のことに、この神話の媒体は諸々の宗教的儀礼ではなしに、政治と結びついたマス・コミュニケーションであった。この時代には、政治的神話が世界内存在の存在論的構造となるのである。政治的神話が国家（と諸々のテロリズム）による代理形成＝主体の置き換えを前提にしていることを無視して、大衆の共同の幻想あるいは都市の下意識等々について語ることは無論誤りである。そしてまた、それがこの時代の人民の存在論的構造に深く根ざしていることへの洞察なしに、操作のレベルでのみ政治的神話を問題にすることも、無意味であろう。

政治的神話について、最初に最も率直に語ったのは、『暴力論』におけるジョルジュ・ソレルである。

大きな社会運動に参加する人たちは、かれらが次にとる行動を、かれらの主張の勝利を確保する戦闘、というイメージで表象している。私はこうしてつくられたものを神話とよんだらよいと思う。この構成物を知ることは、歴史家にとっては非常に重要であろう。労働組合員のゼネラル・ストライキや、マルクスのいう最終的な革命は、神話なのである。私はこういう神話の顕著な例として、原始キリスト教徒がつくりあげたもの、宗教改革、フランス大改革、マッツィーニ主義者などによってつくりあげられたものを挙げたのであった。（『暴力論』木下半治訳、岩波文庫）

よく知られているように、ムッソリーニとレーニンとは、ソレルのこの文章から誰よりも多くを学んだ。ゼネラル・ストライキがひとつの神話――行為としての、くりかえしの儀礼としての――であることを誰よりも知っているのがこの二人であった。そしてその後でヒトラーがやってきて、国民運動と社会主義運動のタテ糸とヨコ糸を一枚の「二〇世紀の神話」に織り上げた。

ドイツの危機こそ、ヒトラーの好機であった。かつてない政治的神話の形成のいくつかの歴史的条件が存在した。マイネッケは、ヴェルサイユ条約と、ユダヤ人問題と、二〇年代末期の経済恐慌および失業のどれか一つが欠けても、ヒトラーは機会をつかみえなかっただろうと述べている。

ソヴェト・ロシアの成立によって、帝国主義諸列強は、自国の政策利害をこえた統一的な世界戦略を実体化することを迫られた。ヴェルサイユ条約の苛酷な条件が意味していたのは、ドイツへの単純な憎悪どころではなく、ドイツをボルシェヴィズムにたいする諸列強の長期にわたる戦いの前線基地にしようという冷徹な計算にもとづいたものであった。[*2] いうまでもなく、こうした構造的に高次の戦略意志の存在は、諸列強の利害の融合の見かけのもとで、むしろその間の対立の激化と相補的であった。しかし、レーニンとコミンテルンはそれ自身の世界戦略によって対抗した。すなわち、ドイツ革命への期待が挫折した後では、ヴァイマールの非合法の武器庫をソ連が提供することによって、ヴェルサイユ体制を根底から掘り崩すことを狙ったのである。[*3]

二つの世界戦略は、ドイツを舞台に拮抗する。そしてドイツという固有の場所でのみ、相互浸透をはじめる。価値の真空状態が生じ、最もとびはなれたものが神話的に結びあうのに好都合な環境となる。

ユダヤ人問題？　いうまでもなくドイツにあっては、ユダヤ人問題とはドイツ人問題である。ユダヤ人排斥運動は、一八八〇年代に最初の大きな高まりを見せた。それは第一に、ドイツの国民的統一の進展のためにユダヤ人の国際性、脱‐国境性がスケープ・ゴートとされねばならなかったためであり、第二に、マルクスのあの有名なテーゼ「収奪者の収奪」の威力を、「ユダヤ人こそ儲けている。ユダヤ人こそ収奪者だ」という方向へむけかえすことのためでもあった。ナショナリズム運動の課題と社会主義運動のそれがもし奇妙にも結びつくとすれば、それはドイツにあっては「ユダヤ人問題」によってしかなかった。ヴェルサイユ体制の下で、世界性への憎悪と資本家への批判は蓄積し、爆発を待っていた。ヒトラーの天才が「すべての環はユダヤ人にある」ことに気づくのに、さしたる努力がいるわけもなかった。

恐慌と失業？　極端な貧困とインフレーションの中で、すでにユダヤ人神話は必要十分なものではなかった。カリカチュアライズにもエスカレーションが必要だった。ヒトラーはボルシェヴィズムを「引用」した。かつてユダヤ人排斥運動がマルクスを「引用」したように。そして、スターリン体制はマルクスの原典よりずっと「引用」しやすいものだった。世界的に見ても、恐慌から統制経済へのこの激動の時期は、いわゆる社会主義体制と独占資本主義体制が、国家官僚制の異常な肥大化という共通の事態を通じて著しい相互浸透を開始した時期にあたった。この官僚制の肥大化は、管理通貨制とインフレーション、軍拡と国家的規模の自然開発、そしていわゆる意識産業——政治宣伝と密接不可分な——の成立といったさまざまな様相を通じて進行した。そしてあえて比較するなら、ナチズム

---

＊2　ケインズとヴェブレンがこの問題で論争している。ヴェブレンはケインズの『平和の経済的帰結』は感傷的だときめつけ、すでに世界戦略という新しい場の論理が展開しはじめているのだと述べた。レーニンも同様に、ヴェルサイユ条約においてはじめて世界戦略が登場したという見解を表明している。

＊3　ソ連領内にドイツの秘密兵器工場が作られ、コミンテルンと国防軍の間に密接な軍事協力がなされていたことは一九二六年に『マンチェスター・ガーディアン』によって暴露された。この背後にある考え方をおしすすめると、スターリン＝ブハーリン論争におけるスターリン派の見解、「ドイツは自立した資本主義国とはなりえず、帝国主義の植民地となるか、ソ連に〝保護〟されるしかない」ということになる。この見方は、独ソ協定から戦後のドイツ分割までを貫いている。

は「情報帝国」という側面において最もこの浸透と転移が著しかったパターンに属するように思われる。

これらの危機的な条件に加えて、前例のない政治的神話の形成のための、いくつかの「主体的」な要素が存在した。ひとつは、ヒトラーという極端に矛盾した特異な人格の存在である。冷静なときには、彼は透徹した、驚くべき知性と残忍さの結合した神話学者となった。ヘルマン・ラウシュニングの『ヒトラーとの対話』（船戸満之訳、学芸書林）を見よう。猛り狂ったときには、彼は神話学の対象となるような憑依状態におちいり、まさしく神話的存在となった。もうひとつは、宣伝大臣ゲッベルスの存在である。彼は暗がりに立って俳優ヒトラーの演出家となった。危機が大きいほど醒めていく彼の頭は、まさに工作人《ホモ・ファーベル》の「有用で直接役立つものを目ざして鋭く集中する知性」に属していた。彼は「マシン」とよぶ彼の情報機関を手足のようにうごかして、全ヨーロッパの歴史に匹敵すると思われるような、大量のデマを流しつづけた。

そしてゲッベルスは、ある時彼らの政治的神話について自信にみちてこう語ることができた——創造的プロパガンダという芸術は、民衆の深みから発し、たえずそこへ戻ってその力を新たにするのである。民衆の支持による権力は、銃に基礎を置く権力にたちまさっている。

## 2　市場から山頂へ

これだけ多くのナチズム論、ヒトラー論が試みられているにもかかわらず、ヒトラーの依拠した政治的神話——厳密な意味で——について、その構造分析はもとより、その基本的な語彙集や身ぶり、物語《レシ》のカタログの作成さえも、まだ十分に行われているとはいいがたい。本稿の任もまた到底そこにはありえないが、宣伝相ゲッベルスがどのようにして「民衆のふところ」へもぐり込んでいったかを検討する前に、いくつかの主要な神話的身ぶりに関して初歩的な検討を加えておくことがどうしても必要とされよう。われわれはそれをさしあたって、⑴市場と山岳、⑵地底都市と太陽の都、⑶技術・装飾・自然、といった一連の二項ないし三項対立で——あまり厳密な仕方ではないにせよ——示すことができる。

### ⑴市場と山岳

ジークフリート・クラカウアーは、一九一八年から三三年までの、すなわちヴァイマールからヒトラーの権力掌握までの政治的神話の成熟過程の分析を、その間につくられたドイツ映画の分析を通しておこなった。この『カリガリからヒットラーまで』（平井正訳、せりか書房）というそれ自身膨大なデータを含んだ書物を熟読すると、そこから二つの、基本的に相反する形象が浮かびあがってくる。市場は、圧制の対極に立つ民衆的アナーキーの形象である。他方で、ほぼ十年おきに流行する山岳映画において、山は次第に権威そのものの形象となってくる。

クラカウアーは、「天幕の列や、それをとりまいて雑踏する群衆や、スリルにみちたいろいろな見世物にうずまった市」「あの小屋掛けのバビロン——定期市」について、こう言っている。

果てしもなく続くけばけばしい色彩とけたたましい物音。そこにはさまざまな怪物が住み、あらゆる肉体的感覚が——はげしい驚きから、不思議な甘美な味わいにいたるまで、ふんだんにみち溢れている。その中で、あらゆる階級の、あらゆる年齢の人々が、われを忘れて楽しむのである。大人にとっては、それはもう一度子どもの時代にかえることである。子どもの時代——そこでは遊びごととまじめな問題とが一つのものであり、現実と空想とが交錯し、めちゃくちゃな欲望があてもなく無限の可能性をためしてみる。

この文明の基層にあって文明を支えている混沌とアナーキーを表示するため、映画『カリガリ博士』の中で市の場面は、つねに手回しオルガン弾きが腕をまわし、その後ろでメリーゴーラウンドがまわっているシーンの絞り開き《アイリス・イン》ではじまる。「踊りの輪の中心には悪魔がいる」と円陣になったフォークダンスを禁じた聖アウグスティヌスをふりかえらずとも、[*4]円は明らかに混沌のシンボルとなっている。作者たちが、カリガリ博士という圧制の形象の対比として定期市を選んだのは、状況への革命的処方を見出せなかったことを意味するが、そのかわりに、圧制かアナーキーか、という第一次世界大戦後のドイツが陥っていた出口なしのディレンマを忠実に反映することによって、「すみずみまで染み込んでいく恐怖の空気」を形象化することに成功している、とクラカウアーは評価する。

市場の形象はエスカレートしていく。フリッツ・ラングの『ドクトル・マブゼ』等においては、市場は背景ではなくアクションの舞台となる。円運動はくどいまでに強調される。

これらの映画に深く感動したエティエンヌ・ド・ボーモン伯爵は、ハンスヤノヴィッツ（『カリガリ博士』の脚本家）に「ドイツ人の魂も人に語るべき時が来たのです、あなた。フランス人は、もう一世紀も前、大革命の際にそれを語りました。しかし、あなたがたは沈黙していました。（…）いま、わたしたちは、あなたがたがわたしたちに——世界に何を告げようとするか、それを待っているのです」と述べたという。

無論伯爵はまもなく待っていたものの姿を見たのであったが、彼はここに、フランス大革命の時代に人びとをつきうごかしたデモーニッシュな力と等質のものの、あるうごめきを予感したのである。デーモンとは、文明の原初の混沌を背負って地下から浮上してくる「大衆」にほかならない。このときの大衆の行動はつねにいわばカーニヴァルのジャンルに属している。ヤン・コットやミハイル・バフチンの仕事によってわれわれは今日、ラブレーやシェイクスピアやまたドストエフスキーがどのようにこのジャンルから傑作をひきだしてきたかを知りえているが、『カリガリ博士』以下の映画もまた、このカーニヴァルのジャンルに属するのである。

この市場の対極にあたえられたのは、山岳の形象であった。「山岳は『ホムンクルス』の中でも、『カリガリ』の中でも、すでにきわ立っていた。山頂に立っているホムンクルスが、神を冒瀆した罪によって雷に打たれる姿が見られる。また、カリガリ博士が初めて登場する時、かれはまるで、ホル

＊4　教会が踊りを禁圧した結果、中世ヨーロッパのいたるところで「舞踏病」とよばれる集団ヒステリーが発生した。村中の人を踊り狂わせながらどこかへ連れていってしまう魔法の笛吹きの伝説はここから生じたが、病理学的な構造においてこれとナチズムとは類似した点が多くあるように思われる。

ステンヴァルの町と定期市に、高くそびえ立っている、円錐形の山の中から出てくるように見える」。この形象は、二〇年代中期から氾濫しはじめる通俗的な山岳映画の中で展開される。

そこでは、安手の英雄主義が山と結びつけられる。「プロメテウス的なスリルに胸をときめかせて、かれらはとある危険な〝チムニー〟をよじ登っていき、それから頂上に立って静かにパイプをくゆらせ、無限の誇りをもって、かれらのいわゆる〝谷間の豚ども〟――自分を高めてそびえ立つ高地に登る努力などしない、いやしい平民たち――をみおろすのであった」。この英雄主義は同種の映画の中で「征服」や「愛」ないし「友情」のための自己犠牲といったヴァリエーションを生むが、「それはナチ精神に通ずるメンタリティの中に深く根ざしていた。人間的未成熟と登山熱とは一つのものであった」(クラカウアー前掲書)。

山岳映画は一九三〇－三三年の時期にも映画全体にたいして大きな地位を占め、それはナチス的メンタリティの発展の最良の指標であったとクラカウアーは書いている。ヨーロッパ精神史の文脈では、山々はデーモンの棲みかであり、とりわけゲーテ以来、登山とはデーモンの克服への苦闘にほかならなかった(三田博雄『山の思想史』岩波新書)。ウェルテルあるいはゲーテ自身は、シュトルム・ウント・ドランクふうの内なるデーモンの圧服のために山へ登ってゆくのだが、ナチズムは市場のカーニヴァル、そのデーモンの制圧のために山へ登っていくのである。

### (2)地底都市と太陽の都

これについては一言で足りる。あるいは都市には無数の抜け穴や地下通路がある、というイメージは、ヨーロッパのいたるところで「もう一つの世界があって、それはこの大地の内部にある」というシュールレアリスティクな伝承を生み出していた。これは無論、古代のシャーマン的な冥界論の延長上にあるものであるが、とくに中世以降のヨーロッパでは、この地底都市はユダヤ人たちに支配されていると一般に信じられていた。[*5]

このイメージには、さまざまな根拠がある。ヨーロッパの歴史において、ユダヤ人たちは、わが国でいえば「遊行者」的な存在となってきた。彼らはあらゆる目に見える共同体を超越して、ジプシーのように遊行し（または迫害され）、そしてある面ではジプシーと同様に、通常の支配権力とは領域を異にする、精神圏といったものを形成してきた。近代に入ってユダヤ人の大知識人が輩出したのは、こうした背景が存した。[*6]

さらには、この放浪的存在は、ヨーロッパ経済史における貨幣流通の主たるメディアとなってきた（マルクス『ユダヤ人問題によせて』）。このことが、地下の支配者というイメージを強化した。そしてカーニヴァル的なものとはさまざまの領域――年齢・階級・性・人種等――の踏みこえを意味するから、ユダヤ人のもっていた「犯し」（要するに「異化」）の力は、デモーニッシュなものの噴出してく

＊5　前出の『オルレアンのうわさ』は、結局ここに行きついている。
＊6　それ自体脱領域的なユダヤ人の中で、さらにユダヤ人から脱領域していった人びとが近代ヨーロッパ文化を作った、とアイザック・ドイッチャーは『非ユダヤ人的ユダヤ人』（鈴木一郎訳、岩波新書）の中で述べている。

る「穴」と意識されたとしても不思議はない。

ナチズムは、これに何らかの神話的価値を対置しなければならない。カギ十字に象徴《シンボライズ》された太陽信仰こそが、この都市の遊行的存在に対決すべきものであった。太陽は農民の生活のリズムを表している。それは、「純粋」な、起源における、血と大地における、人間の組織化を意味している。

ヒトラーが「緑の農村」への深い憧憬をこめてアンチクリストを説く部分は、H・ラウシュニングの記録のうちでも最も生き生きとしている。


わが国の農民は、彼ら本来の信仰を忘れはしなかった。それはいまもなお生きているのだ。ただ、覆いがかぶさっているだけなのである。キリスト教精神が、その上に油層のようにのっかっているだけだ。むしろ、その本来の中味を保護してきたのだ。(…)〝緑の週間〟や〝巡回農業展〟などで、われわれの信仰の遺産を、もっとも単純な頭の農民にもわかるようにいきいきした印象深いことばで語ることにする。

(…)農民に、教会が何を破壊したのかを知らせねばならぬ。自然について、神性について、姿なきものについて、デーモン的なものについての神秘学の全体である。(ラウシュニング前掲書)


ヒトラーは、この「自然と血統に根ざした真の信仰の力」によって「全く根なし草の都市の階層、知的手品師たる文士の狼藉」を打破しようとする。ユダヤ人こそこうした都市的知性を代表するものであった。

だが、ナチスの都市への態度は単純ではない。大衆の登場、という歴史的暗転の背後にあったのは、じつは都市化の問題であった。工業化にみちびかれた都市化の動きが、一九世紀の末から二〇世紀にかけて、ある臨界点を経過する。なお田舎との、大都市と中小都市との不均等性は消滅しないどころか場合によっては拡大するにもかかわらず、国土の全体が都市化の運動に同調しはじめるのである。それは、土地という生産手段から切断されることによって出現した労働者階級が、ようやくその「遊民」的存在形態を実体化しはじめた過程でもあった。これこそが市場のカーニヴァルであり、地下の「穴」であった。そして基本的構図において、ナチズムとは、都市化の批判を眼目にした保守的革命を意味した。だが、農村がすでに原初の全体性において姿をあらわし、都市化をはばむというのが夢物語であることを、ヒトラーは知り抜いていた。この意味で「緑の週間」は、現今の「東京緑化計画」や「緑の製鉄所」のスローガンの祖型となるパラドックスをかかえていた。つまり、都市の大衆こそが、戦略的管理高地なのであった。ここから、ナチズムのもうひとつの位相、全体＝国家という超近代への志向が、まさしく都市を基礎にしてたちあらわれる。カール・シュミットがいうように、今や国家と社会がひとつの全体の中に融合しはじめたのだとしたら、それが起こりうる場所は、この新たな都市化にしかなかった。このきわめて重大な概念については、「全体＝戦争」との関連において再び問題にしよう。*7

ナチズム自身は、この「前近代」の契機と「超近代」の契機の結びつきを解明しえなかった。都市と田園の矛盾を止揚する、といったあまり中身のないスローガンが提出されただけだった。ナチズムによる街頭制圧は、都市の薄暗がりを一掃し、永続する祝祭の感覚のもとで、ひとつの共同体的な太陽の都を実現することになるだろう。

### (3)技術・装飾・自然

エルンスト・ユンガーは、『内的体験としての戦闘』の中で、新しい質の戦争――総力戦――が人間に「一種の器具、ひとつの精確な道具となることを要求する。それは無限に複雑な全体、同時に残忍で壮大な秩序が支配する全体、そうした全体の中で正しい位置を占める器具・道具なのである」*8と述べている。ロジェ・カイヨワが戦争と聖なるもの《ル・サクレ》の結びつきを考えるうえで非常に重要だとしたこの書物は、時代が達成した技術の秩序の積極的なうけいれと、その中で一片のネジ釘となった人間そのものに新たな「美」を見出す点と、しかもそれらを文明の釉薬《うわぐすり》がはげたあとに「野生の思考」がよみがえってくることを一つにとらえるという矛盾した性格で際立っている。「野生は不可思議な怪物のように、魂の奥底から立ち昇る。それは貪欲な炎のように、――大衆を麻痺させる――耐えがたい眩暈のように、また軍隊を統べる女神のように、ほとばしり出てくる」。

しかもユンガーは、この「野生」をよびさますのは、新たな水準の技術的達成だとすることで、カール・シュミットをはじめとする新たなる全体性の守護者たちに、無尽蔵のイメージを供給した。

一方に、アウトバーンやV2ミサイル、またドイツテクノクラート協会の活動などに代表される技術性の諸記号とそのイデオロギーが存在した。それは強制収容所という、まさしく現代的な人間処理工場を生み、また戦争の末期には「秘かに準備されている決定的新兵器」という、戦後の核＝幻想の原型をなす強迫神経症的うわさへと収斂していった。他方でヒトラーは、自然の守護神として登場する。彼が権力について最初にした仕事は、カナリヤ保護法の制定である。オーベルザルツブルクの一九〇〇メートルの山の頂に、彼は途方もない別荘を作る。ヒトラーは今や山頂に彼の「主顕節」[*9]でない間の退避所をもち、そこから下界へ人びとを熱狂させに降りてくるのである（カイヨワ前掲書第三章）。

この技術のイデオロギーと自然のイデオロギーが、ナチズムの政治的展開の中でどのようなからみあい方をしていったかについては、実証的な研究をまつしかない。だが、両者を結びつけている環は明らかに存在した。それは、装飾性という問題である。ベンヤミンは書いている。「所有関係の変革を要求している大衆にたいして、ファシズムは、現在の所有関係を温存させたまま〔要求を〕発言させようとする。当然、行きつくところは、政治生活の耽美主義である」（「複製技術の時代における芸術作品」高木久雄・高原宏平訳、『複製技術時代の芸術』晶文社）。ソヴェトで倫理主義が政治の病理となっ

---

*7　「全体＝国家」と「保守的革命」がナチズムの矛盾した二つの位相をあらわすものであり、前者はエルンスト・ユンガーからカール・シュミットらへとうけつがれ、後者はホフマンスタールやメラー・ファン・デン・ブルックやラウシュニングを含み、ローゼンベルクによって総括されるという重大な視点を、筆者は杉山光信によるファーユ『全体主義の言語』の紹介文（「ファシズムと言語」『歴史と人物』一九七三年九月号）から得ることができた。これが都市と農村の関係に規定されているというのは筆者による思い込みである。

*8　ロジェ・カイヨワ『聖なるものの社会学』（内藤莞爾訳、ちくま学芸文庫）第四章参照。

*9　もともとはキリスト教最古の祝日の一つで、神が世に現れたことを記念する。別名、公現祭。

ていたとすれば、ここドイツでは耽美主義がその位置を占めていた。街路という街路を見世物《スペクタクル》とし、装飾でみたすことによって人間自身を装飾としてしまうことが、政治の仕事となった。それは市場のアナーキーを、そのディテールにおいて簒奪することを意味する。

それこそ、挫折せる画家ヒトラーと、挫折せる詩人ゲッベルスとがうけおった仕事である。

### 3　ゲッベルスのベルリン奪取

同時代人であるヴァルター・ベンヤミンとパウル・ヨゼフ・ゲッベルスは、その性格や思想があらゆる点で対照的であったにもかかわらず、ともにドイツ・ロマン主義の研究によって博士号を得た。ベンヤミンがベルリン大学に『ドイツ・ロマン主義における芸術批評の概念』を提出したのが一九一九年であり、ゲッベルスがハイデルベルク大学で『ヴィルヘルム・フォン・シュッツ――ロマン派戯曲史への一寄与』を書いたのが一九二二年のことだった。

ベンヤミンのこの論文は公刊され、翻訳もされており[*10]、われわれが読みうるおそらく最高のドイツ・ロマン派論になっているが、ゲッベルスのそれは読むことができない。宣伝相になったとき、彼は博士論文を大学からもち出し、どこかへ隠してしまったのである。ロマン派にたいする熱狂と、その熱狂をふきこんだユダヤ人教授グンドルフへの傾倒を、のちに彼は大いに後悔したものと思われる。

しかしこのことは、ゲッベルスの思想的出自にかんして、一エピソードとして以上に示唆的である。よく知られているように、ドイツ・ロマン主義は「客体の自己認識」という驚くべき概念の周囲に、きわめて独特の認識論・批評理論を組織した。それは近代的な主体-客体図式にたいして、「相互主体性」の考え方を現象学に先立ってうちだし、それによって、われわれがはじめに検討したような、「大衆の登場」にともなう「主体」概念の転回を理論的に先取りしていた。だからこそ、これを練り上げることで、ベンヤミンは一連のあの比類なき大衆論を提出することができた。文学者としては二流であったが、ゲッベルスはこれと同じ空気を呼吸していた。つまり、あのカーニヴァルの空気を。そして彼がその「マシン」によって擬似的なカーニヴァルを作り出すことに心血を注いだときには、この空気はすでに邪魔なものであった。ドストエフスキーにたいする情熱も同じ「空気」に根ざしていたが、こちらのほうは一生変わることがなかった。ナチスに「第三帝国」の基本理念を提供したメラー・ファン・デン・ブルックの編集になる赤い表紙のドストエフスキー作品集は、ゲッベルスの青年時代に中産階級の間で非常によく読まれたものであるが、彼もこれを熟読していた。とりわけ、『悪霊』は彼を夢中にさせた。「お前は信仰を持たねばならぬ」という宣告は、彼を打ちのめした。

クルト・リースのゲッベルス伝のユニークさは、彼を単純な権力亡者として描くかわりに、ナチスの中でまったく異質な悩める知識人として描いている点にある。[*11] ニヒリズムを通過した後で、必死に何ごとかを信じたいと願っている、典型的なこの世紀的知識人——。そしてリースは、ゲッベルスが『悪霊』のピョートル・ヴェルホーヴェンスキーに自らの姿を見出しておののいた、という。

---

*10　『ヴァルター・ベンヤミン著作集4ドイツ・ロマン主義』大峯顕・佐藤康彦・高木久雄訳、晶文社。『ドイツ・ロマン主義における芸術批評の概念』浅井健二郎訳、ちくま学芸文庫。

「スタヴローギン……僕はニヒリストだ。だが美を愛している。ニヒリストは美を愛することができないのだろうか。ニヒリストは偶像を嫌悪する。だが僕は偶像を愛する。君は僕の偶像だ！　僕に必要なのは君のような人間なんだ。君以外、僕は誰も認めない。君は指導者だ、太陽だ、そして僕は君の虫けらだ」――ゲッベルスは、彼のスタヴローギンをもとめてさまよう。何度もの失望の後で、ヒトラーに出会ったとき、彼は自分のニヒリズムを括弧に入れる。演説をはじめて聞いたその日に、彼は入党する。

だがそれは簡単なことではない。彼が「工作人《ホモ・ファーベル》」として自分を鍛え上げていくには、永い年月がかかった。

一九二三年のフランスのルール占領のあとで、彼は早くもプロパガンディストとして登場した。ラインラントの非占領地区で「毎晩、ゲッベルスは次から次へと集会をわたり歩き、語りかけた。情熱ともりあがってくる感動をこめて演説した――まるで聴衆に確信を与えるかどうかに、彼の全生活がかかっているように。それはまた、自分自身を納得させられるか否かの、終わりのない賭にも似ていた」（リース前掲書）。

信じられるものがないから、言葉の力によって信ずるものを生み出す、それが真実かどうかなど問題ではない――この心理はおそらく死にいたるまでの彼の活動の基底に横たわっている。存在論的なレベルでは、彼は混沌のふちに立って指導者《フューラー》を待ちのぞみながら、そうした姿をはげしく自己嫌悪する「大衆」の一人にほかならなかった。巨大な情報権力を握ったとき、この男の自己嫌悪は無限の大衆蔑視と重なりあい、そして素朴な指導者待望は、ヒトラーを無視してヒトラーの像を作りあげるというところまでつきつめられていったのである。

グレゴール・シュトラッサーに秘書としてひろわれたこともあって、初期のゲッベルスはナチ内の最左派として振る舞っていた。彼は数多くの論説を書いたが、アルフレート・ローゼンベルクなどは、彼を偽装したコミュニストと受け取っていた。実際彼は「大衆の未来は指導者にある」と大衆の力への不信をむき出しにしながらも、「大衆の飢餓と絶望に訴えてこそすべてがわれわれのものになるのだ」と主張しつづけたが、これは右派幹部と財界の接近への批判であった。この時期、彼はレーニンを独特の見地から熱烈にたたえつづけた――「ソヴェトはナショナルだから、ロシア的だから存続しているのだ。ツァーはかつてロシア人民の情熱と本能をその深みでとらえたことはなかった。レーニン、彼はそれをなしとげた」――これらのことは彼の宣伝師としての本能がその偉大な先輩にたいして言わせたものだったろうし、事実のちにロシアの宣伝技術から多くのものをとりいれてもいる。また彼はこうもいっていた。ドイツは「資本主義に雇われての戦い――多分それは十中八九、〝モスクワとの聖戦〟になるはずだが――」には絶対加わるべきでない、「それ以上の国家的不名誉はありえない」。――この状況把握はむしろ、前述のコミンテルンのそれに通ずるものであった。

この時期のゲッベルスの思想的位相を、いわゆる「ナショナル・ボルシェヴィスト」と関連させて

＊11　クルト・リース『ゲッベルス』（西城信訳、図書出版社）。以下、伝記的記述は本書およびロージャー・マンヴェル＆ハインリヒ・フレンケル『第三帝国と宣伝――ゲッベルスの生涯』（樽井近義・佐原進訳、東京創元社）による。

はかってみることも可能であろう。ヴァイマールの空白状態の中で、マイネッケのいう「二つの大波」が浸透しあっていく途上でさまざまな「左翼がかった右翼人」のタイプが生み落とされた。レーテ指導者として、短期間にせよバイエルン革命政府の元首をつとめもしたエルンスト・ニーキシュはヴェルサイユ体制下のドイツを「プロレタリア国家《ナツィオン》」*12とよんで、社会主義のためにはまずナショナルな課題を解決しなければならないと主張した。『知識人と政治――ドイツ・一九一四‐一九三三』（岩波新書）の中でこれをとりあげた脇圭平は、カール・ラデックなど（党内の）「ナショナル・コミュニスト」、伝統的な独ロ協力を夢見る軍部内保守的親ソ派等を弁別しつつ、典型的なナショナル・ボルシェヴィストとしてニーキシュ、ユンガー、シュミットの三人を挙げている。ゲッベルスはとても彼らほどに問題をつきつめてはいないが、ナショナリストとしてのレーニンをたたえる点では、こうした議論に通ずる。

ヒトラーにいったん惚れたにもかかわらず、こうした問題意識はヒトラーとおよそ相いれない。ゲッベルスは組織の中で迷い、悩み、資本家階級との結びつきに関してヒトラーを公開の席で「プチブル！」とののしるまでのことをあえてした。ところがヒトラーは処分を覚悟した彼をミュンヘンによんで歓待し、「個人的な討論」を提案する。ゲッベルスの魂をその日のうちに手に入れることなど、ヒトラーには造作もないことだった。ロシアについての見方が若干「調整」され、ゲッベルスはスタヴローギンを再び見出し、シュトラッサーと決裂する。

一九二六年一〇月、ヒトラーはゲッベルスをベルリンの大管区指導者《ガウライター》に任命した。日記の中で、彼はひどく戸惑っている。ベルリンは「罪に汚れたバビロン」ではないか、農夫の血を引くことを誇りにし、子どものときから隠遁者として振る舞うことの好きな彼が、どうしてベルリンに我慢できるというのか？

　はじめて彼がベルリンに着いたときにも、喧噪とネオンサインの中で、彼は「この怪物は私を呑み込んでしまうだろう」とつぶやきつづけた。だがヒトラーは、ゲッベルス自身よりも深く、彼の都会的知識人としての、言論人としての性格を見ぬいていた。まもなくゲッベルスはやりかたをつかみ、彼の新聞を成功させ、街頭を制圧し、そしてついにはベルリンというキャンバスに自在に彼の想像力を叩きつけられるところまで行った。彼は著書『ベルリン奪取 *kampf um Berlin*』に自ら描いた諸経験に愛着をもっていた。そして宣伝相となっても、死の数日前に首相となっても、ベルリンのガウライターの地位は手放さなかった。

　ナチズムはひとつの寄せ木細工である。ヒトラーという「核」があり、ヒムラーがそれに直接の武装力《ゲバルト》を与えている。ゲーリングが財界と「核」をつないでいる。農民や保守主義とヒトラーの間をつないでいたのはラウシュニングやローゼンベルクである。ゲッベルスはどこにいるのか？　彼はベルリンを奪取する。都市の大衆という本当の戦略的管制高地を掌握するという志向性にからんで、ナチズムが大衆運動の様相を呈したとすれば、それはレームの民兵組織と、ゲッベルスのさまざまな演出との二つによってだった。そしてナチ的理念における理想の「大衆」はもっとほかに、農民的なところにあったために、ナチの内部ではこの役割は軽視される。レームは処刑され——理由は単純では

＊12　階級としてのプロレタリアなどなく、国家がまるごとプロレタリアであることを指す。

ないが——ゲッベルスは死の間際まで「ナンバー2」になれない。そして実際、ゲッベルスのベルリン奪取は、あきれるほど都市的（彼らの語彙では「ユダヤ的」）な知性の吸収によってなされたのであった。

ナチズムとその世代が憎悪してやまないヴァイマールは、「ベルリンで始まり、ベルリンで終った。それは本質的にベルリン共和国と呼ばれてよい」（ヘルベルト・マルクーゼ）。

このベルリンの黄金時代をつくりだしたのは、多くの人が指摘しているように、生粋のベルリン人では必ずしもなく、「ベルリン選択者」（Wahlberliner）——「ハンブルクかプレスラウ、ウィーンかプラハ、あるいはベルリンの東と南のどこかで生れ、ベルリンでの生活を選ぶか、ベルリン以外の都市に住むことに耐えられない人々」（P・ゲイ）——とくにユダヤ系の知識人たちであった。（…）どんなコスモポリタンな思想と実験に対しても、コスモポリタンな顧客と観客をもつ大都市となったのである。（脇前掲書）

ゲッベルスはこの「根なし草」的性格を嫌悪しつつ彼自身もまた全くの根なし草として、まさに「複製技術時代」にふさわしい仕方でこの中に入りこんだ。すなわち、彼は徹底して、引用としての知性、引用としての行為に依拠するのだ。ゲッベルスは実に多くの主題について語ったが、そのほぼ一〇〇%が、他人の剽窃、引用、転用、キッチュであった。

「国家社会主義」という言葉は、マックス・ウェーバーあるいはフリードリヒ・ナウマンの運動からとってこられた。「第三帝国」はもちろんメラー・ファン・デン・ブルックから。

ゲッベルスはまた、アルフレート・ローゼンベルクの著書から山ほど盗んでいる。盗用した観念の量に匹敵するくらいその著者をゲッベルスは憎んでいたのだが。さらに、古い反ユダヤ主義の論者ハウストン・スチュワート・チェンバレン、ヒトラーの友人ディートリッヒ・エッカルト、哲学者アルトウル・メラー＝ファン＝デン＝ブルック、オスワルト・シュペングラー、この連中からゲッベルスはごっそり盗んだ。(リース前掲書)

それは不名誉なことだろうか？　「引用可能な身ぶり」をくりかえし問題にしたブレヒトは、シェリイの盗作ということで訴えられた。ベンヤミンはつねづね、すべてが引用から成る書物を書きたいといっていた。引用は、ベルリンというカーニヴァルの舞台で柔軟な知性が発見した新たな存在様式だった。カーニヴァルとはごちゃまぜのことであり、大都市とはまずさしあたり寄せ集めの形式である。都市のふところに入りこもうとする者は誰でも、自分を行動においても言語表現においても相互‐主体的《インターースブエクティヴ》な存在としてつかまねばならないのだ。

ゲッベルスの宣伝術とは、要するに引用の技術であった。彼はヴァイマール文化の最良の諸形式を動員して、ヴァイマールをたたきつぶした。

a　彼は左翼を引用した。ゼロからはじめねばならなかったとき、彼は「資本主義打倒！」のステッカーを貼りめぐらし、共産党がいつも使っている会場へ人をかりあつめた。そしてそこでコミュニストと一連の衝突事件をおこし、自分自身では全く動員力をもたないナチスの存在は一夜にして大衆に知れわたった。

b　彼の引用の傑作の一つは、一九三三年のメーデーである。彼はこの「労働者の祭典」を社会民主党には決してやれなかった華やかな仕方で主催した。

c　集会、演説が禁じられ、退却が必要な時には、彼は文化運動やスポーツ・クラブの衣をまとって活動した。彼の発案になるワンダーフォーゲルの運動はナチ的理念の都会への引用であり、若者たちの脱‐都会願望を組織するうえで、山岳映画と対応しあった。

d　彼はうわさを引用した。うわさに対して公式発表でこたえることは不可能だということを知っていた彼は、うわさモニターをいたるところのビヤホールに配置し、その日のうわさを報告させ、ただちに必要な対抗‐うわさを流布させた。これはすでに四三年になってのことであるが、食糧庁幹部等を大量粛清したことがうわさとしてもれたことを知ったゲッベルスは、ヒムラーがやられたといううわさを全国にまいた。人びとがわきたち、食糧庁のことなどすっかり忘れたころに、彼はヒトラーとヒムラーを主役にした集会を演出した。

e　彼は市場を、カーニヴァルを引用した。宣伝相となったゲッベルスは祭日をふやし、広場と街頭の壮麗な儀式を連発した。何年かたつと、人びとはずっと昔からこのにわかづくりの祭日を祝ってきたような気になった。コミュニオンの感情の中で、人びとはナチスの契約不履行を忘れた。このような祭りは、神話の「再演」であり、社会全体によって演じられる政治的神話の大遊戯である。それは同時に、個々人に神話的英雄の役割をあたえる。

f　彼は三文メロドラマを引用する。彼はくりかえしくりかえし、警察（初期のみだが）や共産党の犠牲になった同志についてのでまかせの話を作り上げる。まさしく神話的英雄としてナチスの党歌に準ずる歌まで生みだしたホルスト・ヴェッセルの場合などは、じつは娼婦のところでヒモに刺されて死んだ親衛隊員だった。

g　ゲッベルスはドストエフスキーを、彼の青春の感動を、引用する。彼は国会に火をつけるのだ。『悪霊』の中で、ピョートル・ヴェルホーヴェンスキーはこう言っている――「僕は長い間放火という考えにとりつかれていた。火事は人目をひく。なによりも大衆の想像力をかきたてる。しかし僕はそれをいざというときまでしまっておいた。つまり、われわれがいっせいに立ちあがる偉大な瞬間にそなえて……」。ドストエフスキーが取材したのではない、ゲッベルスが身をもって引用したのである。彼はこれを共産主義者のしわざとして大々的にキャンペーンをはった。ヒトラーにさえ打ち明けなかった。ヒトラーの「歴史的な怒り」そのものを利用しようとしたのである。ヒトラーの権力掌握の直接の契機となった国会放火は、彼のベルリン奪取の一応の完成でもあった。「政治の耽美主義」はここに最初の極端な形をとるのである。

4 総力戦の神話

われらの熱狂の輝く炎は決して消えないでほしい。この炎だけが、現代の政治的プロパガンダという創造的芸術に、光と熱を与えてくれる。民衆の深みから発したこの芸術は、常に民衆のところへ降りていき、そこに自分の力を発見しなければならない。銃に基礎を置く力も一つのよいものであろう。しかしながら民衆の心を獲得してそれを保持し続けるほうがいっそうよく、いっそう満足すべきものである。(ゲッベルス)

近寄ってみると、ゲッベルスは貧弱な、ケチな男である。とりわけ、自己認識の甘く、感傷的なことは驚くばかりである。部下の誰からも煙たがられ、妻とも子どもたちとも、強い愛情に結ばれるということがなかった。その文章は、ほんのわずかな、信じがたい深みをもったヒラメキと、大部分のどうでもいいおしゃべりとから成っている。自分がビッコであることにふれられたと感ずると烈火のごとく怒り、そして飯を食わぬことはあっても——実際彼は、招かれた客が二度と来るまいと思うほどの少食でもあり、粗食だった。ゲーリングが夜ごとに宴会をひらいている間、彼は大抵ニシンと野菜だけのディナーですませていた——自分の顔を毎朝一時間、太陽灯で焼くことは、ソ連軍の包囲下に自殺する四日前までやめなかった。この平凡で見栄坊の男が、時とするとくらくらするような炎に包まれて大空に舞い上がるというのは、いったいどういうことなのであろうか?

ゲッベルスは、ドストエフスキーという鏡の中に自己の像を見つめ、微笑みかける。このとき、彼と鏡を包んでいるある磁場、ある空間の歪みといったものがある。それは、この時代に固有のカーニヴァルのジャンル、総力戦である。ドストエフスキーは、総力戦の最初の予言者であった。ゲッベルスは、総力戦、全体＝戦争の最初の組織者であった。

一八七六年三月、ドストエフスキーは、「矛盾的人間」と題する最初の戦争論を発表した（『作家の日記』所収）。戦争がなければ、すでに世界は「腐肉から出る膿と血膿以外のなにものでもない」と、彼はノスタルジアとしてでなく、眼前の戦争の魅力を称揚した。「打ち続く泰平は、犬儒的・偽善的なものを持ち来たした。また人はこのため貪欲となり、獰猛となり、そして野卑な存在となった。平和は名誉を殺害して、名誉のジェスチャーとことばしか残されないようになった」。チェ・ゲバラが戦後平和共存体制下の「卑しい平和」を告発するように格調高く、彼は戦争の効用を論ずる。それは「科学と芸術とに貴重な刺激を与えてこれらを更新し、これらに清新の気を吹き込んで、これらを勃興させる。とくにそれは、世界の老化に対しては、欠くことのできない療法となってくる。すなわち交戦によって、相手を知ることができる。したがって相手を尊敬することを学ぼうとする諸民族には、かれらのコミュニオンをうながす一因となってくる」。

かくして戦争はひとつの祭りであり、共同体の存在論的昇格である。貧しき人びとが英雄となり、革命派がのぞんでも得られなかった平等が一夜にして実現する。「卑下する大衆を救うのも、ただ戦争だけである[*13]」。

ここでも民族的統一の進展とコミュニケーション技術——皮肉でなしに、武器もここに含めるべきだろう――の発達とが新しい事態をまねきよせていた。フランス大革命の中のあのデーモンに支えられたカルノーの布告以来、「敵」とは殲滅すべきものだという新しい思想は定着していた。だが今や、「敵国」の全土を焦土にしうる技術が現実に開発されたのである。理の当然として、軍人ではなく国民の総員がこの戦争に参加しなければならない。レーニンはおそらく最後のクラウゼヴィッツ主義者であった。一九一〇年前後、ウィリアム・ジェイムズがアメリカで、エーリヒ・ルーデンドルフがドイツで、同じ観点からクラウゼヴィッツを批判した。すでに戦争が政治の延長なのではなく、政治が戦争の一局面なのである、と。[*14]

戦争はひとつの全体性となる。われわれの考えうる時空をこえた、神話的な大時間と大空間が出現する。戦争は永遠のものであり（ユンガー）、最終のものであり（石原莞爾）、持久的なものである（毛沢東）。戦争は政治を包摂し、日常を包摂し、全人民を包摂し、全世界を包摂する。政治的神話とは、このような全体＝戦争の言説であることによって神話だったのである。

まだ若いころ、ゲッベルスは、戦争を恐怖しつつ、それを称揚した。それは「生命への愛がとる、もっとも原始的な形態」である。「戦争はおそろしい。だが、生きとし生けるものは、みな怖ろしい」（ゲッベルスの自伝的小説『ミヒャエル』[*15]）。

宣伝大臣となったとき、ゲッベルスはこの殺戮と饗宴の間へ苦もなく入りこんでいき、新しい全体＝戦争における言葉の役割を定式化する。もはやどのように勝つかではなく、勝つこと自体が目的である。宣伝はもっとも卑劣な、もっとも不誠実な役割をひきうけねばならない。

ほとんどありえない無謀さにおいてヒトラーが二正面作戦に踏み切ったとき、彼はベルリンの街角をひとつひとつわがものとしていったころのように若やいだ、革命的な気分になっている自分を発見した。自分の非力を知り、前方に破局を見出すと、彼は光り輝きはじめる。ゲッベルスは、ルーデンドルフが作った「総力戦」という言葉を、今や日に何千回となく叫んで国民によびかけるときだと直観する。

ヒトラーは「それはよい考えだ」と気安く言ってくれただけであった。総力戦というカーニヴァルは、ベルリンというカーニヴァルの延長上に構想されるほかなかったのであり、その細々した、気狂いじみた計画はゲッベルスの肩に委ねられた。ナチス総体としては、ユンガーが早々と離反していた

---

＊13　ドストエフスキー前掲書。なお、ロシアでこのドストエフスキーの戦争観を直接に継承したのは、のちに叛逆罪で死刑にされた赤軍のトハチェフスキー将軍である。彼はスラヴの軍神ピエルンのための「死のカーニヴァル」をたたえ「豊饒な野蛮状態」をもとめた。「われわれが新鮮な無知で湯浴みできるように、あらゆる書物を焚くことができれば、これはまったくよいことだ。それこそ人類を不生産から救う唯一の道である」。ヒトラーはトハチェフスキーの指揮官としての能力をおそれ、うわさを流してスターリンに疑心暗鬼をおこされて死刑にさせたといわれる。その死のあとすぐに東方作戦（「東方ゲルマン帝国」建設計画）は動き出した。

＊14　カール・シュミットの決断論と深くかかわるこのテーマは、アナトール・ラパポートのような道徳的平和主義者（『現代の戦争と平和の理論』関寛治編訳、岩波新書、『戦略と良心』坂本義和ほか訳、岩波書店）によっても、ハーマン・カーン、あるいはマクナマラのような戦略的エスカレーション論者によっても継承されている。

＊15　池田浩士編訳『ドイツ・ナチズム文学集成1ドイツの運命』（柏書房）所収。

ことにもあらわれているように、「全体＝国家」の超近代的モメントが次第に後退し、ローゼンベルクに代表される、口あたりのいい原始回帰論におおわれた保守革命が、ナチスの公式の言説をおおっていた。ゲッベルスは四〇年代になっても、基本的には「全体＝国家」の構想を手放さず、そのことが「全体＝戦争」準備における彼の突出した位相としてあらわれていた。

だが彼が独力である「全体性」のイメージを提出しようとしたとき、それが破局の可能性という形でしか出されなかったというのは非常に興味深い。彼は集会で、ラジオで、敗北の可能性、破局の到来について語った。英国情報部は「ゲッベルスは発狂した」と友邦に打電している。破局の言説が政治宣伝の武器庫に加えられたのはこれが最初であり、これはのちに「ヒロシマ」から「資源危機」「食糧危機」までのカタストロフィの言説の祖型となった。

ソヴェト・ロシアへの尊敬の念が、ゲッベルスの内部で再燃していた。「われわれのは総力戦に関するおしゃべりだ。しかし実際に総力戦をおこなっている人間が一人いる。それはスターリンである（…）彼は一五年のシベリア流刑に耐え、あらゆる障害にうちかつだけのエネルギーを失わず、自己を権威ある支配者の地位にまでおしあげたのである」。一九四三年ころから、彼はヒトラーに、ロシアとの和平工作をすすめていたらしい。さもなければドイツ軍はソ連に新たな「解放軍」のイメージで入っていき、赤軍自体をこちらに獲得するような宣伝戦をとるべきだと主張した。ヒトラーの側近によって、この二つの提案はにぎりつぶされた。

文化人から婦人団体まで、次々に総動員の体制を作っていきつつ、ゲッベルスは総力戦の平等主義的性格に深い安らぎと満足を得ていた。ベルリンのなかの彼が嫌悪した部分、きらびやかな劇場やキャバレーは閉ざされ、金持ちも今や働かなくてはならなかった。ゲッベルスは必要以上に自分を重要人物に見せようとする癖があったが、この破局の時期を乗り切る何らかの方針をもっているのが、ヒトラーではなくて彼であることは明らかであった。彼は次第にヒトラーを軽蔑しはじめている自分に気づいた。ヒトラー暗殺未遂事件のあと、宣伝上の処理のためにコンピュータのように頭を働かせている彼の目に、猛り狂ったヒトラーは不様だった。彼の内部でこのとき、ヒトラーは死んだ。

彼は永遠にスタヴローギンを失ったのだ。部下にむかって機嫌よく、オレは自殺するよ、ということがしばしばあった。そのあと、彼は彼だけに許された試写室に入り、彼の好きなフランス映画やディズニーの漫画——検閲で没収した——に泣いたり笑ったりし、そして、めまいをおこさせる総力戦の舞台での彼の残された演技をやり通すために、元気にそこを出てきた。

この最後の時期に彼が提出した概念のうち最も重要なものは、「文化戦争」という概念である。それは総力戦ないし全体＝戦争という概念に等価であるが、いっそう具体的な内容をもっていた。あらゆるシンボル操作、衣・食・住の様式、流行の操作、経済的統制、等々が政治宣伝を枢軸として組み合わされた。それは、今日われわれが文化反革命とよぶところの戦略・戦術の領域にほぼひとしい。[*16]この概念はナショナル・ボルシェヴィズムからベルリン文化へ、ベルリン奪取から総力戦へ、というゲッベルスの軌跡の総括であったが、同時に衰弱ないし堕落を含んでいた。政治の耽美主義は防衛的になり、倫理的説教と組み合わされていた。国家と社会の融合、社会の全体化という壮絶なユートピアは、細々とした動員と日常生活への肥大化していく管理の中に姿を消していた。そしてあの大衆のカーニヴァルは？　大衆の存在論的なレベルへたえず立ち戻りたいという彼の思惑にもかかわらず、もはや神話的領域に筆をひたして絵を描くことは不可能になっていた。小さなウソはくりかえされると真実になる、と彼はかつて言ったが、もう少しくりかえされると、あらゆる「真実」にたいして大衆は免疫をもってしまうということこそ、主要な問題であった。

　すべてが「あとの祭り」であって、総力戦はもう輝やかしい祭りになりえないことを彼は気づいていた。敗北、そして植民地化は避けられないだろう。だが、大英帝国もその領土の大半を失うだろう。米ソの間の連合のあとで、反目の時代、第三次世界大戦へむかってのぼりつめる時代が来るだろう──彼の現実的な予見力は尋常なものではなかったが、それ自体は彼の興味をすでにひかなかった。問題は、偉大なカリスマと宣伝相が死んだあとで、なお政治的神話が生きのびる余地はあるか、ということだった。ここにこそ、ユンガーの永久革命論をある意味でうけついだゲッベルスのニヒリズムの本領があった。

　ゲッベルスは、ゲーリング、ヒムラー、ボルマン、リッペントロップらが口を揃えてヒトラーのベルリン脱出をすすめるのに、断固として反対した。ヒトラーが死ぬのは、聖地ベルリンでなければならなかった。山の中へひっそりと戻っていくかわりに、地底と太陽の間のこの都、少し前にはいつも人びとの歓声が広場と街路をみたしていたここで、ヒトラーは死なねばならなかった。「他人が戦争ごっこであそびだしている間にゲッベルスはフューラーを神秘的なニーベルンゲン伝説へ誘いこもうとしていた。術をかけ、フューラーに夢を見つづけさせねばならない。リンツに近いブラウナウ生まれの小人──というのは、最後にヒトラーは振り出しにもどったからだ──が、それをジークフリートと思い込み、輝やける英雄として没落するまで眠らせ、夢の中で生かしておく必要があった」。

三重の敗北が彼を待っていた。

「全体＝戦争」の言説としての政治的神話を一生かけて追求してきたゲッベルスは、その最後の神話を、最もローゼンベルク的な、弱々しいニーベルンゲン伝説でかざらなければならなかった。あの身をやきつくす炎は消えてしまったが、この夢だけは永遠に醒めてほしくないと願いつつ、ささやかなめまいに身をゆだねて、はじまりそのもののようにがらんとした地下室で彼はヒトラーの自殺を見守り、そして後を追った。

彼は死に方を慎重に選ぶことで、政治的神話にしめくくりをつけ、「のちの世の人びとに」それを継承しやすいようにと考えた。だが惨めなことに、かつて彼がスクープして世界に暴露したソ連軍によるポーランド国境地帯での大虐殺をドイツ国民だけが信じようとしなかったのと同じく、ドイツの大衆はヒトラーとゲッベルスの死の報道をきいたとき、「またゲッベルスが嘘をついている」としか反応しなかった。

そして最後に、彼の政治的神話の思想と技術は、彼が最も軽蔑し憎悪した者によってほぼ完全に継

---

＊16　日本語で読めるものとしては、一九四二年一二月に野一色利衛によって訳された『世界に於ける民族闘争と文化戦』がある。Ⅰ思想戦（政治的精神闘争）、Ⅱ民族闘争に於ける文化戦（諸民族間の政治的文化戦）、Ⅲ世界諸民族の政治闘争に於ける行政の役割（行政的闘争の戦略）、Ⅳ（政治的宣伝に於ける合言葉・切手・流行の役割）、Ⅴマルクス主義の反宗教闘争（ソ連における「戦闘的無神論者同盟」の反宗教宣伝）、Ⅵナポレオンの新聞政策の六篇から成るこれは、明らかにゲッベルス機関の手になるものである。

承された。それは、アメリカの商業広告である。文化戦争そのものは、世界的・永続的なものとして、なお複雑な様相をもって「戦後」世界をおおい続けている。あらゆる政治は今や商業広告の浸透をうけ、その遠い先達、ゲッベルスのことは忘れ去られている。だが、何千何万という小ゲッベルスたちがわれわれの街路という街路を見世物に変え、たえず新たなめまいをつくり出すなかで、うすぎたない政治の耽美主義があらゆる物語《レシ》についてまわるなかで、われわれはいかにしてあの夢を過去のものとしているのであろうか？

V

# 仮面と変身
## ――サブカルチュアの政治経済学のためのノート

1975. 4

### 1　風俗と文化

#### (1)　文化における〈表層〉と〈基層〉のいくつかのモデル

ベルトルト・ブレヒトのよく知られた詩「読書好きな労働者の疑問」[*1]は、内容としては「大阪城は誰がつくった？――大工がつくった」式の民衆的地口以上のことを言っているわけではない。だがそこには、ブレヒトの歴史観の核心がこめられているといってよい。

C・レヴィ＝ストロースは、歴史には〈強い歴史〉と〈弱い歴史〉があるといった。〈強い歴史〉とは年代記的な歴史である。戦争や王位の交代やさまざまな大事件による歴史、英雄豪傑才子佳人の歴史である。他方に、書かれなかった歴史がある。〈弱者〉の歴史、ほろぼされた者たちの歴史、一生涯あたりまえのくらしをして死んでいった者たちの歴史である。人類学は、この書かれなかった歴史の文法の学である。『悲しき熱帯』は二重の悲しみにいろどられている。ひとつは滅んでいく文化のとりかえしのつかぬことへの悲しみであり、もうひとつは人類学が〈学〉でしかないこと、この滅びつつあるものを後にして結局は書かれたものの世界へ立ちかえっていかねばならぬことへの悲しみである。

強い者の歴史をはずかしめ、弱い歴史に光をあてようとすることは、ブレヒトの芝居と詩の一貫したテーマであった。この点についてはすでに比較的詳しく述べたことがある[*2]のでくりかえさないが、ラジオ劇『ルクルスの審問』[*3]が「読書好きな労働者の疑問」の絵解きといってよいことはもう一度強調しておきたい。ローマの英雄ルクルスは死者の国の入り口で、その一生が天国に値するものか地獄、煉獄に値するものかの審問をうけるが、その陪審員は奴隷、賤民の教員、パン職人などである。彼らはルクルスがその征服した国々の風物や王族・戦士・奴隷たちを刻んだ巨大な墓石をとりよせ、そのレリーフにきざまれた者らをよびだして、証言をもとめる。桜の木を東洋からもちかえったことだけを例外として、ルクルスのすべての事跡は有罪とされる。

奴隷や賤民たちが、ルクルスの墓という〈本〉をよむのである。

支配者たちは書かれたものの国に住んでいる。官僚制が巨大な国ほど紙の消費量が多いというのは、古代から現代までそうである。彼らは、すべてを記録することで死の恐怖からのがれようとする。このことと、権力が霊的なものを独占しようとし、民衆が霊界と通信することをつねに憎悪することとは深いむすびつきがあるが、それは後述する。とにかくこうして〈強い歴史〉は、書かれたものについての書かれたもの、の膨大な累積となっていく。

毛沢東が「人民、人民こそが歴史を創造する原動力である」という根源的なテーゼを出したときにも、問題になっていたのはこの転倒であった。人民の歴史が支配者の歴史へと転倒されている。〈本をよむ〉とはそれを再転倒することでなければならない。

だが、人民こそが主人公だ、といってみただけでは「愛しています！」といった程度のことで、『シラノ』のロクサアヌにならい「あら、それはテエマでございますわ」といなされそうである。中国にも日本にもあったいわゆる人民史観には、この「愛しています！」式のものが多かった。誇張なしに何億かの人びとが「本をよむ労働者」として登場した「批林批孔」運動[*4]の中で、この類型的な人民史観、一揆の一面的にすぎる礼讃がカゲをひそめ、かなり厳密といってよい所有形態論や政治構造論が出てきたのは注目に値する。世界的なニュー・マルクシズムとの同時代性ということもあろうが、

＊1　ベルトルト・ブレヒト『暦物語』矢川澄子訳、現代思潮社／丘沢静也訳、光文社古典新訳文庫。
＊2　拙稿「ブレヒト——非《ナル》Aの詩人」（絓秀実編『津村喬 精選評論集』論創社）、「ブレヒト——非《ハダシ》Aの医者」（『地下演劇』五号）参照。
＊3　ブレヒト『ブレヒト戯曲全集4』岩淵達治訳、未來社。
＊4　文化大革命末期の一九七三－四年、林彪と孔子を批判するという名目で打ち出された政治・思想キャンペーン。実質的には、江青（中央文革小組副組長、毛沢東夫人）、張春橋（副首相）、姚文元（政治局委員）、王洪文（党副主席）の「四人組」による周恩来批判だった。

テエマを結論のように掲げる必要がなくなったこともあるに違いない。

神島二郎は、丸山政治学と柳田民俗学を相補わせることで日本近代の精神構造を総体として浮かびあがらせようとするスリリングな仕事の冒頭で、W・G・サムナーの folkways（フォークウェイズ）と mores（モーレス）という二項対立を問題にしている。[*5] folkways とは生活の基本的身ぶりをつらぬいている習俗の束であり、それにたいして「さらに重々しく、しかも無意識的に成り立つ一定の社会福祉という観点からフォークウェイズを選択し整序するものがモーレスである」。

folkways が行動様式であり、mores が行動基準であるという整理のしかたで神島の企図は明らかになるので、柳田学は世界に類を見ない精緻な folkways の学であり、丸山学はまたこれまでにわれわれが手にした最良の mores の学のひとつである。この folkways と mores の相互依存－相互対立こそ、文化における〈表層〉と〈基層〉のダイナミズムを規定するものだと神島はいう。丸山が社会底辺に迫る配慮をもたず、規範からもれおちる部分をもれおちるままにしておいたことは神島が指摘する通りであろう。〈自然〉と〈作為〉ないし〈である〉と〈する〉の二項対立において、〈自然〉〈である〉を主題化していては歴史をつくる主体は見えてこないと丸山は主張した。そのために制度と規範を徹底的に対象化しようとする丸山が、しかしその枠の中では決して本質的な変動のモメントを見つけられないというディレンマは、戦時中の著作から今日まで続いているようにも思える。

そのとくに弟子たちとの関わりにおける役人根性や時に度しがたくさえあるディレッタンティズムにもかかわらず、日本の近代思想史上にわれわれは柳田学以上にラディカルな知的試みをもっていない。柳田を保守主義と考えるのは、時間をただ前方へとひかれた一本の線としてのみ考える進歩主義的幻想にくみすることであろう。こうした時間意識は量を物神化する近代西欧の生産様式に対応したものであって、「批林批孔」の時間、アドニスらの詩と批評にうけつがれているイスラムの時間、*6 ベンヤミンの歴史哲学によって再生したカバラ思想の時間、*7 要するに第三世界の時間はそういうものではない。過去を現在の構造としてとらえること、現在を中心とした同心円のモデルで時間構造を考えること（いわゆる「階段モデル」に対して柳田國男‐鶴見和子のいう「垂氷《つらら》モデル」はこの同心円モデルの歴史主義的変形であろう）からすれば、連続する進歩とはひとつの虚構にすぎない。幕末に国学がその内容以上の力をもったとすれば、それはひとつには非連続な時間意識のモデルを提出したことによっていたと思われる。

柳田は〈新国学〉を自任していた。柳田が常民をもっぱら対象とすることで民衆の悠久の連続性を証明したと見るのは、あまりに単純な理解であろう。柳田の常民概念は毛沢東の大衆概念に酷似している。第一にそれはごく身近にいる他人であって、「そのへんにいる目に一丁字ももたぬ」任意の人

*5 神島二郎『近代日本の精神構造』岩波書店。

*6 アドニス「アラブ文学における伝統と革新について」（『新日本文学』一九七五年一月号）、拙稿「アドニスのうわさを流したい」（同二月号）参照。

*7 W・ベンヤミン「歴史哲学テーゼ」（『暴力批判論』晶文社）、あるいは「歴史の概念について」（『ベンヤミン・コレクション1 近代の意味』ちくま学芸文庫）。なおベンヤミン以外でマルクス主義をこうした時間論と結びつけた試みに、カレル・コシーク、レシェク・コラコフスキーと並ぶ東欧の批判的マルキスト、ロベルト・ハーヴェマンの『ドグマなき弁証法?』（弘文堂新社）がある。

びとである。第二にそれは、にもかかわらず「本当に歴史をつくってきた」人々である。ただそれを彼らは自ら知らない。

整風運動と郷土史研究会の運動は同時代的であり、構造的にも対応していたとわたしは『戦略とスタイル』第Ⅷ章、および「風俗と文化の革命」(同書新版補遺)で述べた。双方とも、スタイル(文化の基層としての、意識されぬ、固有のもの――中国の「風《フォン》」、日本の「ふう、ふり」)を自覚化する運動であり、教育運動ではあるが、情報のワンウェイな伝達をまったく意味しない自己教育運動であった。柳田は郷土史研究の目的を「常民が自らの歴史を知ること」にあると述べた。

宣長が石川淳のいうように、自ら霊界に半身をひたした魔となることで、自分のあずかり知らぬ巨大な魔――おかげまいりやええじゃないか、逃散一揆等を含む民衆レベルの「過剰流動性」――をよびだしてしまったとしたら、新国学運動も、「批林批孔」ならぬ「批皇批神」をよびだす可能性をどこかに持っていたのかもしれなかった。柳田学を批判するというなら、なぜそうならなかったか、こそが問題とされねばならない。

## (2) 日常性の多層構造と美的経験――限界芸術論の発展

だが柳田批判がここでの主題ではない。前項でわれわれは文化の〈表層〉と〈基層〉についてのいくつかの概念を検討したが、これによって〈日常的なるもの〉を定義することが次なる課題である。日常性はまず〈反復〉によって性格づけられる。それは意識されずに、所与のものとして持続する。文学の中で日常性はしばしば〈灰色〉に描かれる。その中にわれわれは〈埋没〉しがちであり、いわば〈見えざる秩序〉である。

いわゆる日常性は、それがうしなわれた時にはじめて観察することができるという意味では、素粒子の「観測問題」にも似た問題の中におかれている。日常性からの〈脱出〉はさまざまな形でおこるが、その境界に立つときに、灰色の日常性は見られる。つまり、個々人にとって日常性はひとつの〈領域〉であり〈領分〉であるのだ。王宮にもスラムにも団地にも日常性はある。どの階層も自分の活動場を閉ざされた領域として考えることがあり、時にそれは〈檻〉としてイメージされる。[＊8]

だが他方で、この檻は存在の檻である。われわれがたえずそこから脱けだしたいと望んでいるにもかかわらず、たいていのことは日常性の内部でおこっているのだ。合理的意識によって、あるいは社会的合理性にとって〈残溜物〉でしかない日常性にこそ〈生きられたもの〉があるという見方はここから出てくる。日常性は、人間と自然が出会う場所である。それは身体性の場所である。時に〈人格《パーソナリティ》〉は――〈仮面《ペルソナ》〉として――置きかえが可能であるが、わたし自身の他者である身体性は、いかなる人称によっても代理形成されない。

ハレとケという自然的共同体内部での循環構造は、若干の留保をつけさえすれば、近代的日常性の

---

＊8　この意味ではヴィクトール・フランクルおよびアンリ・ルフェーヴルのいうように、強制収容所にも日常性はある。アンリ・シャリエール（およびスティーヴ・マックィーン）の『パピヨン』があのように感動的なのは、この日常性をうけいれることを拒否し、何度でも死を賭して脱獄していく執念が、見る者がわが身を恥じるほどに深く激しいからだ。

分析に適用することができる。ケ－ケガレ－ハレの循環はここでは人間－自然の象徴交換過程から直接に生ずるのではない。しかし日常性はケと同様閉ざされたエネルギー・システムであり、その内部での混乱＝流動性が一定程度蓄積すると、ハレとしての爆発を生起する。サムナーはfolkwaysが社会の自動安定作用によって選択・整序されて、moresを形成すると述べたが、このmoresすなわち社会的記号秩序《コード》は、ハレとしての象徴世界の爆発の先取り、制度化を基準として形成される。それがもっとも合理的な社会安定に結果するからである。[*9]

あらゆる権力は、この意味論的儀式によってハレの置きかえ、代理形成によって生きのびる。このことをレーニンは、権力をそれ自体の暴力装置よりもはるかに大きな力で支えている、そして権力が打倒されたあとにもなお残る〈習慣の力〉と表現した。丸山眞男が描いた天皇制の無責任体系もこの〈習慣の力〉にほかならない。moresは自然的・制度的な二つの側面をもつ。一方でそれは社会的合理性のシステムを意味する。他方でそれは組織された社会的非合理性にほかならない。すべての王権は、ケの世界のケガレを引きうける「大いなるケガレ」であることによって〈聖なるもの〉[*10]なのである。この非合理的合理性のシステムは、「社会の中から出て社会の外に立ち、次第に社会から遠ざかっていく」（エンゲルス）。遠ざかるにつれ、この記号秩序はより多くの背後的操作性を必要とすることになる。マスメディアの登場とともに、この操作性はひとつの極点に達する。

こうして、近代性の〈基層〉をなす日常性は、次の諸点で特徴づけられることになる。

(1)日常性は、記号秩序によって維持されるケの生活である。その内部では、直接の対象《オブジェ》と行為のいっさいが、〈ニセの具体性〉（カレル・コシーク）に属している。[*11]ニセの具体性の領域とは、オルテガないしハイデガーのいう〈関心《ゾルゲ》〉である。つまり、農夫にとっては自分の畑がゾルゲであり、商人にとっては店がゾルゲであるというふうに。彼はそれを〈所有〉していると思っているが、それはつまり、社会的記号秩序が彼にその活動場の記号を分与しているというにすぎない。

(2)日常性はヒエラルキーをなしている。誰もが日常性の中にいるわけであるにしても、制度化されたハレのヒエラルキーとの関わりにおいて、日常性の〈重み〉は異なっている。権力に近いほど、多くのハレ的な要素が活動場を構成する。〈上層〉で人は自分の場所から自由であるように錯覚する。現実の交通の拡大が伴うにもかかわらず、エリート文化のこの普遍的な見せかけは空虚である。他方の極に身体性において記号秩序をはみだすがゆえに〈自由〉である下層、最下層の人びとが存在する。生活の苦しみ、住民の悲惨にもかかわらず、彼らの日常性は中産階級ほど〈重く〉ない。

(3)本来の意味の〈スタイル〉は日常性の中でうしなわれる。〈スタイル〉は一方で制度としての文化の中に入り、〈作品〉の中で特権的に実現する。これこそが純粋芸術であり、自己表出の水準はきわめて高いというわけだ。他方で〈スタイル〉は形骸化して〈風俗〉の中に入りこむ。風俗は俗なる風であり、文化のサブ・システムであるとともに、スタイルの喪失としての日常性とほぼ重なる。だ

＊9　このことは、各種の「祭政一致」を考察する政治人類学・宗教人類学によって豊富なデータがすでに出されている。
＊10　山口昌男「王権の象徴性」、『人類学的思考』筑摩書房、および『天皇制の文化人類学』岩波現代文庫。
＊11　カレル・コシーク『具体的なものの弁証法』花崎皋平訳、せりか書房。

が依然として日常性は身体性の場所であって、にもかかわらず身体性が全く締めだされ、はずかしめられていることこそが、風俗としての日常性の不安定性を説明する。*[12]

日常性批判の上記のパラダイムの中で、サブカルチュアについての先駆的な労作である鶴見俊輔の『限界芸術論』（ちくま学芸文庫）を検討してみよう。

鶴見の柔軟な批評精神によって、これまでまともに批評の対象とされたことのなかった流行歌から新聞小説、漫才、漫画、広告などがとりあげられ、その限界芸術としての共通構造が探られた。鶴見は美的経験に三つの水準を設定し、通常の用語法で芸術とよばれているものを〈純粋芸術 pure art〉、ニセモノ、俗悪な芸術と考えられているものを〈大衆芸術 popular art〉、さらに広大な領域で芸術と生活の境界にあたるものを〈限界芸術 marginal art〉とよぶ。なぜ特に限界芸術をとりあげる必要があるのかといえば、系統発生的にいって人類の芸術の起源は遊戯と結びついた限界芸術であったこと、個体発生的にも今日のわれわれが最初に接するのは限界芸術であるためである。職業としての芸術家でない人が参加できる芸術ジャンルはこの限界芸術である。そこで鶴見は、限界芸術の研究者として柳田國男を、批評者として柳宗悦を、自覚的な創造者として宮沢賢治をとりあげる。

鶴見の分析のたしかさは、次の点にあらわれている。

第一に、鶴見は美的経験を日常的経験からの脱出において定義している。これは「構造の中心から限界へのズレ」に美を見出したプラハ言語学派、それを実作上で方法化した異化（ロシア・フォルマリズムの非日常化《オストラネーニエ》、ブレヒトの異化効果《フェルフレムドゥングスエフェクト》）の考え方に通ずる見方である。芸術とは活動場を閉ざしている記号的秩序にズレを生じさせるような記号を意味する。

第二に、鶴見は限界芸術を純粋芸術・大衆芸術の母胎《マトリックス》として位置づけている。マージナルなものが、文化の母胎となる。それは限界芸術が、われわれがきわめて幼いうちに、精神の慣用句というべき枠《ラティス》をつくってしまうことからもいえる。制度としての文化の領域で、左翼になろうと右翼になろうと、その深層の感性のパターンはこの枠に規定されている。この無意識の領域に関わる限界芸術を対象化することなしに、この束縛からわれわれはのがれられない。

この二つのことを、とりあえずこのようにまとめておくこともできる。純粋芸術・大衆芸術・限界芸術はヒエラルキーをなしている。それは社会における〈脱出の制度化〉の成層にほぼ見合っている。純粋芸術へと〈上昇〉するほど、その内部での脱出――活動場の超越――の度合は大きい。これこそアリストテレスが浄化《カタルシス》とよんだ体験であり、われわれが現在もしょっちゅう映画館や劇場での〈感動〉と、そこから一歩でるときのシラケとの落差として感じているところのものである。この束の間の脱自《エクスターズ》は日常生活にたいして特権的な位相にたち、社会的にも比較的少数の、そのためのコードを共有できる人々にたいしてのみ開かれている。限界芸術はこの意味では万人に開かれており、制度化の度合はきわめて低い。それは社会の記号的秩序の〈底辺〉におけるわずかなズレの不断のあらわれである。

諸個人が自然的・社会的要因をふくめた記号的環境によって一方的に決定されているとしたら、このようなズレは生じない。そうとしたら、脱出はまさに特権的に、神の啓示のようにしておとずれて

＊12 拙稿「風俗と文化の革命――日本民俗学批判の実践的諸前提」（『戦略とスタイル 増補改訂新版』航思社）参照。本稿はこのエセーおよび『戦略とスタイル』をひきつぐものである。

くることになろう。このズレの根拠をわれわれはさまざまな水準で論ずることができるが、さしあたってはさきの日常性の定義にしたがって、身体性こそが制度の余剰部分であり、ズレの源泉である、と述べておこう。

記号の意味の場の理論からいえば、限界芸術論の決定的な意義は、芸術を受け手の側からとらえかえすことによって、特権的な自己表出の水準の上昇といった〈つくり手〉の側からのみのとらえかたが虚構であることを明らかにした点にあった。この意味ではそれは前田愛の読者論を基礎にした文学史や、外山滋比古の近代読者論に通ずる。また限界芸術論は参加する芸術を主題化した。この点でそれは、「読書好きな労働者の疑問」のモティーフをひきうけた。とはいえ、鶴見の場合、この参加における〈転倒〉のモティーフがブレヒトほど強くない。

『限界芸術論』（ひいては鶴見の日常性論全体）がその大きな意義にもかかわらずもつ平板さは、われわれの見解では、以下の諸点に起因する。第一に、書かれたものと権力についての考察が欠けていることである。第二に、文化の安定性が社会的記号秩序《コード》によって保持されることの考察がないために、文化的母胎《マトリックス》と〈作品〉の相関がダイナミックにうかびあがってこないことである。第三に、近代的記号秩序の主たる商品のレトリックの考察が欠けていることである。このことの端的なあらわれは、資本の大衆芸術としての広告にたいする鶴見の無批判・無抵抗にも見られる。第四に〈余剰部分〉としての身体性の水準が設定されないことによって、この記号秩序――芸術における位階制をも支える――のダイナミックな変動の可能性が探求されないことである。

ここ数年の間にわれわれは、とくにヨーロッパの批評理論から、これらの課題についての新しい提起をうけとることができた。エクリチュールと権力についてはロラン・バルトやアンリ・ルフェーヴルの多くの仕事が検討される必要がある。文化的母胎と〈作品〉については、ミハイル・バフチンのドストエフスキー論とラブレー論、あるいはジル・ドゥルーズのバロック論などが参照されてよい。商品文化における限界芸術の比較的トータルな（あまりに冗長だが）考察はリチャード・ホガートの『読み書き能力の効用』（香内三郎訳、晶文社）によって与えられた。社会的記号秩序の非連続な変動については、エリアス・カネッティやルネ・トムの理論を参考にすることができる。

その全体を論ずるのは、もとより手に余る仕事である。だが、どの問題から入っても、他のすべてが問われてくることも疑いない。ここでは、こうした問題のひろがりの確認の上に立って、メディアとしての商品およびそのメタ言語にあたる広告を中心に、日常的活動場からの脱出と社会変動の相関、その可能性と不可能性について考察することにしよう。

## 2　商品の修辞学

なにがおこっているのか知りたかったら、市場へ行け。
——アラブのことわざ

### (1)　普遍的メディアとしての商品

なにをもって近代性を定義するのか？　近代の基調をなしてきた工業化の論理が包括的な挫折をむ

かえつつあるからこそ、この問いはかつてない真剣さでさまざまな角度から提起されている。七〇年代半ばに話題になった、市井三郎・鶴見和子を中心とした近代化論再検討研究会の成果『思想の冒険――社会と変化の新しいパラダイム』(筑摩書房)は、「伝統の革新」や共同体における契約的関係の存在や三極構造モデルの研究を通じて、非西欧社会の近代化の理論を確実に一歩進めた。これにふれることでわたしは従来からかかえてきたいくつかのテーマをさらに明晰にすることができた。しかしこの共同研究がこれだけの英知をあつめながら、商品世界と共同体の相関という近代化論批判の根本課題にただの一ヶ所もふれていないのは奇異といってよい。

近代社会は、人間と人間の関係がものとものとの関係を媒介にしてのみ実現する社会である。血をメディアとするにせよ、土地をメディアとするにせよ、前資本的な諸共同体では、人格的な依存関係が成り立っている。だが、ロバート・M・マッキーヴァーが community にたいして association とよんだ近代結合体は、マルクスによれば〈商品共同体〉である。

マルクスが解明したのは一九世紀の工業化社会にほかならないと強調することも、にもかかわらずマルクスの概念体系なしに現代社会に一歩たりともふみこむことはできないと主張することも、おそらく両方正しい、とルフェーヴルは言語と商品についての考察をした画期的な文章[*13]を切りだしている――しかし、わたしがいま手にしている品物と、飾り窓の中にある同じ品物のどこがちがうのかという日常生活の中で日々何百回となく発せられてよい疑問にこたえることは、マルクスのたすけなしにできない、と。

商品は価値形態をもち、それは商品の自然的・物質的性質とは対立する。つまり、X量の商品Aが

Y量の商品Bに値する、という時、それらの商品はそれ自体として孤立した〈もの〉としての存在からひきはなされて、他のもの、現にありまたありうるすべてのものとの相対的関係の中にくりこまれる。ただし、xA ＝ yBという対比を媒介にしてである。使用価値は、相対的価値形態（式の左辺）と等価形態（右辺）の対立＝統一をつうじて、価値形態すなわち示差的な関係の中へと還元されてしまう。商品はその価値を単に他の諸商品との関係において表現するだけでなく、商品総体（総体的価値形態）との関係においてまた表現する。マルクスによれば、「商品総体の共同作品」というものがある。

この総体性を直接に表現するのは、貨幣である。「ある特権的なもの（貴金属など）に化体した一般的価値形態は、こうして、その形態によって商品世界という社会的実在が明らかにされていることを示すのである」。

ここで明らかになるのは、言語の交換の体系とともに、財の交換の体系があることであり、両者をともに記号の体系としてとらえることができることである。かといって、言語学によって経済過程を説明することは無論できないし、記号の恣意性の理論によって、交換価値や貨幣を慣習による虚構だとしてしまうこともできない。

前項でわれわれがmoresに即してとりあげた社会的合理性のシステムは、言語の交換と財の交換の二つの手段によって構築される。生産過程の合理的体系と言語の〈ロゴス〉の体系は照応しあってい

---

＊13　アンリ・ルフェーヴル『言語と社会』（広田昌義訳、せりか書房）第8章「商品形態と言語表現」。

る。これを現実過程と幻想過程としてとらえるのはあまりに粗雑な考え方である。商品は〈もの〉としては当然意識の外部にあり、生産物としては実践（社会的労働）の結果であり、そして価値形態としてはひとつの言語であって、この意味では意識なしに商品は存在しない。貨幣のうちには商品の普遍性が凝縮されている。あたかも論理に言語の普遍性が凝縮されているように。金はロゴスであり、社会的合理性の尺度である。しかもマルクスによれば、この合理性は〈神秘的〉である。内容（もの、社会的労働）を排除する形式の自己運動は、「物神的性格」をもつのだ。[*14]

コミュニティ、あるいは生産組織一般にとって、商業は外在的なものである。古代ギリシャでは商人はアゴラに定着することが許されず、居留外人、異邦人にゆだねられていた。市場は悪場所であり、異域であった。ジョージ・トムスンによれば、おのが眼をえぐる放浪者オイディプスは商人の最初の形象であった。彼は父（血）を殺し母（土地）を犯してコミュニティを裏切り、永遠の盲目的な放浪（抽象的で不確定性的な市場の循環原理）に身をゆだねる。[*15] 同様にしてF・テーケイによれば屈原の『楚辞』におけるシャーマン的なものと個人的苦悩との結合としての悲歌は、中国におけるアジア的生産様式の内部からの商品の論理の生成の過渡期をあらわしている。[*16] しかし、西欧社会とアジア的社会では、商人は別の由来をもっていた。ギリシャでは商人はコミュニティからの脱落者ないし異邦人であったが、アジア的貢納制の場合には、このコミュニティにとって超越的な貢納制の内部から、官僚層から出現した。これはわれわれの推論的仮説にとどまっており、アジア的生産様式の変形過程そのものの分析の中でそれを検討することは今後の課題である。[*17]

桜井徳太郎は「共同体の閉鎖性が強くなればなるほど、逆に外界への関心度はたかまる」という逆説について述べている。[18]「両者は発現の方向こそ正反対であるが、まったく次元を異にする別世界のことではない。この完全に逆方向を辿る二つが共同体のなかでどのように織りなされ綯い合わされているか、どのような関連をとりながら現象するか、それが共同体の在りかたをつめてゆく決め手となる」。これまた仮説の域を出ないが〈間＝共同体（inter-community. 民衆語にいう《世＝間》がこれにあたる）〉の理論を何度かにわたって提出してきたわれわれは、桜井のこの視点に完全に同意できる。

間＝共同体は孤立した共同体の総体的連関構造であり、その範囲は、たえず拡張されるその時代の交通形態に照応する。この内部では共同体は他の諸共同体との差異としてあらわれる。外部世界にたいしては、おそれと憧憬、求心と遠心の両義的な心意をもつ。

自然物のいっさいに神を見出す原始信仰は、単に自然にたいする人間の弱体性のあらわれではない。むしろそれは、コミュニティをこえる〈自分自身〉の力のコミュニティ環境にたいする投射である。ここから、祖霊信仰と外来神《まれびと》信仰が分化してくる。祖霊と穀霊をただちに同一視することはできない

＊14　価値形態論とシンボル理論を結合させようとした注目すべき試みに、左右田喜一郎の価値形態論をマルクス的に再編した渡植彦太郎の『経済価値の社会学』（未來社）があるが、カッシーラーのシンボル論をここに使うのはかなり無茶である。
＊15　ジョージ・トムスン『最初の哲学者たち』出隆・池田薫訳、岩波書店。
＊16　フェレンツ・テーケイ『中国の悲歌の誕生』羽仁協子訳、風濤社。
＊17　〈われわれ〉とはさしあたり猪俣津南雄研究会と「都市と批評」グループを意味する。
＊18　桜井徳太郎「結衆の原点」、前掲『思想の冒険』。

にしても、祖先信仰と生産の神々とは共同体のアイデンティティ、自己保存性というモティーフの中で互いに結びついている。[*19] それに対して、〈まれびと〉は間＝共同体の化身である。「初めは、他界からもたらされる珍宝や伝来者に注目するという受動的な態度を持していたが、やがて進んで外界へ出ていって外貨珍宝を獲得しようとする積極的態度をみせはじめた」と桜井は書いている。〈他界〉は日常経済をこえた「外貨珍宝」の空間であった。コミュニティの存続を超越した、時代の生産力の総体が〈他界〉としてたちあらわれたのである。

この間＝共同体は、いわゆるアジア的生産様式における〈上位の共同体〉として実体化する。ごく大雑把にいえば、大規模水利事業その他の要請から、個々のコミュニティは旧来の土地を媒介とした結合形態を変えないままに、上位のコミュニティへと統合される。コミュニティと上位のコミュニティは貢納制で結合される。

ケネス・E・ボールディングの興味深い分類[*20]にしたがえば、コミュニティの内部に本来存在したのは愛の贈与システムであり、貢納制は恐怖の贈与システムとしての面が強い。この二重の贈与システムの内部から一般的な流動性が発生し、ニュートラルな交換システム、つまり商品交換が生じてくる。はじめはきわめて例外的に。アキナイとは、秋になると穀物の余剰分をもらいに来、代わりに一定の〈文化的〉財を持ち来ることを指した。商人はその存在の希薄さを、日常的言語とは異質な過剰な言語によっておおう。「彼は言語を見事に用いるであろう。言語によって自らを紹介し、受け入れさせ、彼が提供するものを説明し、それを最も安く買ったりするのである。彼は嘘をつき、ありもしないことを言い、出まかせを並べたてるであろう。人々と物とのこの仲介者は、言語という媒体を独占するであろう。彼はその言語を完璧なものにするすべを心得るだろう。商業国民は（すでにギリシャ時代にそうだったが）最も面白い話をすることができ、最も精錬され最も内容豊富な言語体系をもつであろう」[*21]。いわば、財の流動性と言語の流動性がそれを媒介する商人において対応しあい、結びつくのである。

日常的な話し言葉《パロール》と異質の修辞法をもった言説《ディスクール》として、言語はそれ自体オブジェとなる。オブジェとしての言語は商品化されることができる。日本ではソフィストたち、雄弁家や教育家がギリシャのような形であらわれなかった。しかし、遊行者たち、すなわち放浪する説教者たちはソフィストと同じく、「商品化されうる言語」の最初の形式をになったのである。

日本において〈他界〉から来たものとしてのシャーマン系征服民族が、先住民の間に定着するにさいして三つの形態をとったという神島二郎の大胆な仮説[*22]をここで再びとりあげよう。神島によれば、定着しかつ融合したのが天皇家であり、定着したが融合しなかったのが身分外階級、今でいう被差別部落であり、定着も融合もしなかったのが遊行僧たちであった。神島は柳田が書いているような被征服先住民族が同じ過程で分化して〈山人〉を生むなどする過程を捨象しているが、この異界の侵入過

＊19　本書Ⅱ章「群衆は増殖する」でわたしは稲シンボルの価値について大雑把なスケッチを試みた。
＊20　ケネス・E・ボールディング『愛と恐怖の経済――贈与の経済学序説』公文俊平訳、佑学社。
＊21　ルフェーヴル前掲書。
＊22　神島前掲書。

程は日常的なものの〈ズレ〉の三つの水準を考えさせて興味深い。三者はいずれも神人《じにん》であり、死の管理者である。天皇家は上位の共同体として機能するが、それは言語の道具化による意味論的儀式によってである。そこは同時に、〈先進文化〉が輸入され模倣される、制度としての文化の空間でもある。だが、コミュニティの民衆はそうした政治的権力と異質な〈もうひとつの聖〉から精神的支配をうけているのが常であった。間＝共同体の流動性をそのまま化体した遊行者たちは、民衆が政治的権力を通ぜずに他界と交流する媒体となった。中世説教芸能はこうした意味での大衆芸術であった。この遊行的なるものが都市的に定着するときには、異域として、悪場所を構成した。それはたいていの場合、都市にすでに定着していた被差別部落の周辺に、それと並んで定着した。部落文化と遊行文化の混淆からなる浅草文化が、町人＝商人の江戸的限界文化のたえざる源泉であったことはふりかえるまでもない。

工業化を近代性の主要な指標ととらえることは可能である。いやむしろ従来は、近代化を工業化に還元する考え方が強かった。〈農業社会〉から〈工業化社会〉へ、というわけだ。マルクス主義者にしても、工業化がそれ自身の否定者をうみだすというマルクスの重大なテーマは、平板な階級対立図式の中へ解消されて、〈社会主義的工業化〉の論理へおちこんでいった（われわれが特に念頭においているのは「ソ連型重化学工業化」のことである）。近代化論再検討研究会の仕事は、昨今とみに強まったこうした全般的な〈進歩〉と増殖の強迫観念への批判をふまえて、近代化における非西欧的モデルを打ち出そうとし、一定の成果を収めた。しかし、コミュニティと商品共同体なり、工業化なりとのダイナミックな相関はまだここでは展望されていない。

一方で〈アジア的農耕社会〉の固有の構造に関わり、他方で資本主義の世界的な形成――原蓄期から植民地収奪が〈先進〉の条件であったという『資本論』『新帝国主義論』[*23]のテーマ――にかかわるこのプロブレマティクをここでときほぐすだけの用意はない。だが、ひとつの方向を示しておくことはできる。

西欧的な近代化の過程においては、工業化はまず商人たちのつくりだした〈黄金の都市〉に寄生し、それを破壊しつつ同時にコミュニティを囲い込みはじめる。「政治的には農村が都市を支配し、経済的には都市が農村を支配」(マルクス)したヨーロッパ中世に固有の封建的秩序が全般的に流動化し、そしてこのプロセスのどこかで、都市は〈異域〉から〈中枢〉へと比重をかえる。工業化が自らの否定者としての都市化を誘導するのは、その後である。工業化は生産の空間(これがのちに「空間そのものの生産」へと転化する)[*24]であり、都市化は使用の、ないし〈消費〉の空間である。工業化における増殖が、いまや主要な mores として社会の安定を支えている市場バランスをこわすほどに使用価値を増大させると、恐慌によって使用の空間を破壊することで、工業化は生きのびる。管理通貨制以後のいわゆる〈ビルト・インされた恐慌〉の中で〈無制限〉の高度成長が可能になった社会は、時に〈消費社会〉とよばれる。工業化は自らの危機を、商品の魔の制度化によって繕う。脱出の制度化の原理

＊23 ゾンテル(R・ゾルゲ)の『新帝国主義論』(不破倫三訳、叢文閣)、猪俣津南雄の『帝国主義研究』『極東における帝国主義』(ともに改造社)、『連帯 No.4 新帝国主義論争』(亜紀書房)など。

＊24 ルフェーヴルの『都市革命』『空間と政治』(ともに今井成美訳、晶文社)の主なテーマの一つである。

がここでも採用されたのである。

日本ではこのプロセスは別なふうに要約される。最も決定的な差異は、商人たちの〈黄金の都市〉は日本では例外——堺などごく少数——であって〈アジア的都市〉（＝政治都市）の性格を強くのこし、権力のメディアとしての性格が著しく強かったことである。[*25]この結果、維新期の記号秩序の流動化がそのまま工業化と重ならずに、〈国内的植民地化〉によって、国家主導の工業化が強力に進行するという構造を生んだ。これはむろん、アジアの収奪によって強大化した西欧諸列強が世界の分割を一応終えたあとで、日本が西欧的〈離陸〉をやるには、初期的には〈国内的植民地化〉しかないというグローバルな条件にも起因していた。

市場が〈上から〉おしひろげられねばならなかった。黄金の都市は、あらかじめ工業化に従属し形骸化されたものとしてのかぎりで、全国にばらまかれた。財の交換の体系と言語の交換の体系は相互に密接に結合しつつ、社会的記号秩序《コード》の最初のあらわれとしての一連の基本法の発布から明治四〇年代初頭の普通教育体系の一応の完成（国語教科書の国定化を指標とする）にかけての三〇余年間に、単一のナショナルな記号秩序を構成した。

この固有の記号のシステムを、われわれは《国＝語》とよんでいる。それは〈国体〉とよばれる、国家に内包された共同体のシステムをそれを媒介するメディアの側からとらえかえした概念である。[*26]普通教育によって、言語は普遍的な準公共財として流通する。これを前提として、言論市場が徐々に成立する。それとともに、〈世間〉（間＝共同体）の身ぶり、商品をたえず購入する身ぶりがfolkwaysの領域に導入されていくものである。

(2) 記号的行動としての消費

〈世間を見てくる〉こと、つまり都市の商品世界に身をひたしてくることは、コミュニティの常民にとってハレがましいことであった。今日もなお、ショーウィンドウに陳列され、ガラス一枚をへだてて自分を見せびらかしている商品の群れは同様に蠱惑的である。まなざしの前で、それらは「約束されているが手の届かない享楽の記号」(ルフェーヴル)なのだ。

周知のように、経済人類学というべき方法によって、この記号としての消費に最初の批判的概念を与えたのは、ソースタイン・ヴェブレンであった。彼によれば、自分が〈上流〉に属していることを示すための〈見せびらかしの余暇〉――ここから彼は「有閑階級」を定義する――と同時に〈見せびらかしの消費〉というものが存在する。いなむしろ、あらゆる消費に、この見せびらかしの側面がある。このように消費されることにおいて、商品は自らをみせびらかすことができる。[*27]

＊25 猪俣津南雄「現段階における都市と農村」(『日本評論』一九三六年八月号。『猪俣津南雄研究』一六号に転載)参照。福富正実の指摘するように、柳田の『都市と農村』とこの論文の「対話」は農政学・民俗学とマルクス主義農業経済理論の稀有の出合いとして興味深い。

＊26 《国＝語》は《国＝語》批判の会による造語で近代天皇制論の新たな視野を準備するものである。長沼行太郎「〈国＝語〉的世界とはなにか――言語と国家についての序」(『情況』一九七一年八月号)、津村喬「もうひとつの言文一致――写生と通信文学についての序論」(前掲『津村喬 精選評論集』)参照。

＊27 ソースティン・ヴェブレン『有閑階級の理論』高哲男訳、ちくま学芸文庫。

ラディカル・エコノミクスの旗手の一人である西部邁は最近「公共イメージ」の理論を提出した。これはわれわれの商品社会批判をさらにおしすすめる上できわめて興味深い問題を提起しているので、少し詳しく検討しよう。[*28]

西部は、消費者選好についての従来の二つの有力な理論モデル、新古典派のそれとガルブレイス派〈ある面でヴェブレンの流れをひく制度学派〉の双方を批判する。新古典派経済学は、いうまでもなく自動的な循環均衡作用をもった市場の存在を想定するが、この前提は、生産者主権と消費者主権が相互に成り立っているという仮定である。この仮定においては、消費者はいわゆる生活者ないし使用者でなしに経済人《ホモ・エコノミクス》と考えられており、孤立した個人として、商品を理性的に選択し購買する〈主体〉として想定されている。[*29]これがまったくのフィクションであるとくりかえし主張してきたのがガルブレイス派であり、彼らによれば諸個人は大企業制度によって〈欲望そのものの開発〉をうけているのであり、〈虚偽の欲望〉が需要をつくりだしているのである。われわれは実際にたえまなく、自分が何を欲しているのかわからない、本当にこの〈もの〉がほしいのかどうかわからないという体験を現にしているのであるから、ガルブレイス派の「操作」の概念は説得的にひびく。だが、では〈虚偽の欲望〉でない〈真の欲望〉があるのかと問うと、すべてを〈隠された手〉に還元するこの理論がきわめて粗雑なものであることがわかる。後に述べるように、広告はおそらくこの悪意ある操作がもっともむきだしに貫徹しうる領域である。にもかかわらず、エンツェンスベルガーが強調するように〈『意識産業』など〉、単にマニピュレーションを告発することでメディアを論じたと思うのは、いささか単純にすぎる。

西部は、「消費財はとりあえず物理的特性とイメージ特性との二元的構成によって捉えられる」とし、しかもこのイメージ特性が「純粋に個人的起源」をもつのではなく、「本質的に公共的なもの」であることを強調する。

いうまでもなく、イメージの取入れは諸個人に同一ではなく、個性に応じてそれぞれに偏倚している。しかし、具体的イメージの段階における個人間の差異を差異として弁別するためには、どこかに共通のイメージの構造が前提されていなければならない。それはちょうど、社会的に共通なラングに基づいて諸個人に個別のパロールが組立てられるという言語活動の構造に似ている。そうだとすると、諸個人の効用関数の中には公共イメージという共通因子があたかも公共財のように入っているということになる。

ヴェブレンの「見せびらかし」はむしろ個々人の意図的なものとしてささえられている面が強いが、

*28 西部邁「消費者選好と公共イメージ」『季刊現代経済』一五号。
*29 ジョン・ヒックスの有名な教科書（『価値と資本』）における「過剰な消費」の弁明は読むに堪えないほど俗物的なものである。彼は高所得者層の「余分な所得」が総消費量に占める割合は小さく、全国民に再分配したら取るに足らぬほどわずかになってしまうので、そんなことのために自由社会を投げすてるのは割に合わないというのだ。この発想は七五年三月一〇日の産業計画懇談会（桜田武座長）の福祉国家批判にも形をかえて受けつがれている。

これは無意識の領域も律する、社会的なイメージ構造を意味する。「公共イメージは人々の消費活動を根本において律するフレーム・オブ・レファレンスであり、短期間のうちに簡単に他のイメージに取替えられるようなものではない。されば過去から累積されてきたストックであり、ある時点をとってみれば、多くの人々にとって共通の歴史的所与である」という西部の整理を見れば、公共イメージと消費活動とは、これまでわれわれが mores と folkways という枠組みでとりあつかってきたものにほぼ対応していることがわかる。〈イメージ〉をソシュールのフレームで扱うこと——ラングとパロールの——は、商品は価値形態においてひとつの言語となるというマルクスのテーマと全く照応するものである。いやむしろわれわれはこういうべきかもしれない。ニュー・マルクシストとラディカル・エコノミストが全くちがうパラダイムから出発して同じテーマにたどりついたのは〈偶然ではない〉、と。

しかしどちらかというと、物理的特性とイメージ特性の二元論というのは、やや平板にすぎる。西部はイメージとシンボルの区別も、シンボルと記号の区別も無視している〈マルクス派としてさらに欲をいえば、「イメージ特性の自己運動」のモティーフにおいて当然に「商品の物神的性格」の理論が参照されてしかるべきだったろう〉。

西部論文の第一に興味深い点は、成長経済下における〈変化〉の強迫観念をとりだしたことである。「物理的特性が変化することそれ自体を一つのイメージとする、さらには古いイメージを変化させることそれ自体をもう一つ高次のイメージとする、という状態がありうるということである。とりわけ社会の支配的価値が〝進歩のイデオロギー〟であるとき、科学と技術はそれ自身の内的論理に従ってイメージ世界を肥大化させていく」――これは制度学派によってしばしば「浪費の制度化」とよばれているが、[30]必ずしもそれは生産者＝企業によってたくらまれたものではない。「とはいえ、変化することを公共イメージとする段階においては、ガルブレイスの生産者主権という状況把握が何がしかの説得力を持つことも確かである」。

西部は「ファッションやガジェット」をこの位相でとらえかえしているが、変化の制度化としてのモードのシステムは、R・バルトらの仕事[31]によって精緻に分析されている。ここでは、商品の修辞学《レトリック》というものがあり、商品が自らを見せびらかすのにさいしてのひとつの文法というものをこの変化の記号によって説明しうることを指摘するにとどめよう。目新しさ、こそが商品陳列の原則のいっさいである。そのためにこそあらゆるシンボル、コノタシオン、メタファーが動員される。表面に限っていえば、「見慣れたものを見慣れぬことのように、あたりまえのこともふしぎなことのように」（『例外と原則』）というブレヒト的な異化の手法に最も忠実なのは、ディスプレイ・デザイナーたちである。オブジェが見慣れたものと見えるとき、商品のレトリックは敗北したのであり、「約束されているが手のとどかない享楽の記号」たることに失敗したのだ。

このレトリックの中で、時間の記号が消費される。これは肝心な点である。われわれの身近な消費

＊30　二〇年近くも版を重ねている都留重人編『現代資本主義の再検討』（岩波書店）は「浪費の制度化」を主題的にとりあげた先駆的な例である。

＊31　ロラン・バルト『モードの体系』佐藤信夫訳、みすず書房。

行動にたちかえっていえば、購買意欲をそそるのは、〈ちょっとした未来〉または〈ちょっとした過去〉である。〈ちょっとした未来〉とは、先端の（時には近い未来の）科学技術にたいしてセリーをなしている一連の記号としての財であり、その意味でのガジェット（ちょっとした機械装置）である。あるいは〈超モダン〉な、〈超えてる〉キッチン・セットや家具、オーディオやカメラの〈メカ〉等々である。それと釣り合いを保つ〈ちょっとした過去〉は、われわれを時にいわれのないなつかしさに追いこむキッチュや古道具、〈ロココふう〉あるいは飛騨高山ふうの家具、手づくりのアクセサリーやふるさとの味、ギャツビーふうのノスタルジー・ファッションや星座を意味する。それは日常性の中に、衰退したユートピアと弱々しい過去崇拝とをもちこむ。それは〈不安定な現在〉のセンスにまさにぴったりくるのだ。『アンアン』なり『GORO』なりをひらけば、そこはこの二方向の記号（さらに衰弱した〈脱出〉の、つまり旅の）にみちあふれている。

西部論文は〈公共イメージ〉論によってさらに、「ラディカル」派のいう活動場とパーソナリティの理論への部分的修正を迫る。これが西部論文の第二に興味深い点である。

ラディカルたちは、個人主義的にとらえられたホモ・エコノミクスの代わりに、パーソナリティ（能力）が活動場（社会的文脈）の影響を受けることを明確に規定するが、従来の分析では、この活動が単に外在的なものでなく、人間の社会的関係が含まれていることが十分つきつめられなかった、と西部はいう。この場合、両者の相依関係はもっと複雑であって、パーソナリティの基底に「彼をとりまく人間関係を彼がどう捉えているかということについての、パターン化された知覚、感情および思考」が存在する。活動場はまた、構造化されたパーソナリティの間の役割のシステムとして存在する。

ここから、西部によれば二つのことが出てくる。第一は、「諸個人が活動場を共有することによってそれぞれのパーソナリティを同質化させているという局面」への切開がこれで可能になることであり、第二に、〈消費者〉というレッテルから諸個人を救いだして、活動＝生活の質を総体として問題にしうるということである。

明らかに現象学的社会学のミクロな動態理論の影響が見られるこうしたとらえ方を、とくに「生活の質」をとりだす問題意識においてわれわれは評価できる。しかし活動場におけるパーソナリティの同質化の例として経営者と労働者の相互浸透をあげ、これをもって階級対立が否定されるかのようにいうのは、西部らしくもない幼稚な〈水準の混乱〉である。活動場や日常性という〈表面〉概念から出発する時、そこに階級といった還元されつくした概念を直接関わらせるのは議論を混乱させるだけである。

どのような活動場であれ、人はそれを閉ざされたものとして〈イメージ〉するというわれわれの日常生活批判のテーマにたちもどろう。変化のイメージを、この閉ざされた領域との関わりにおいて、空間軸においてみることにしよう。商品がコミュニティにたいしてもった超越性が、この活動場にたいしても同じようにあらわれてくる。時間の記号が消費されるのは、この活動場が〈現在という檻〉として了解された限りである。すなわちそれはより一般的な変身の主題のヴァリエーションなのだ。消費が支配的イデオロギーとなった社会では、全般的な耽美主義が氾濫する。美的体験と同様に、商品は日常体験からの脱出を日常的によびかける。商品は変身のレトリックによって、人びとに変身を迫る。購買によって人は自分自身を脱出できるように幻想するのである。

工業デザインの分析によって、個別商品がどのように変身をよびかけるかを解き明かすことは可能であろう。グッドデザインの理念が意味しているのは、一般化された上昇志向であろう。[*32] 最近になって工業デザイナーの中にあらわれた〈弱者のためのデザイン〉運動は、デザインそのものが差別の体系であることを照らし出すにちがいない。

ジャン・ボードリヤールは『物のシステム』および『消費社会』の中で、マルクスの価値形態論をこの文脈において再びとりあげた。[*33] 消費は使用とは異なる。それは二〇世紀に固有の事態である。ものが消費されるには記号とならねばならず、ものは物質としてよりは差異として消費される。ところで消費が記号の消費であるとしたら、それは使用、すなわち生の現実的拡張の断念を意味する。[*34] 物的特性とイメージ特性は並存するのではなく、背反する。つまり、価値と使用価値は排除しあう。このとらえかたが、ボードリヤールをふくむマルクス派と西部の相違の核心であろう。そしてこれこそが「消費には限界がない」ことを説明するのだ。

一般化された変身の強迫観念にもかかわらず、ここには真の変身はない。ただ仮面的行為のみがある。つまり、人は商品によって決して日常性の領域をこえられない。記号において〈脱領域〉がされるが、それはあらかじめ挫折しているのである。

西部はさらに、H・ギンタスの環境決定論的なニュアンスにたいして、チョムスキー的な「個人の先天的構造」としての「生まれつきに固有の潜在的なパーソナリティの集合」を補って動態化した青木昌彦の理論[*35]を修正して、「先天的なのは（…）パーソナリティを形成する際のイメージ構成の能力である」としている。ここにいたってわれわれは、ラディカル・エコノミクスは、ホモ・エコノミクスにとってかえるにホモ・サピエンスを提出するのであるか、という失望を禁じえない。消費でない使用の領域、仮面でない変身の領域、つまり、身体性そのものに基礎をおいた人間の全体性の問題が決定的に欠落しているのである。

経済学は虚偽意識にもとづいた政策的課題への過敏反応をやめて、文化運動の一翼に甘んじるべきだという西部の提案をわれわれはかなりの共感をもってうけとめることができる。しかし、商品共同体からの使用と身体の復権をも提起できぬとしたら、それはいかなる〈文化〉運動であるのか。

＊32　木村恒久は「世界恐慌とデザイン」（『新日本文学』一九七六年八月号）においてキッチュとデザインの階級闘争という大胆かつきわめて適切な問題提起をしている。またアブラアム・モールによれば、ブルジョア・デザイン一般が貴族文化のキッチュとしての性格をもち、かくれた上昇志向をもつ（『キッチュの心理学』万沢正美訳、法政大学出版局）。

＊33　ジャン・ボードリヤール『物の体系――記号の消費』宇波彰訳、法政大学出版局。同『消費社会の神話と構造』今村仁司・塚原史訳、紀伊國屋書店。

＊34　前掲ボードリヤール『物の体系』「結論〝消費〟の定義に向かって」。

＊35　青木昌彦「福祉の政治経済学　試論」（青木編『ラディカル・エコノミクス』中央公論社）。青木の「デカルト派宣言」であるこれは一部にはマルクス「経済学批判序説」に比べられるほど画期的なものと評された。たしかに従来の経済学の枠を破ったヒラメキにみちているが、この福祉の政治経済学が〈進歩の強迫観念〉に〈幸福の強迫観念〉をとってかえるのではないかという疑念はなお拭いがたい。

買い物をするということは「街へ出る」ことであっただけでなく、ひとつの言葉行為を意味した、と長田弘は書いている。「店は『いらっしゃい』という言葉にはじまって、日常の挨拶、季節の挨拶をかわす場だった。買い物が言葉の行為だったのである。そうした買い物＝挨拶という行為をなかだちにして、小売店という街の店はつくられ、そだてられ、まもられてきた。買い物の言葉が街をつくっていた」[*36]。デパートの出現がまず事態を変えた、と長田は言う。それは街路としての室内によって散歩＝買い物という習慣を生んだ。他方、室内としての街路[*37]＝アーケードが〈遊民〉と〈商店街〉を生みだしていた。スーパーマーケットはこれらの買い物のスタイルを一変させた。ここでは買い物は無言の、孤立した行為になる。

群集に自らの安らぎの場を見出す一九世紀都市の遊民とちがって、スーパーの客は〈ものたち〉の前でいちじるしく孤独である。一九七〇年代の〈モノ不足パニック〉にさいして見られた買い占め行動は、実際には主婦たちが〈安売り〉される商品群との接触において日常的にくりかえしている孤独な投機の、凝縮された姿にすぎない。

しかし、言葉行為《パロール》がうしなわれた分だけ、いや、それを補って余りある言葉表現《ディスクール》がわれわれと商品の間に介在してくる。商人の言語、その商品についての饒舌が広告という制度としてこの〈消費社会〉の都市をおおいつくすのである。

最近になって新自由主義的経済学の潮流から、広告は寡占化の手段ではないかという議論が新たに登場してきた。[*38]五〇年代にスウィージーとバランがかなり留保をつけて慎重に出していたテーマが(『独占資本』岩波書店など)、独占強化の現実の中で再びとりあげられたのである。だが、広告を産業組織論の文脈で検討するという興味深い仕事は別の機会にとっておくことにしよう。

商人の言語が都市をおおいつくしている。今日、文化について何ごとかを語るとすればこれを無視するのは不可能である。

これまで広告を〈読む〉作業には二つの流れがあった。ひとつは、MADRAに代表される、[*39]その時代の欲望の構造によって広告が決定されてきたというとらえ方である。これは新古典派経済学ふうの虚構の〈消費者主権〉を前提とした問題のたて方である。すべてのヒットした〈広告作品〉はなんらかの意味で時代の動向を先取りしたものであるという経験的事実からしてこれは一定程度説得的だが、にもかかわらず実際には消費者を追い立て翻弄してきた企業家たちをまったく免罪する議論となっている。これにたいして、広告にもっぱら〈操作《マニピュレーション》〉を見ようとする制度学派的な批判勢力が

＊36　『読売新聞』一九七五年二月四日付夕刊「東風西風　買い物考」。
＊37　ベンヤミン「遊民」はこの「室内としての街路」が群衆の故郷であるとしている。
＊38　馬場正雄『反独占の経済学』(筑摩書房)など。
＊39　MADRA(マドラ)は、梶祐輔・天野祐吉・福沢一也『生きているキャッチフレーズ全書』(自由国民社)、『キャッチフレーズ3000選——戦後30年のヒット広告とコピー発想法』(『ブレーン』別冊)、『CM文化論——ヒットコマーシャルの25年』(創拓社)などの編著を出すとともに、マドラ出版として『広告批評』誌(一九七九‐二〇〇九年)や書籍を発行した。

あった。広告労協、広告人会議、日消連をはじめとする消費者運動の広告批判がこれにあたる。誇大広告、ウソつき広告、（欠陥などを）いわない広告の〈広告三悪〉が設定され、不当表示や俗悪広告が糾弾された。この告発は前述の〈欲望の戦後史マップ〉的アプローチよりはるかに現実的であり、われわれが日常不断に抱くだまされているという意識に照応する。だがこの告発は、ガルブレイスの〈正しい欲望〉同様〈正しい広告〉を想定していることによって、実際には広告の質的向上に奉仕することになる。七四年に日本広告審査機構（ＪＡＲＯ）が登場したことによって、このレベルの告発は代理店主導の自己規制として企業社会に先取りされ、制度化された。消費者運動はこの意味でも新たな試練にたたされることになった。

七〇年代になって、広告そのものをいったん否定するところからの〈反広告〉の潮流がよしだともや（吉田智弥）の反広告会議[40]を先頭に登場した。これらラディカルのインパクトによって、七四年末には広告批評懇談会が総合的な広告研究・調査・批評機関として成立した。よしだ自身が広告労働者としての固有の技術的先進性をいかにして労働者人民に役立てられるかを模索しているところであるから、「広告の全否定か（文字通りの反広告）、あるべき広告か（この場合、反広告はアンチ・ロマンやアンチ・テアトルのニュアンスに近づく）」という問いはまだ開かれたままになっている。にもかかわらず、〈商品の言語〉への前節までのような検討と結びつくことによって、〈反広告〉の理念は一連のまったく新しい批評装置をうみだした。

第一は、広告的理性といったものの存在である。広告が文化をおおいつくしていることから来る、言語表現そのものの質的変化が生ずる。ジャーナリスト、評論家の鈴木均が「広告は言葉のしんを喰い荒らす」と主張するのはこのことに関わっている。広告は、言語の投機を一般化するのである。「言語のインフレーション」として指摘されているのは、意味されるものに対する意味するものの異常な肥大化である。つまり、言葉が仮面となる。広告はいかにして人と人とが通じあうかというコミュニケーションへの志向を動機とするが、にもかかわらずそれがコミュニケーションを破壊し、時にはテロルとなるというのはこのためである。財の交換の体系での座標軸としての金の失墜と、広告的理性におけるロゴスの失墜は歴史的に対応しあっている。

広告的理性は、理性の抑止である。それはいたるところで強迫観念を生みだす。口臭を恐怖する軽度の神経症が急速にひろまったのは「口臭を消す」薬の広告のためである。一般的にいって、普遍化された〈健康〉の強迫観念が存在し、人びとが自分の身体について自分で考えることを困難にさせている。薬の広告はこの意味ではもっとも反動的であり、何をおいても全面禁止されるべきものであろう。労働のために健康でなければならない（「カラダが資本です」「明日のために、今日も飲む」）という強迫観念こそ、資本の時間秩序をおしつけるのみならず、自らの身体性についての判断を他者にゆだね、身体との対話を不能にさせているものである。これと並んで、むろん結びついて、性の強迫観念がある。口臭恐怖症はいうまでもなく「最初のキス」（これもチョコレートの名前だが）への不安と期待に起因する。広告の主たるターゲットは女性である。女性は日常性の空疎さを痛感しており、制度内での〈自己実現〉の幻想が男性よりも弱い。逆に女性のほうが身体性と対話する機会は（生理、出

＊40 『季刊広告労働者』一、二、三号参照。

産等をはじめ）多い。つまり、女性のほうがより変身をのぞんでおり、それだけに与えられる仮面をも受けいれやすい。広告は彼女の中に入り、彼女を外へつれだしてくれる男性としてふるまうのである。

広告の体系がmoresの中に入りこんだ社会を、広告帝国主義とよぶこともできる。これは単なる比喩や「悪口」ではない。政治プロパガンダを含めて文化における広告の制圧と、軍事における抑止すなわち文化戦争の成立とは、現代帝国主義の一つの変化の二つの側面であったのだから、第三帝国は、最初の広告帝国主義であった。

第二に、広告と大衆芸術の相互浸透という問題がある。第三帝国の広告的理性は、芸術の断念とともに形成された。ヒトラーは画家のなりそこねであり、宣伝相ゲッベルスは作家のなりそこねである。この二人は今日にいたるまで、あらゆるアド・マンの原型でありつづけている。むろんわれわれは〈芸術家〉の高みに立ってアド・マンを軽蔑したりしているわけではない。主観的に「なりそこね」であったにもかかわらず、いや心理的には「なりそこね」であったからこそ、彼らは一九世紀末から二〇世紀にかけての制度としての芸術の解体の過程で巨大な役割をはたした。彼らは作品のアウラを都市そのものにおしひろげ、都市という作品をデモーニッシュな姿で提示したのだった。これこそベンヤミンが〈政治の耽美主義〉とよんだところのものである。[*41]

小ゲッベルスたちは、ゲッベルスがベルリンを抑圧するためにグラフィック、版画、レヴュー、小唄、通俗映画、三文メロドラマ、キャッチフレーズとなる詩的レトリック、さらにはうわさまでをもフルに使いこなしたことに存分に学んでいる。安っぽいロマン主義は、シンボルの濫用として広告のレトリックとなり、シュールは意味するもののズレをアミューズメントにしてしまった限りで、広告技法に吸収される。

広告が商品情報をもたらすとか生活情報だとかいう広告専門誌のいいまわしは、きわめて皮相なものである。問題は情報の内容にはないこと、イコンのレベルこそが肝心であることはアド・マンの常識である。広告は、すでに知られていることについて語る。これが第一の原則である。ここにおいて、広告はマイホームドラマやサラリーマン小説と相互浸透する。リチャード・ホガートが指摘するように、すでに知られていることについて示すことは、いわゆる「民衆のための文学」の主な特徴である（前掲『読み書き能力の効用』）。にもかかわらず広告は、そこに驚きをもちこむ。これが第二の原則である。この意味では、CFは〈本文〉としてのドラマ等よりも念入りに、〈芸術的〉につくられる（実際に単位時間制作費がひとケタちがう）。こうして広告は、商品社会において大量商品化されうる芸術のひとつの規範となる。

結局、広告の唯一の主題は変身である。とくにこの点で、広告と漫画、劇画は深く呼応しあっている。鶴見俊輔は最近、漫画は戦後文化の光であったと述べたが、漫画はあらゆる角度から変身の文法を追いつづけてきた。省略的な絵そのものがパターン化された〈イメージ〉への批評的距離をひきおこす。この距離のとられかたにはさまざまな類型があるが、大雑把にいって漫画は説教・落語の系譜をひき、劇画は説教・講談の流れをついでいる。戯作の精神はいずれの場合にも、多かれ少なかれ意

＊41　本書Ⅳ章「ゲッベルスの大衆操作」参照。

識されている。誰でもいいが、赤塚不二夫、手塚治虫、白土三平、山上たつひこ、藤子不二夫といった全く〈傾向〉の異なる作家たちを並べてみても、そこには共通する主題が見られる。すなわち、超越と変身である。ビルドゥングス・ロマンの性格がいちじるしい梶原一騎の一連の原作においてさえ、変身はいわばドラマトゥルギーの切り札である。

広告が変身を説くのは、すでによく知られている生活にその商品がつけ加えられることによって世界が一変するという論理によってである。商品というメディアのもつ普遍性——「空虚な普遍性」——によりかかっているところが、漫画とのちがいである。すでに述べたように、この変身は身体の次元に達しない。脱出は、商品が媒介されるそのことによってあらかじめ挫折しているのだ。だがそれでも、民衆を市場に動員することはそれによって可能である。

動員のシステムとしての広告、これが第三の批評装置である。モードのシステムといった場合にも、問題になっているのは同じことである。モードはたえずうつりかわる。モードはハレがましい。モードは、制度として先取りされた社会変動なのだ。制度化された変動とは、矛盾にみちた概念である。日常性の枠からの、あるいは〈関心《ソルゲ》〉からの、また自分の階層からの、さらに〈現在という檻〉からの、可動性と不活性性を、それは同時に意味するのだ。この可動性と不活性性の統一をわれわれは仮に動員とよんでおくことにしよう。

広告が突如として〈変身〉について語りはじめたことがあった。これまで〈変身〉を説いたとしても、〈変身〉について語ったわけではない。変身について語る広告とは、じつは広告についての広告、メタ広告にほかならない。一方にコピーライターの苦悩をむきだしにしながら、「私たちはグレゴール・ザムザ氏をもとめてはいません」という求人広告がつくられた。他方でカネボウの「メタモル（フォーゼ）」キャンペーンがはじまった。石森章太郎が『仮面ライダー』を書き、なんと「ヘンシーン！」というカケ声が子どもたちの間に雑誌とテレビをつうじてすみずみまでいきわたった時期である。広告と漫画がともに〈変身〉について語りはじめたのは、従来の仮面的世界の記号秩序が大きく変動しはじめたことのあらわれにほかならなかった。

ここから広告が「余白への旅」をたどりはじめ、いわゆる〈節約マーケティング〉と〈公共広告〉に行きつくこと、それが市場の失敗とよばれる事態の爆発過程に対応していること、ディスカバー・ジャパン、クリーン・ジャパンとつづいた広告を通じての支配的イデオロギーのキャンペーンが、市場の外部にむかう経営学的ロマン主義のあらわれであったことについてはすでに何度かにわたって論じたのでここではくりかえさない。[*42]

いずれにせよ広告は、単に人びとを市場の内部へ動員するだけでは従来の記号秩序を維持できなくなった。広告は消費と同時に節約を説きはじめることで、あたかもmoresの設定者であるかのように

---

＊42　拙稿「節電キャンペーンと反広告の立場」一〜五（『放送批評』一九七三年一二〜七四年六月号）、「余白への旅——ディスカバー・ジャパンからクリーン・ジャパンへ」（『別冊　全電通文化』一九七四年二月）、「大衆組織化の企業戦略」（『現代の眼』一九七四年三月号）、前掲「群衆は増殖する」。なお本稿で展開できなかった大きなテーマに、文化と言論における市場の失敗《マーケット・フェイリュア》が言論市場の構造をどう変え、サブカルチュアにどんな影響を与えたかということがあるが、これは近々整理するつもりでいる。

振る舞う。ポーズとしての公共広告があらわれる。総理府の節電広告や富士銀行の節水・節紙などのキャンペーン広告は、聴聞僧の抗しがたい力をもって、folkways〔水道センのひねりかた、スイッチの消しかた、ゴミのすてかた等々〕を選択し、社会福祉を説くようになる。広告が政治的動員〔市場外の動員〕の手段とならねばならなかった背後には、公共性が絶叫されねばならないほどに国家が権威を喪失した時代、「幸福」ゆきの切符が飛ぶように売れるほどに不幸な時代があった。商品はもはや普遍的公共性を主張できもしないし、幸福を約束できもしないのである。

## 3 カタストロフィと神話的意識——身体性の解放へ

### (1) 経済発展と主体形成における非連続モデル

ベンヤミンが「歴史哲学テーゼ」で時間の非連続モデルを提起したのには、一方できわめて時事的なポレミークの面があった。コミュニストたちは、独ソ接近にともなうナチズムとのたたかいの回避を「歴史は結局は進歩していくのだ」という口実のもとに合理化していた。時間を、空虚な海の上を船が進んでいくようにとらえることの頽廃、についてベンヤミンは語らねばならなかった。この時間意識は日本においても「獄中十八年」と生産力理論によるファシストへの協力との双方の身ぶりを共通して支えたものだった。[*43]

日本でこうした時間概念そのものが議論されるようになったのは、〈進歩と調和〉の幻想が全面的に崩れはじめた六〇年代末から七〇年はじめのことである。山口昌男がそのアフリカ体験を核に古今東西のシンボル価値を「始源回帰」のプロブレマティクのもとに織り上げてみせた『未開と文明』の解説（「失われた世界の復権」）は、非常にショッキングなものであった。山口の「垂直的時間」はやはりひそかに時事的な背景をもっていたので、それによって彼は〈全共闘以後〉のいわば〈道化の政治学〉を可能にした。また山口は今のところまとまった形でではないが、限界芸術論に途方もない地平をつけ加えた。彼によれば座頭市や丹下左膳、机竜之介の盲目の庶民的英雄は、熊野の徒の冥界信仰、それをになった盲目の琵琶法師たちを介して、はるかにエッダ神話やオイディプス伝説に通底するのである。民衆の神話的意識はそうした垂直的回路をもっている、というのが山口理論の核心である。

鶴見和子は『思想の科学』別冊創刊号で、柳田によって近代化論そのものを相対化しようとする方向で新しい視座を提出し、時間の「垂氷《つらら》モデル」をうちだした。「われらのうちなる原始人」という

---

＊43　「獄中十八年」とは、共産党非合法時代の一九二八年に逮捕、非転向のまま敗戦で釈放されるまで投獄された徳田球一と志賀義雄の共著の書名であり、その経歴をさす。また、生産力理論とは、戦時期に風早八十二・大河内一男によって提唱された理論であり、一国の生産力の伸展を目標として社会構造の合理的改造を主張した。社会政策は、「総資本」の論理に従って生産力を発展させるのに必要な社会的諸条件を合理化・改善するものでなければならないとして、戦争および総力戦体制下の統制経済・労働統制を認める一方、生産力の観点から非合理性を指摘した。

論題からして、ここには〈始源〉のモティーフが山口と共有されていることがわかる。

七四年の末に、政治学者・永井陽之助は〈成長時間〉にたいする〈成熟時間〉のモデルを提起した。[*44]子殺し論など社会時評としては一級といってよく、さまざまの示唆に富む論文であるこれは、肝心の時間論がいささか手薄で、妥協的である。ゼロ成長社会がたえがたい停滞をうみだすということで、全体的なゆるやかな成長をもとめる声が——「成長の限界」論に代わって——強くなってきた[*45]七五年であるが、例の〈成熟社会〉という身の毛もよだつような展望[*46]はこうした修正資本主義の延長上にあるものであろう。〈成熟時間〉はむしろ従来の線形的経済発展を補完するものになりかねない。

青木・西部とちがう方向から、カタストロフィ理論の導入によって新古典派を葬り去ろうとしている若いラディカルである佐和隆光は、数と量にもとづく社会認識に新古典派経済学の根源を見、数量的世界観そのものの超克を提起した。「十七世紀に確立し、その後、一直線的な進歩をとげてきた『数量的世界観』は、いまようやくその岐路にさしかかろうとしている。言いかえれば、ながらく科学のメディアとしての役割を果してきた『数』と『量』が、いまやメディアとしての機能を喪失しかかっている」[*47]。一方でインフレ、通貨危機、公害等の資本主義の構造的危機が、他方で皮肉にも数量文化の化身であるコンピュータの普及そのものが、この数量メディアの安定構造をおびやかすのである。

佐和は竹内啓のボルケナウ批判[*48]をひきつつ、労働の量への還元というよりは商品関係そのものが数量的世界観をうみだしたと述べる。

「量的関係の安定性は、物と物との間に、〝貨幣＝メディア〟を媒介とする不変な量的関係を成立させる根拠となった」。佐和のこの問題提起が、われわれがすでに検討してきた商品の言語の対応関係の考察と大きく重なることは改めて指摘するまでもない。一七世紀に市場経済が西欧社会の主たるmores の地位を占めるとともに、量の物神化の上に立った記号秩序が成り立つ。佐和は「質の数学」としてのカタストロフィ理論（非連続の一般理論）によって「数と量にかわる新しいメディア」、いわば質の経済学をもとめる。

七四年から、「生活の質をかえる」というおどろくべきスローガンが市民運動・住民運動の中に登場した。公共性や福祉にたいしても強い不信感をもっていることがこの潮流の特徴であり、佐和が「福祉も量化される」ことを警戒する感覚はこれに通じている。問題は福祉でも弱者救済でもなく、どんな主体がそれをやるかということである。成熟が、幸福が、制度によって提供されるとでもいうのか？　それは民衆自身による作品として構想されねばならない。それこそが〈質〉の問題である。

マルクスは商品社会の弁証法的還元をおこなうにあたって、まず〈質〉をかっこに入れた。価値形態としての、数量メディアとなった限りでの市場的記号秩序を内在的にときほぐしていったのである。

---

＊44　永井陽之助「経済秩序における成熟時間」『中央公論』一九七四年一一月号。のちに『時間の政治学』中公叢書所収。

＊45　K・E・ボールディング編『ゼロ成長社会』（林雄二郎監訳、日本生産性本部）など。

＊46　むろんデニス・ガボールの『成熟社会』（林雄二郎訳、講談社）のことである。

＊47　佐和隆光「数と量の政治支配」『中央公論』一九七五年三月号。

＊48　竹内啓『社会科学における数と量』東京大学出版会。

ところがそこで排除した〈質〉つまり使用価値の世界が還元そのものの中でたえず姿をあらわし、商品の物神的性格を明らかにしたり、恐慌をみちびいたりした。恐慌論が外挿的だという宇野経済学のバカバカしさはまさにこの点にあるのであって、『資本論』は使用の経済学のための交換の経済学であり、質の経済学のための量の経済学であり、変身の経済学のための仮面の経済学なのである。〈質の経済学〉がいまや公然とよびかけられるにいたったことは、交換価値の制限＝使用価値の復権が現実的課題となるにいたったことであって、近代経済学者たちのいう〈市場の失敗〉がある種の爆発期に入ったことも、それを側面から傍証している。

〈主体〉の問題としてこれをとらえかえそう。『資本論』を主体形成論へと〈転倒〉する試みは、梯《かけはし》明秀と藤本進治に代表される。梯の場合は〈連続〉のモティーフがきわめて強いが、藤本進治は非常に全面性をもった、貧民とプロレタリアの二重の形成をときほぐしている。[*49] これはベンヤミンの「プロレタリアートと群衆の二重形成」論に通ずる。わたしは本書第Ⅱ章「群衆は増殖する」の中でこの二つの論理の上にたって、階級主体形成における連続モデルとしての線形的労働運動と、非連続モデルとしての群衆の弁証法的対立＝相依関係という図式を提出した。労働運動は自己を労働力としてより高く売りつけるという線形的課題の外へ出る時には、自分の外部にたちあらわれる自分の本質——商品をメディア普遍性の即自的実現——としての群衆にたえず足をひたし、それに〈犯され〉なければならなかった。

群衆をE・カネッティはさまざまに定義したが、そのもっとも重要な点は、群衆の中で人は質的な変身を経験するという点にある。[*50] マルクスの〈全体的人間〉の理念をカネッティは「群衆のなかで、集団的な力が個性にのりうつり、無限の多様性を解き放つこと」にもとめた。一次元的人間の対極の理念である。それは変身としての使用の実現であり、垂直的時間に、常民の非常なる神話的意識に身をゆだねることである。群衆は呪われたものであり、都市的文化のあらゆる日常的局面にわれわれは、群衆として発現しようとするデーモンとそれを制度化しようとする権力の息づまる拮抗をきくことができる。中国の文化大革命は、folkways の自覚的錯乱（「赤はススメの色ではないか」など）にはじまって、ついに〈群衆独裁万歳〉のスローガンを生むにいたるのであるが、これは経済発展と主体形成における数量的世界観の超克の巨大な実験を意味した。

## (2) 呪われたものの経済学——身体性の解放

ジョルジュ・バタイユが『呪われた部分——普遍経済学の試み1』を発表して人々の度胆をぬいたのは一九四九年のことであった（邦訳、『ジョルジュ・バタイユ著作集6』生田耕作訳、二見書房）。今日からよみかえせば、それは当時ひきおこした反響よりもはるかに差し迫った、切実な真実をわれわれに告げる。この書物の明白な影響下にボードリヤールが〈消費の記号学〉をうちだし、ボールディングが〈贈与の経済学〉をうちだしたのは、実にその二〇年後のことであった。

富の蓄積が人間をおびやかしている、とバタイユは説きはじめる。この期におよんでなぜ経済学者

---

＊49　藤本進治『革命の哲学』青木書店。
＊50　E・カネッティ『群集と権力』岩田行一訳、法政大学出版局。

たちは増大だけをもとめるのか？「生物や人間に根本問題をつきつけるものは必要性ではなく、その反対物、〝奢侈〟である」。

サルトルが「飢えた子どものまえで」と悩み、稀少性を『弁証法的理性批判』の基本概念にさえしたのはもっとあとのことである。バタイユはそうした現実を無視していたわけではない。ただ、もっと巨視的視野に立って交換経済の原則を制限していくこと（全くの〝浪費〟としての、つまりそれ自体を目的とした贈与としての国際援助など）なしには現実的課題もときほぐせないというのがバタイユの考えかたであった。

非生産的消費——「奢侈、葬儀、戦争、祭典、豪奢な記念碑、遊戯、見せ物、芸術、倒錯的性行為（すなわち生殖目的からそれた）」——は文化における「呪われた部分」である。それらは「少なくとも原始的条件のもとでは、それ自らのうちに目的をもつ行為をあらわしている」。だが、交換の原始的形態をポトラッチ（大盤振る舞い、競争的浪費）にもとめたモース理論を一般的に拡張してみれば、この「呪われた部分」こそが社会を支えてきたのだ。地球上のエネルギー流動は、いかにして浪費が可能か、を問いつづけている。生命世界は宇宙から、つねに過剰なエネルギーをうけとるからだ。進化というものがあるとしたら、植物より動物が、草食動物より肉食動物が、動物より人間がそれぞれ飛躍的に浪費の能力をもったということである。原始社会（アステカ族、北西部アメリカ・インディアンをバタイユはとりあげている）において、生産よりも浪費が、過剰な生命エネルギーの浪費が重視されているように見えるのは、まさにこのためである。

ブルジョアジーはこの普遍経済から狭い市場経済への転倒を、浪費の拒絶によってなしとげた。

「切り詰めた消費というこの屈辱的概念に呼応したのが、十七世紀初頭からブルジョアジーの手で育まれた合理主義的諸概念であるが、これらは卑俗な意味での、つまりブルジョア的な意味での、ひたすら経済的な世界観という以外に意味をもたない」（傍点原文）。この点でいえば、〈消費社会〉の幻想をふりまきはじめたとき、ブルジョアジーは自らの敗北を糧として生きのびねばならなかったのだ。

　これにくらべればボールディングなど臆病な修正主義者というしかないこのラディカルな書物は、もっとさまざまに議論されるに値しよう。だが少なくとも、ブルジョア的な経済とは仮面の経済であり、そこにおいて「呪われた部分」とされている身体性（バタイユのエロティシズム論、オーガズムという浪費をあらゆる神経症の治療法としたW・ライヒの性経済論はここに狙いをつけていた）が、変身の経済学において復権されねばならないというわれわれの問題意識に驚くほど照応するものであることはいえる。

　近年次第にひろい注目をあつめるにいたった野口晴哉の喩気理論、沖正弘のヨガ理論は、いずれもバタイユと同じく〈過剰エネルギー〉をキー概念としている。病気は元気のあらわれである。つまり、過剰エネルギーが正しく浪費されないときに、身体構造のゆがみの部分に蓄積してバランスをくずすのであって、このことでいえば、「病気になったらおいしいものを食べて寝ている」というのは健康を空虚なカロリー指標に還元する反動的な数量的世界観に通ずる。構造的ゆがみを解決すること、過剰エネルギーを正しく浪費することの二つこそ、病気への正しい戦略であって、薬にたよったりすることが、自分の身体を空洞と考え、そこで外から入りこんだ病菌と薬とがたたかうという仮面的身体観への屈伏であることはいうまでもない。過剰エネルギーに起因する成人病・慢性病に断食が特効薬となるのもこのためである。バタイユのいう〈過剰な生命エネルギー〉を把握することは、たしかに、身体の自律性を回復し、記号秩序から解き放つための第一の前提であろう。[*51]

桜井徳太郎は前掲稿[*52]で、ハレとケの〈ケ〉を〈気＝エネルギー〉であると解釈する独創的な見解をうちだした。〈気〉とは道教がヨガを翻訳したさいに〈プラーナ〉の訳語にあてた言葉であって、〈宇宙的生命エネルギー〉の意味である。桜井は、「造化の神によって賦与されたエネルギーこそ日本語ケの本源的意味ではなかったのだろうか」とのべ、このケが枯渇して日常態が維持できなくなったのがケガレであり、汚れは後の解釈であって本来気渇れであるとした。そしてその回復としてのハレがあるとしてケ・ケガレ、ハレのエネルギー環流を明らかにするのである。

語源論としての当否はさておいて、これは日本民俗学が身体論を概念的にとりいれたという意味で画期的な考察である。だが、心意のレベルでケガレが気渇れとしてとらえられていたとしても、エネルギーそのものについていえば、バタイユのモデルにしたがって、ケの生活でのエネルギーの過剰蓄積がハレをうみだすととらえられないだろうか。そうでなければハレが祝儀・不祝儀を問わず、いずれにせよ盛大な浪費をともなうことの解釈ができない。ハレとは象徴を自然からうけとりなおすことの代わりに現実のケ（気）を大量放出する儀礼と考えられないか。この仮説は、コミュニティにとっての全体社会が間＝共同体としてあらわれたように、個々の活動場にとってのコミュニティが間＝身体性として追求されうる論理へとわれわれをつれていくことになる。

桜井らが著した『変身』[*53]では、身体性をめぐる奥深い論争が提起されている。桜井は民俗における変身の文法をさぐりながら――結衆論とむすびつけて展開すれば、E・カネッティの群衆＝変身論との共通性と差異性がうかびあがっただろうが――変身を現実にはシンボリックな仮面体験ととらえている。それにたいして、共著者のひとりである山折哲雄は、ヨガを修した経験にもとづいて、総体としての身体性レベルの変身が可能だとしている。使用が変身だという場合には桜井が問題にしているレベルで話はつくが、われわれとしては山折の地平まで問題をつきすすめたい気がする。それはまだ先の仕事である。

われわれは、商品におおわれた社会における文化の基礎構造を追求しながら、量的世界観から質的世界観へという課題につきあたった。さらに、時間意識の変革が問題とされた。量的世界に換算された実践のひとつである〈労働時間〉を考えてみても、それは空間に従属し、空間化された時間を意味するのだから、垂直的時間とは本来の時間――それがどうして均質な一本の線でありうるだろうか！――の復権の要求にほかならなかった。それは〈消費者〉という差別言辞を甘んじてうけている〈使用者〉をふたたび解き放つことであり、そのためには身ぶりの変革が不可欠であることが明らかになった。身ぶりとは記号化されたかたちのことではなく、まさに身のふりであり、生きかたのスタイルである。その核心は、自分自身の身体にたいして自律的な態度をうちたてるということであり、ま

＊51 津村喬・岡島治夫「〈人民の健康〉のために――東洋体育道の基礎概念」（前掲『津村喬 精選評論集』）参照。

＊52 前掲「結衆の原点」。

＊53 桜井徳太郎・小野泰博・山折哲雄・宮家準『変身』（ふぉるく叢書）弘文堂。

た実は同じことだが、空間化された生活の中に歴史をとりもどすことであった。このようにしてわれわれは、地の呪われた者たち、第三世界の人びとが西欧近代にかわってうちたてようとしている新たな普遍的経済へと参加することができるのだろうか？　それともまだ非常に長いあいだ、福祉（幸福の強迫観念）をも当然のこととしてのみこむ〈公共経済〉のもとで幾重もの仮面の背後にうずくまりつづけねばならないのだろうか？

VI

# 異化する身体の経験
## ——全共闘世代について

1979.3

### 全共闘以後

全共闘から一〇年、という数字自体に格別の意味があるわけもないが、そこをふりかえってみようとするジャーナリズムの動きだけでなしに、日大や東大では新たな闘いが燃えあがり、執拗に持続し、舞台がひとめぐりした、しつつある感もある。新聞が報道しないだけでなく、私たちには彼らの闘いが見えにくい。こちらに突きささってくるものとして見えてこない。しかし、若者たちが一人一人管理社会の重圧への造反をえらびとっていくときのそのスタイルは、まぎれもなく全共闘のスタイルである。政党政治には関心を払わぬ若者たちのシラケかたと、「住民」とよばれる地域生活者には似たところがあって、せまい意味の——近代国家の政治という意味での——政治的回路を通らずに造反し、結集し、大批判を組織していくそのやりかたは、明らかに「全共闘以後」のものである。別にそれらのすべてが全共闘の系譜を引くなどといいたいわけではない。われわれのときと同じ状況が続いている。資本主義が腐敗の極みに達し、さまざまな「社会主義」もまた解体しつくし、しかもこの一〇年の間にそれがいっそう進行してきたというだけのことで、人がその状況を把握して造反しようとするとき、なにか出来合いの原理や組織でなく、さしあたりおのおのが身体に依拠して起ち、連合をもとめねばならぬということは何も変わっていないのである。

そうである限り、活字メディアで闘いについて総括し説明することにはおのずから限界がある。闘いのスタイルは伝達されるものであるよりも、時空を超えて共感されるものだからだ。しかし、人びとが時空を超えて想像力をはたらかせるうえでわずかでも役立つように、そして何よりも私自身の状況にかかわる座標をたえずたしかめなおす作業として、「全共闘」をもういちど問題にしよう。

## 身体性の政治

一九七八年秋に八人の共著として出された『全共闘 解体と現在』(田畑書店)に、私は「全共闘経験における『身体性の政治』」という文章を書いた。その先を書きたいのだが、そのために、議論の流れをまず要約しておこう。

「身体性の政治」という表現は、「メディアの政治」という言葉の使いかたと同じことで、政治概念そのものの変更を要求している。今日の権力、ミシェル・フーコーが「権力の過剰」と言いあらわした事態を昔ながらの「軍隊と警察」で理解しようというのは無理な話で、社会のメディア作用の重層的決定の中での政治を見なければならない。山川暁夫氏の言う「情報権力」に一方で重なり、山口昌男氏の言う「権力の意味論的儀礼」に他方で重なるこの文脈の中で、私は人びとの身ぶり——意識だけではない、存在の様式——が権力のメディア作用によってどうからめられているかを考察し、『メディアの政治』（晶文社）にまとめた。それによってからめとられないもの、置き換えのきかない身体性の領域に根ざして、解体しつつある近代国家をどう超えていく「政治」をつくるかというのが「身体性の政治」ということだ。私は全共闘を、異化する身体の経験として総括しようとした。

いうまでもなく全共闘は、何かのイデオロギーにもとづいてつくられたものではない。それは、大学の中で管理されていること、管理されるのに甘んじていれば自動的にわが身が支配階級のそばに運ばれていくことが心底たえがたいと思った時に出てきた、日常性を拒絶する運動だった。それが造反ということでもあった。わが身の帰属している秩序をどれほど深く裏切ることができるか、が闘いの動機だった。いいかえれば、主体が変わることを通じて世界を変えようとした。権力をとることで世界が変わると考えてきたのが社会党－共産党からすべての新左翼党派であったとすれば、全共闘は、権力をとることこそ最も避けたい、呪うべきことであり、問題は自ら権力になることだという宣言を発した。それは文字で書かれた宣言でなく、バリケードや、さまざまの身ぶりによって、ひとつの新しいスタイルとして、都市に書きこまれた宣言だった。

ひとりひとりにとって、それは身体性の発見としてあった。秩序によってからだを定義するのでなく、からだの全体性によって秩序のニセの普遍性を相対化すること。

早稲田大学では、今でも同じだが、民青と革マルとが君臨し、「ニセの普遍性」を誇っていた。大学の管理体制を告発するためには、奇妙なことに「社会主義」と対決するところからはじめねばならなかった。たぶんどこでも、強い党派自治会のあるところでは、それが学生部、つまり直接の管理統制者の役割を果たしていたし、今もいるにちがいない。自発的な運動が生ずるや、とんでいって、自分の影響下に入って官許の運動となるか、さもなくばありあわせのレッテルを貼られて叩き出されるかの選択を迫るのが自治会や文連（文化団体連合会）の連中だった。

これは、七〇年代に入って全政治状況にひろがった事態の先取りともいえた。すでに、保革の対立はなきにひとしかった。保守が権力をとるか革新（あるいは民主的・革命的・プロレタリア的……）が権力をとるかということより、「権力をとる」思想と「権力になる」思想（自己権力、自主管理という言い方がされることもあった）の対決軸のほうが社会の現実の中で重大な分岐になっていた。全共闘を総括するとき、それが一場の夢に、ユートピアにつきうごかされていたので、現実の前に挫折するのは必然だったというようなことを言う人が、当事者をふくめて多いのだが、私にはまったく理解できない。「権力をとる」か「権力になる」かは、あの時代の、高度成長が崩壊に向かい、五五年体制が空洞化する時代のもっとも現実的な対決軸だったし、今ますますそうである。

秩序に対して別の秩序をおきかえようというのではない。別の秩序が生み出されねばならず、どんな出来合いの「別」をもってきても現秩序の補完物になってしまう。とすれば、秩序を深く深く相対化する混沌の状況をできるだけ引きのばして、もっとも時代の深い底からまったく異質な秩序が発酵してくるのを待たねばならない。それに耐えられない者はみな党派に走り、出来合いの普遍性を手にいれた。全共闘はしばらく耐えた。全共闘は混沌派なのだ。

問題になっていたのは、「造反する身体」に基礎を置いた、新しい政治の質ということだった。日本の政治風土の中では、とくに左翼のそれの中では、それはまず、言葉の呪縛から解放されることだった。日本共産党（日共）の「知的生活」のスタイルをつくったのは一九二〇年代の神秘的指導者であった福本和夫である。彼は誰も理解できない難解な呪文をとなえて、それまでの啓蒙的マルクス主義を粉砕した。彼の「分離結合」論とは、まずマルクス文献を読みこなした純粋マルクス派を育て、それが理想的指導部として運動と結合するということだった。とくに東大生は熱狂して、何度読んでもわからないので全文筆写したりした。こういう書物至上主義的な知の伝統、革命の「正しい」言葉を語る者が革命者なのだという誤解と偏見は日共や向坂協会（社会主義協会）に続いてきたし、黒田寛一の『読書のしかた』（こぶし書房）からブント内諸派の言葉のあやとりのような「綱領論争」にも受けつがれている。度しがたい主知主義があった。しかも分離結合論から「綱領論争」にまで見られるように、ことばの差異によって自分を、その「党派性」を定義できると思いこんでいたのだから、左翼は無限に分裂し、空転していくほかなかった。「新左翼」は総じてこれを自ら乗り越えることができなかった。全共闘はこうした伝統を断ち切ってみせた。からだが原理を体現しているなら、そういう闘いのスタイルを生み出しているなら、言葉による理論づけなどいらない。その内発の原理に言葉を与えることは必要だが、それがレーニンの字句の解釈をめぐって対立になるなどはおよそ考えられもしない。マルクスの引用で権威づけて、論証を省いたりするような知的衰弱は考えられない。

現実に起こった革命を考えてみると、マルクス主義に忠実にのっとってその綱領にもとづいて、そのとおりやられた革命というものはない。ロシア革命から、キューバやカンボジアまでそうで、新しい権力の質がつくられてからマルクス主義をかかげたりするが、それは説明であって、革命をつきうごかした大衆の根源の衝動とズレがある。ズレの克服が方法化されていかない限り、「マルクス主義」は桎梏に転化する。してみると、ブッキッシュであることを断念した全共闘は、日本の左翼の歴史でいちばん「革命」に接近していたのかもしれない。私が言いたいのは、歴史の文脈においてそういう質の課題が出てくるほどに、この社会が深い亀裂を見せはじめた一歩が六八－六九年の経験だったということであって、別に全共闘を不当に持ち上げたり、それがメタメタに解体されたことを無視しようとしているわけではない。

全共闘の「政治」は単に、主知主義の日本的伝統の終焉であり、戦後の知的空間の崩壊であるにとどまらなかった。それは、近代主義的な政治、近代国家内の政治の克服ということをはらんだ最初の政治運動だった。

近代性とは何であるかというのは簡単でないが、ここではマルクスの「市民社会と国家」の概念をふりかえっておこう。生活次元で人と人の関係が、ものとものの関係に翻訳されてはじめて共同性が成り立つ資本の論理、商品共同体の論理が社会をおおうとき、その外部に国家が「空虚な普遍性」として成り立つ。人は一方で「私人＝市民」であり、他方で「法の下に平等」である「公民」なるものに分裂する。知られるようにヘーゲルは市民社会が国家に回収されつくしたところで歴史が完成するという歴史像を出したが、マルクスはそれをひっくりかえして、市民社会が国家を必要としないほど普遍的なものとなっていくときに人間解放が成り立つと言った。初期の言い方では、個体が個体のままで類的存在として自らを実現するということだ。実際の歴史過程としては、一国だけの孤立した近代性というものはなかったのだろう。この共同体制市民社会と国家の関係は決して一様でないが、その限界をふまえたうえで言えば、この図式は今日の状況の理解に役立つにちがいない。さきにふれた「権力の過剰」――フーコーがこの世紀の固有な困難として指摘した――とは、国家 - 市民社会の「古典的」関係性が崩壊して、国家が市民社会を回収しはじめた状況を指している。そこで問題はそれに対して近代政治の「空虚な普遍性」の内部で「革新」や「もっと左」を対置することではなく、市民社会の内部にこれに対抗しうるほどの生活の質を形成することである。つまり、個が個としての身体性に根ざして、どのような「類的存在」たりうるかが政治の内実をなすにいたったということである。この新しい質の政治がまだ十全な形をとりえず、しかも古い政治――政党による、政治のプロによる、官僚による政治――に何の期待も託せなくなったがゆえに、膨大な「支持なし票」が圧倒的な「第一党」としてあらわれているのだ。

全共闘の「反政治の政治」は、たとえばこの「支持なし」が革新自治体のブームをひき起こした六〇年代後半の状況と同時代性をもっていた。この期待は「革新」よりも「自治」に向けられていて、わが国では自治体が自治体の基本的機能を果たすようになったのが「革新」の「反中央」とともにであったために「革新自治体」を押し上げたにすぎなかったのだが、「革新」の側は、まったくそれを誤解していた。しかしそれにしても、横浜市までが直接民主主義を――奇妙にも――となえるだけの時代風潮というものはあった。

大学の中で、近代政治の超克などということが語られたわけではなかった。ひどく単純化していえば、それは当時の私の造語である「一般暴力学生」ということにつきる。マスコミは、「一般学生」対「暴力学生」の図式にこだわっていたが、それは理由のないことでなかった。政治が党派活動家に独占されていることと、学生たちが日常性に押しこめられていることとは表裏一体のことだった。全共闘運動とは、日常性のただなかにあって日常性を超えることだったから、それは「一般暴力学生」によってになわれた。さきの「権力をとる」と「権力になる」ことを言い換えるとしたら、「一般学生プラス暴力学生」か、「一般暴力学生」かということだった。誰もが今までの自分のようではいられなくなることが、この新しい意味の政治ということだった。

だから、党派はこの「反大学」的なうごきをもう一度「大学闘争」に押しもどすか（民青や大学改革派は全共闘の「破壊主義」を憂えていた）、さもなくば「全国政治闘争」へと「高め」ようとした（七〇年決戦、安保・沖縄決戦が叫ばれていて、それはいろいろなことをやってみたい全共闘派にとって誘惑的だった）。そして、実際にそうなった。全共闘は「大学闘争」（市民社会の健全な改革としての）と「全国政治闘争」（「空虚な普遍性」に身をゆだねることとしての）とに引き裂かれて、終わった。

だが全共闘が切りひらいていたのは、「教育闘争」そのものが権力中枢に対する闘争であるような展望だった。権力が市民社会を回収する装置の最大のものは教育であり、マスメディアである。教育は人びとに、努力すればプロレタリアをやめられるぞと呼びかけることで成り立つ。戦闘的労働者にとっても、お前の息子や娘がもっと幸福になるようにとささやかれれば、教育パパ教育ママになることは容易だった。この社会が押しつけてくる秩序に本質的に対決すべき軸が出されていないかぎり、疎外されているほど脱出願望は強い。

全共闘の提出した身ぶりとは一言でいえば、脱出願望を上昇志向に置き換えない、ということだった。労働力商品としての自己、知性奴隷としての自己を拒否するという主題はそこにかかわっていたし、全共闘が必然にはらんだ反差別の闘い、「入管」つまり在日朝鮮人や中国人はじめ在日の異邦人にたいして不当な権力的管理をすることへの闘いといったものはすべてこのことにかかわっていた。

ある「進歩的」社会学者が青年問題を論じて、全共闘は高度成長期だからできた甘さがあったなどときいたふうなことを書いているのを見て私は非常に驚いた。むしろ全共闘はわが身の上昇志向を断つことで、「高度成長にもマイナス面はある」といった類の議論でなく、成長することが他人を侵略することであるような「近代化」のすじみちの全体をはじめて批判しえたといっていい。全共闘がいっこうに原則的でなく、自らの思想を熟させなかったとか、連合主義的要素はありながら組織としておよそだらしなかったとかいったことは、むろんきびしく総括されねばならないし、全共闘の解体は諸党派の介入と権力の弾圧にだけよるものではもちろんない。しかし、全共闘派がわが身の解体によって批判した社会そのものの解体はとくにオイル・ショック以後急速に進行して、全共闘そのものを「追い越して」いった。だからこそ今でも私たちは全共闘にこだわるところからこの社会の批判をはじめるのだ。

## 「全共闘世代」とは

以上は私なりの全共闘総括であり、私の現在の「政治的」立場についてのある面からの弁明である。

これがそのまま「全共闘世代」に共通する総括だとも問題意識だとも思っていない。たとえ「空虚な普遍性」への警戒心が強く、身体的領域にこだわる点で共通の態度が見られるとしても――この点はかなり確かなことで、もっと年若い諸世代ともそれを共有している――どんな道すじで自分のからだと出会っていくか、どんなやりかたでからだとの対話を推し進めているかということは、当然のことに一人一人まったく違うだろう。もともと「世代」というのはいい加減なもので、「全共闘世代」というのが意味のある概念かどうか疑わしい。

しかし、それこそ旧世代の、それも一応左翼である人びとと議論していると、ひどくいらだって「全共闘世代」ということを口にしたくなる。稲葉三千男氏との漫画論争の場合もそうだった。[*1] 稲葉氏は東大闘争のあとも何の痛みもなく東大教授であり続けた人であるから、氏が全共闘の提起した問題になにひとつ反応しえない体質をもっていることをいらだつほうがおかしいのかもしれなかった。私がふと文字にした全共闘世代という言葉に稲葉氏はむしろ逆の意味で過敏な反応を起こした。わが全共闘世代などというが、マンガを読んだりロックを聴いているだけではないか、社会党や総評が弱くなったのはこの「若者の脱政治化」のせいだ、全共闘世代というなら責任をとれ、と。私はもうあまり親切に説明をする気もなく、私も「支持なし」であって、保革対立ですんでいた時代の「政治」を葬り去るような政治をやろうとしているのだ、と「責任をと」っただけだった。

こうした議論の中で段々に実感としてふくれ上がっていったのは、どうも「全共闘以後」というのは「戦後」という分かれ目と同じほど、いや、もしかしたらそれ以上に決定的な精神的断絶があったのではないかという思いである。前掲の『全共闘 解体と現在』の中で長崎浩氏が同じようなことを言っていて、「全共闘」は戦争体験と同じように民衆の中に蓄積された叛乱の記憶であり、「全共闘以後」の叛乱は意識するか否かにかかわりなく「全共闘スタイル」になると論じているが、その点については私も同感である。全共闘とまったく異質な組織原理に立つ諸党派の中にも、また政治運動に何の関心もなく企業人となった者の中にも「全共闘以後」のおもかげはいくらでも見られる。住民運動や労働運動と接していても、しばしばそれを実感する。「戦後」が何であったかは三十余年たった今にいたるまで総括のしなおしがくりかえされて、やっとトータルな視野が成立しつつあるのだから、「全共闘以後」をたった一〇年で総括しうると考えるのはいささか気が早いのかもしれない。

＊1　一九七八年、マンガを批判した稲葉三千男・東京大学教授に対し、津村はマンガを擁護する論陣を張り、『月刊総評』誌上でおよそ一年間にわたり論争を行った。

津村「民衆へのスパイ工作の果て」七八年三月号（のちに「漫画的な警官の女子大生殺し事件」と改題）
稲葉「マンガを読んでりゃいいというものではない──津村氏の批判に答える」四月号
津村「感性の場こそ文化革命の主戦場だ──稲葉氏の反論を再批判する」五月号
稲葉「若者文化への資本家階級の管理の浸透──津村氏の再批判に答える」六月号
津村「マンガ論争──漫画その苦難と可能性──あるいは若者の老婆心について」九月号
稲葉「マンガ論争──時間がないもう終わりにしよう」一一月号
津村「マンガ論争──時間はたっぷりある──『漫画全ダメ論』の責任をどうとるのか」七九年一月号

なおこの一部は稲葉三千男『メディアの死と再生──青い地平をみつめて』（平凡社）に収められている。

## 全共闘の財産目録

運動上の評価としては、なぜ負けたか、いかに解体したかこそが問題だということは重々承知しているが、ここでは全共闘の精神的政治的財産目録をつくりながら、「以後」つまり七〇年代を考えることにしよう。とりあえず立ててみたい柱は六つある。順不同だが、①メディア・言葉の問題、②差別の問題、③反成長・反開発の問題、④国際主義の問題、⑤反制度、「周縁」志向の問題、⑥身体領域への具体的アプローチの問題、の六つだ。

与えられる言葉にたいする反発、自分の言葉をもちたいという激しいまでの要求は、「全共闘世代」に共通のものだった。吉本隆明氏の『言語にとって美とはなにか』は、時代の指示表出の体系＝制度を自己表出の新しい水準が突きやぶっていくという図式の一点によって、一〇年前の学生たちに切実に受け入れられた。しかし、全共闘派の自己表出はなにやら高級な芸術ではなくて、キャンパスを埋めつくした立て看や、きたない手書きのビラや、ハンドマイクの絶叫や、メット覆面のデモだった。それが必ずしも伝達をめざしていたのでないことはわかるとしても、それはどんな意味の自己表現だったのか。最初に課題となったのは、与えられた言葉、大学で教える言葉や戦後革新知識人の言葉や諸党派の言葉などの織りなす「言葉の秩序」の拒否だった。書斎でそうしようとすれば、全共闘はみな自立派インテリになったかもしれない。だが、全共闘の表現の舞台は書物ではなく、都市だった。現実の行動として発言し表現しなければならなかった。だから、「表現」の中に閉じられていくかわりに、たとえどこかから紋切り型の言いまわしをもってきたりしても、それが自分の属する言葉の秩序にとって異質であり、異化するものであり、それによって自分の造反の志を託せるような「表現」をもとめた。これは当然、さきに述べた「異化」的アプローチと対応しあっている。つまり、自己表現への激しい要求が、「自己」への断念と結びついていたところに全共闘の特性はあったので、そこでは引用集（「語録《クォーテーションズ》」的思考）の中にオリジナリティがあり、「編集」された「類」がつまり自己であるという考えがあった。

自立派と決定的に違うもうひとつの点は、権力の問題である。

「想像力が権力をとる」という時に前提されていた「裏」の命題は、「権力とは言葉である」ということだ。「例示的行動」という表現‐伝達の回路を発見した全共闘派は、機動隊をも単に物理的に殴りかかってくるだけのものでなく、「例示的行動」つまり権力のメディア作用をになうものとして読んだ。都市という書物を読んでみれば、それは単なる書物ではなく、権力のメディア作用をになう言葉の装置と、民衆の現実を超える想像力がせめぎあっている戦場だった。どんな言葉もそのせめぎあいのただ中にしか吐かれないことを知った時、従来の制度化したマルクス主義にも自立派にも欠如していたメディアに対する戦略的態度が生まれてきた。東大全共闘機関紙『進撃』が「革命のメディアからメディアの革命へ」というテーゼを掲げ、一・一八‐一九の中で安田講堂の「時計台放送」がもっぱらメディア論をやったのはその意味だった。七〇年代の《国＝語》批判の会、反広告会議などの活動はこのメディアへの戦略的対応の延長上で「都市を読む」作業を続けた。他方、運動としての出版をめざしたライン出版から模索舎、東洋堂、無儘出版会、パイドパイパー、地方小出版流通センターなどなどを生みだした「自前のメディア」形成への流れがあった。前者の理論作業はポスト構造主義の世界的な知の動向に結びついていたし、広告文化の批判や運動としての出版などの経験は、あらゆる文化財の消費財化がすすみ、その「量」と「質」が背反しはじめた時代にますます切実な意味をもつにいたっている。

差別の問題も、言葉の権力性ということに深くかかわっている。反差別運動の新しい展開はまず「差別言辞糾弾」、つまり言葉の権力性に対する読み手の想像力の叛乱という形をとった。それだけですまない状況にとうの昔になっていることは、一方にテレビ局の「放送用語言いかえ集」の頽廃を置き、他方に諸党派による糾弾ごっこの政治主義的利用という愚劣を置いてみれば明らかであるが、言葉そのもののもつ権力性をたえず具体的に点検する作業はいつまでたってもこれで終わりということはない。だが、規範化された倫理的意識こそが反差別闘争の阻害物であることはもっと強調されてもよい。なぜ全共闘とともに反差別があらゆる領域で出てきたのかといえば、それは――精神分析学者ミッチャーリヒ流にいえば――父の権威があらゆる意味で崩壊したあとで、別の父親的権威ではなしに兄弟の友愛を発見していこうということのためだった。それは制度による福祉に帰結するのでなく、具体的な出会いのための作風《スタイル》を生み出していくことへ向かわねばならない。それは今あらゆる生活領域で模索が続けられていることではないだろうか。

差別の問題は教育という選別体系を上昇していくように仕向けられているわが身のことでもあった。文化的差別の根幹のひとつは能力差別であり、資本主義社会ではとくにそうである。いや、本来他界観と結びついていた被差別が能力差別にすべて翻訳されて資本の装置に組みこまれたというべきだろうか。教育そのものを拒否する「反教育」の闘いは、必然的に「反差別」につながったといえる。

「反教育」「反差別」がつながっていくもうひとつの回路があって、それは「反成長」であった。自らの上昇志向を断て、という時、それは自分の人生の選択でもあったが、無限に成長しようとする社会への根源的な、身をもっての批判でもそれはあった。反公害住民闘争が次第に台頭していた。労働運動が春闘方式の中で企業批判の足場を喪失し、企業社会内部の論理、市場の内部の論理でしか企業と対抗しえなくなっていたときに、住民運動はまったく新たな視野を切りひらいた。大義名分を拒み、ニセの普遍性を拒んで「地域エゴ」の部分性に徹したときに、住民運動は逆にエコロジカルな視野へ、生態系の側から近代工業社会そのものを相対化する地点へと突きぬけることができた。この意味で全共闘運動と住民運動は構造的に対応していたし、全共闘の仲間たちのかなりの部分が住民運動にその表の展開の場を見出した。住民運動もまた政党や既成労組に依拠せずに「全共闘方式」の結集をしていくのが常道となった。全共闘と同じように、さまざまに異質な志、この秩序が我慢できず高度成長を根底から批判しなければならないという点では共通するが、多様な思想とスタイルをもった人びとの広場となりもした。三里塚の闘いはそのひとつの決算ともいえる。三里塚は地域の闘いがそうした「広場」になり、それが国家を相対化するほどの「広場」になりかけ、暴力的に粉砕されてもなお運動総体が新しい生活の質を生み出していくことへと反転していくのをリードしている。反原発の運動もまた、高い思想性を獲得しつつある。日本ではエコロジー運動やAT（オルタナティヴ・テクノロジー）運動が巨大な潮流として登場するといったことはまだないが、そうした問題意識は着実に定着しつつある。アメリカ合州国ではベトナム反戦運動はアンチTVA（テネシー川流域開発公社）運動へと向かい、小さな魚たちの絶滅を防ぐために巨費を投じたダムを使用させないという判決をかちとったりしている。「開発帝国主義」の批判がベトナム戦争が終わったことで内部へと向けられたのだ。ヨーロッパでもエコロジー運動は「自然保護」「環境保全」の域を超えて、社会主義者が提示しえないオルタナティヴを提出しはじめている。

むろん国によって形態は千差万別だが、このようにたどってみてあらためて思うのは「全共闘以後」の経験の世界的な同時代性である。全共闘派はパリの五月革命やバークレーの闘いや紅衛兵やを身近な存在としていつも意識していた。伝わってくる報道では細かいところがわからなかったが、「感度」がぴったり合って、奴らは俺たちと同じことを考えていると確信していた。

新しい国際主義的感覚が育っていた。かつてコミンテルンの権威に服従することが「国際主義」とされ、そうでないとすれば「自主独立」といってナショナリズムに回収されるしかないかのようだった。しかし全共闘派は少なくとも意識のうえでは楽々と国境を超えた。それがただ「世界革命」を論ずるだけだったら、われわれは国家の重みを不当に軽視しただけで、一枚の旅券に生命を託さねばならない亡命者にとっての国境の壁の高さを実感するだけの想像力も生まれなかったろう。国家を相対化することなどできはしなかったろう。その質を変えたのが「反入管」の闘いだった。

すでに一〇・八羽田闘争[*2]の中で、メット－ゲバ棒の異装によって「異化」する戦術と、ベトナム反戦＝日帝の加担粉砕という戦略とが、侵略的成長を断てというところに結び目を見出しつつあった。朝鮮戦争、ベトナム戦争によって流されたアジアの兄弟たちの血が日本の高度成長を支えたのである。そのことは単に「戦後の平和と繁栄」の質を問い直すだけでなく、アジア侵略と一体に進行してきた日本の近代そのものを問い直すところへつながった。

その時に、きわめて具体的に浮かび出てきたのが日本の侵略的近代史の象徴ともいうべき在日朝鮮人・中国人の存在であり、彼らに日々加えられている出入国管理体制による弾圧であった。国際主義は世界大の視野だけでなく、きわめて具体的に、在日アジア人の存在として全共闘派の課題となった。「等身大の国際主義」と私たちは言った。

反差別の闘いと同様に反入管は「兄弟」をさがす闘いだった。だがそれは差別にかんしてと同じように、日本人原罪説のたぐいの倒錯を生んだ。抑圧民族としての自己批判なしに新しい社会を生み出せないのは当然としても、それは一方で具体的な闘争スタイルの問題（アジアで展開する人民戦争＝根拠地型文化革命闘争と量りあえるだけの闘いの質を生み出しうるか）であり、他方で日本社会そのもののオルタナティヴの問題（他国をくいものにしないですむ産業構造、生活構造をどう形成するか）のことでなければならなかった。いまそれは「入管闘争」の形では持続していないし、それを受けた形の日韓民衆連帯の運動も困難な状況にある。さらにいえば、中国における文革派の敗北と、ベトナム・カンボジア戦争の現実とは、全共闘以後の国際主義の蓄積を非常な危機にさらしている。だが、後者の問題、自力更生としての国際主義の問題は、住民運動の反開発の論理と結びあいながら、次第に民衆の

＊2　一九六七年一〇月八日、佐藤首相のベトナム訪問の実力阻止（佐藤訪ベト阻止）のために全国三〇数大学から三派・革マル派全学連の反日共系学生が集結し、羽田空港出入口付近で機動隊と衝突、京大生の山崎博昭が死亡した。翌六八年同日には、羽田闘争一周年集会後、各派全学連などが米軍燃料タンク車阻止のため新宿駅を占拠した。

中に定着してきている。コミューン運動が新たな活性化の時期をむかえつつあるのもこのこととかかわっている。

これらに共通する哲学というか、方法意識をさがすとすれば、それは反制度の思想であり「周縁」志向であるといえる。異化の文法は当然このことに行きつく。中心－周縁論は典型的には山口昌男氏によるものだが、それは批評理論の分野では読者の理論として、また政治の分野では住民自治、直接民主主義の思想として、経済の分野ではカール・ポランニーの「大転換」なりラディカル・エコノミクスの外部効果の理論として、そしてまた従属理論や第三世界論として、たとえばあらわれている。ポスト構造主義の思考方法とパラダイムがその中で次第に整序されつつあるといえる。

それは個体にとっては、意識の辺境としての身体を思想の拠点にすえることを意味した。それは「生活の質」を変えていくところにこそ文化革命の内実があるという考え方と結びついているが、他方、「全共闘世代」にになわれた岡島自然健康道場のような一連の体育活動が重要な役割を果たしつつある。「整体文化革命」の呼びかけは、アメリカのそれ自体病的なジョギング・ブームと違って、きわめて本質的な「心身革命」をもとめており、ある意味では、個が個のままで類的本質を実現するというマルクスの主題を、「制度としての類」を変革していくのと逆の側から推し進めていく展望をひらいている。

＊

全共闘の「財産目録」はこれで打ち切ろう。これ以外にも多様な姿で「全共闘以後」の政治は展開している。社会主義がいわば「底入れ」になった昨今から今年にかけての世界的状況の中で決して楽な状態ではなく、私たちもまた支配者たちおよび「社会主義者」たちと同じ危機を共有しているのは言うまでもないとしても、次の頁を開くための足場は無数にある、といえるはずである。

VII

# 差別について何を語りうるか

1976.9

1

差別について話したり書いたりするのは、いつだってとてもつらいことだ。

私は女でもないし、差別された部落の人びとでもない。恋人をもち、部落出身の友だちをもったとしても、私は彼女ら、彼らになることはできないし、その「立場」に立つというのも容易ではなく、たいていの場合、触れあうほどにかえって互いの距離を感じてしまう。

その距離をとりあえずコトバでしか埋められないときに私たちは差別について書いたりするのだから、楽な仕事であるわけもない。にもかかわらず、コトバはそれ自身のなめらかさをもっていて、その距離をすぐにも乗りこえられそうな気にもなってしまう。それが困難だとわかっているからなおさら声高に、「被抑圧者の立場に立て!」などと叫んでしまうこともある。そう叫ぶことで、そのコトバが発せられた前提をとびこえてしまうことができるかのように。

差別について語るコトバは、あまりに容易に、しばしば人をおどしつけることになる。差別的な関係ないし差別主義というのは暴力的なものだから、それをあばく言葉が「武装自衛」するのは当然だ。部落の人びとが肚の底からの怒りをこめて差別を糾弾するさまを見ると、ああこれこそ文化というもの、たたかいというものだなと感ずる。自分は生まれてこのかた一度も本当に怒ったことはなかったのだろうかとさえ思う。だが、自分がさまざまな局面で差別する側に立っていると気がつくや、大急ぎでこの言葉の調子だけをまねて差別を糾弾したりするのは、滑稽で、哀しいことだ。

ではどんなふうに私たちは語ることができるか。

たとえば在日朝鮮人の存在について、日本の支配者たちのどんな戦争犯罪がその存在自体に投影され刻印されているのか、そしていまどんな法的・制度的・精神的差別をうけているかについて書くことは、決して彼ら自身のように語れはしないことをふまえれば、非常に困難だというわけではない。

日本の民衆は自分の手で戦犯処分をやってこなかった。連合軍は日本のアジアに対する戦争犯罪を裁こうとせず、アメリカの「文明」の名によってのみ裁こうとした。その結果、侵略者たちの多くはそのまま戦後の支配者として、アメリカに従属しつつ君臨した。それがいまあらためて誰にもわかってきて、この戦犯政治のしくみが根底からゆらいできているときに、そのことについて書くのは絶対に必要なことだ。そして在日朝鮮人という存在を現代史をふりかえるひとつの基準にしていくと、このことはいっそう明確に見えてくる。

これは日本の民衆のたたかいの質ということにかかわっている。一足とびに結論のようになるが、日本の民衆がこういう歴史をとりもどす作業をしてたたかいを立体化し、質を深めていくことなしに、たぶんアジアと日本の民衆の距離は、そして差別はなくならない。たたかいの質、という問題はおそらく、もっとも積極的な意味での差別の問題の集約点だ。帝国主義者との闘いの途上でわれわれは出会えるだろう。――だが、それは今現にある差別について、見えたり見えなかったりする民衆の中の敵対について、何も言ったことにならない。たたかいの質、よりも以前に「生活の質」こそが問題だ。いうまでもないことだが、だれだってみな、くらしかたに応じてたたかっているのだから。「差別とはなにか」は「いかに闘うか」に集約はされても、還元はされない。

それでは、フランツ・ファノンやアルベール・メンミが見事にしてみせたように、「植民地人の肖像」を描くことこそが課題なのだろうか。それはファノンがアルジェリア人だったからこそ、メンミがユダヤ人だったからこそできたことだ。メンミは『植民地人の肖像』だけでなく『支配された人々』（邦訳『差別の構造――性・人種・身分・階級』白井成雄・菊地昌美訳、合同出版）で諸々の被差別者の肖像画をこころみたが、やはりユダヤ人についての部分だけがひときわすぐれていた。在日朝鮮人についていえば、金達寿から李恢成にいたる書き手たちによって、すでにこのうえない「肖像」が与えられている。

差別というのはきわめて普遍的なことであるとともに、おそろしく個人的なことだ。差別について考えだすキッカケはすべての人にとって異なるだろう。そのような事柄にたいして、社会一般について語るのでもなく、私の差別 - 被差別について語るのでもなく、さらにはさまざまな差別の例を語るのでもなしに、差別そのものについて、差別「一般」について語ることなどができるのだろうか。

一九七〇年に『われらの内なる差別』を書いたとき、私はまさに、おそろしく個人的なこととしての差別と現代社会そのものを意味してしまうような差別との両極を揺れていた。それを媒介する方法というものをもっていなかった。その結果としてこの小さな書物が、差別という一言をつかむことでこの世界全体の鍵を手に入れたと錯覚するような風潮に多少とも影響したとしたら、この隙間を埋めていくことに私も責任を負っていよう。実際にはその後の私の仕事の一切が差異と攻撃性をめぐって、異なる文化とのコミュニケーションをめぐって進められているのだが、それを「差別そのもの」の問題として提供したことはなかった。

差異、攻撃性、異なる文化とのコミュニケーションということが七〇年になって大きく人びとの問題意識にのぼってきたというのは、むろん理由のあることである。

六〇年代の後半から、韓国・東南アジアにたいする日本資本の侵略は、段をつけて増加していた。構造として、そうしたことが問題になってこないわけがなかった。しかしそれがこういう文脈で人びとの意識にのぼりはじめるのは、もう少しあとのことである。

より決定的なことは、七〇年前後のどこかで、日本の社会はいま総体として崩壊しつつある、というイメージというかヴィジョンを、国民の大多数が（左右を、支配者・被支配者を問わず）もってしまったということである。公害や交通戦争の中で、度しがたい住宅難の中で、なにかの拍子に人びとは「それ」を見てしまった。「それ」はオイル・パニックのときにより明確な姿をとったし、また政治的な側面に限っていえば、すでに「ロッキード」の中で、保守独裁体制の崩壊として実現しはじめている。

既成の権威がくずれ、価値体系がくずれるとき、当然のことに人は新しい人間関係、新しい結びつきかたをもとめる。アレクサンダー・ミッチャーリヒは『父親なき社会』(小見山実訳、新泉社)の中で、「労働組合運動(…)が受けたはげしい拒絶(労働者においてすら!)はおそらく経済的な理由によるばかりでなく、またそれがブルジョア的父親の秩序意識(およびこの模範にしたがって築かれた下層階級の自己理想)によって、父親にたいして『兄弟たち』が協同戦線を張って挑発的な要求を出してきたあつかましさのように感じられることにもよると考えねばならない」と述べているが、この労働組合もが父親的支配の支柱となっているところで、この意味での兄弟姉妹の統一戦線をつくろうとしたものこそ、反差別闘争にほかならなかった。

タテ社会では人がヨコに結びつくことを極端に嫌う。横紙破りとか横恋慕とか横車とか、みな悪いイメージの言葉だ。差異と攻撃性、異なる文化とのコミュニケーションというのは、明治維新のテーマでもあったことを思いだそう。根本的な変革期にはいつでも、「タテのものをヨコにする」ことがもとめられる。幕藩体制のタテの秩序にたいして、「横議横行横結」が変革者の身ぶりとなったのだ。差別を問題にするとはまさに、タテの秩序をヨコの結合におきかえようとすることにほかならなかった。そして人びとは、方言に悩んだ志士たちよりもはるかに複雑な姿で、「情報化社会」のどんどん便利になる交通通信手段と裏腹に、無際限に分裂し閉じこめられていくように見える「兄弟たち」に出会ったのだ。

さきの引用につづいてミッチャーリヒは書いている。

われわれは、男女の平等な権利——したがって同じ比重をもった集団的な役割刻印——がじっさいに実現されれば、それは父権的な支配形態にたいし致命的な打撃を与えるだろうと推定できる。

父親社会がゆらいでいた。これが、朝鮮、部落、沖縄にはじまった辺境からの逆攻が一気に社会の価値の中枢で、女性解放への闘いへと転移していった理由だった。七〇年前後からの新しい「自由と平等」のための闘いは、異族たちの叛乱を尖端とし、おんなたちの叛乱を原基としていたといいうる。

差別ということが内実として理解されるためには、「進歩」というイデオロギーがまず粉砕されねばならない。バートランド・ラッセルはあるとき、ダーウィンに疑問を投げて「アメーバから人間へといたる過程は哲学者からみれば明白な進歩を示しているように思える——だが、アメーバがこのような見解に賛成するかどうかはわからない」と述べたことがある。東京で2LDKに住む自動車セールスマンと、ニューギニアのアラペッシュ族とどちらが「進化」しているだろうか。むろんこれは問い自体が誤っているので、彼らはともに、異なる環境に選択的に適応しているにすぎない。ダーウィンが適応というのは「進歩」にかかわるよりむしろ生活条件の変化のもとで生命を維持するというダイナミクスそのものにかかわっているのだ。

七〇年の前後から、高度成長、無限の「進歩」にたいする不安、不信が一般化してきていた。ニューギニアの人びとよりもわれわれのほうがひどいことになっているのかもしれない、という意識がひろくいきわたってきた。

同時に、社会の価値体系、秩序を現実にになってきた教育が根本からゆらいでいた。全共闘はあれこれの民主的要求を出したのではなく、知の位階制そのものを廃絶せよと要求した。これは、厳密な意味で、史上はじめての教育闘争だった。なぜなら、国家による教育の本質はまさにここにあったので、あれこれの反動的、愛国主義的教育の内容にあったからではないからだ。

普通教育は近代の産物ではなく、帝国主義の産物だ。その証拠に西ヨーロッパでも日本でも同じころ、一八八〇~九〇年代に成立している。帝国主義が民衆を動員し、とりこむ方式だった。その反動的本質は、そのもっとも民主的な見せかけの中にあった。つまり、誰もが教育をうけられるということは、「誰でも努力すればプロレタリアをやめられるぞ」というよびかけにほかならなかった。

ミッチャーリリヒをもう一度借りよう。

集団はすべてその成員に断念を強制するが、「断念」から敵意が生れる。敵意は集団の団結を弱める。新しい断念は避けねばならないから、集団は成員がそのために敵意をもって反応することのないような方法を講ずる。

こうして、過剰な攻撃本能を管理するために、戦争と学校教育という二つのやりかたが考え出される。権利としての教育といったことをいう人がいるが、当然にこの論理は権利としての戦争に行きつくはずである。

教育とは選別と排除の機構であり、本質として侵略と差別の機構であった。それをうちこわそうとした大学闘争、反大学の闘いは必然的に反差別の闘いへと展開せざるをえなかった。

戦後思想そのものの枠組みがくずれ去っていくことに、これは対応していた。戦後思想のキーワードである「主体」概念はそれこそ個的実存と「階級主体」なり「党」なりとの間をゆれうごいていた。しかし反差別の闘いは主体についても別の定義を見出していた。主体とは、差異の発見、その過程そのものだというのだ。

*2*

はじめて出会った人と接触しようとするとき、私たちはどんなふうに話をはじめるだろうか。性別は通常一目見ればわかるし、年齢もおよそ見当がつく。そこでもし私が彼または彼女とコミュニケーションをもつ必要ないし欲求があるばあいには、さりげない話をかわしながら、彼／彼女のおよその社会的・経済的地位（「なにでくっているのか」）をつかもうとし、彼／彼女がどんな自己像をもち、私とどのように接触しようとしているのかを知ろうとするだろう。話の中身だけでなく、話し方や表情、ちょっとしたしぐさを意識的・無意識的に観察して、どのように彼／彼女が信頼しうるか、接触を深めえるかをたえず測定しなおしながら、私は言葉をえらんでいくことになる。

これは単に小手先のことではない。私たちは実のところ、生まれて最初に母親と「対話」するときから、このようにしてきたのだ。

生まれおちた瞬間から、母と子のつながりには単なる本能の次元だけではなくなる。文化的関係、記号的関係が成り立つのだ。赤ん坊の母親に対する役割期待は無限といっていいほど大きい。その役割期待が現実にみたされない分だけ、赤ん坊は自分自身の演技をし、役づくりをする。まだ首もすわらないうちに、抱いてもらいたいときのむずかりかた、等々の戦術はかなり高度なものになる。記号的行動は反復によって定着していく。母親が「いいお顔してごらんなさい」とほっぺたをつっつくと き、その役割期待にこたえての「役」を演じようとするまでに間もなくなる。人生という演技がここにはじまる、と戸井田道三は書いている(『演技』)。

人はみな、仮面としてのみ、他者と関係を結ぶ。『人種と文化』の中でロバート・E・パークは言っている。

personという語の第一の意味が仮面であるのは、おそらく、たんなる歴史的偶然ではあるまい。いうならば、これは、人はだれでもつねにあらゆる場所で意識する度合の差こそあれなんらかの役割を演じている、という事実の認識なのである。(…)ある意味で、そしてこの仮面がわれわれが自己自身についてつくり上げた概念——すなわちわれわれがその要求にこたえようとしている役割——を表しているかぎりで、この仮面はわれわれの真の自己、すなわちわれわれが現実化しようとしている自己なのである。

そしてコミュニケーションが成立するのはこの役割が部分的にせよ交換されることによってである。

人が自己自身を反省し、したがってまた自分の意思伝達過程を方向づけることができるのは、後

者の役割を装《と》るということを通してである。（G・H・ミード『精神・自我・社会』河村望訳、人間の科学社）

だから人は他者と関係をむすぶ中で無限に多様な役割を演ずる。しかしこの役割のとられかたは無制限ではなく、彼が属している集団の文化規範の「文法」に規定される。

自我、とよばれるものはいったいなにか。それは、社会的規範によって制度化された役割のことにほかならない。

A子という二、三歳の少女がいるとしよう。彼女はままごとをするかと思えば「××仮面」ごっこをして男の子たちと暴れたりする。ママはいつも、「女の子らしくしなさい」としかっている。彼女は次第に、「女の子らしい」という役割期待の体系を学び、それがママが「A子ちゃん」とよびかける内容であることを知る。そこで彼女は、「××仮面」ごっこが終わったときにこういういい方もできるわけだ。「さあA子ちゃんごっこをしよう」。

おとながきけば鏡の国につきおとされたような感じもしようが、実際に「自我」とはこのようにして形成されるものだ。つまり、彼女の演じうる数多くの役割（ままごとでは母親を演じさえするのだ）のうち、社会によって要請される頻度のもっとも高いものをもって、彼女は自分を定義するようになる。

この役割＝仮面関係の中に差別の問題を投げこんだのが、アメリカの現象学的社会学者アーヴィング・ゴッフマンだった。

彼は「スティグマ」という概念をとりあげる（『スティグマの社会学――烙印を押されたアイデンティティ』石黒毅訳、せりか書房）。それは異常なもの、ケガレたものを示す肉体上のしるしを意味するギリシャ語から来ている。スティグマは通常、望ましくない属性を総称するものとして使われる。だが実際には、私たちが自分でも気がつかないうちに未知の相手にもっている役割期待との関係において、そのスティグマはスティグマとなったり、ならなかったりする。

すべての望ましくない属性が問題になるのではなく、ある型の人がどうあるべきかについてわれわれがもっているステレオタイプと不調和な属性だけが問題になる、ということである。（…）本当に必要なのは明らかに、属性ではなくて関係を表現する言葉なのだ、ということである。ある種の者がそれをもつとスティグマとなる属性も、別のタイプの人には正常性を保証することがある。

ここにこそ、差別ということのとらえがたさがある。外側から、ひとつの事実としてとらえた民族差別や肉体能力上の差別が、性差別、たとえば私が一人の在日朝鮮人の少女とむきあってふれあおうとしているときの「民族」や「性」をめぐるいらだちとは明らかに違う次元のことだ。なんでもないと思われる言葉がびっくりするほど彼女を傷つけることもある。それは単に「足をふまれた者にしか痛さはわからない」というだけのことではない。

私は彼女への役割期待をとりあえず限りなく透明に近くしようとし、「無心」になって彼女をうけいれてみようとする。彼女がどうであるべきかについての予断をすてることで、そのステレオタイプにしたがって生じうるスティグマを最小限にしようというわけだ。彼女がそのあげくに、私に対置して、女としてであれ在日朝鮮人としてであれ、「別の文化」の論理をチラリとでも提出すれば、私は最初の、ささやかな勝利を収めることになろう。「鏡の構造」から抜け出す手がかりがそこにわずかでも生ずるはずだからだ。

このようにして、役割として交換できない差異を発見していく過程に比べれば、「被抑圧民族の立場に立て！」と叫ぶのはシルバーシートより陳腐なものだろう。

相手の立場に立とうとすること自体が、相手を疎外する場合がある。

白い杖をもった盲人に道をきかれて、つい必要以上の大声で、半ば子どもか外国人に話すようなゆっくりしたいい方で道を教えてしまったりするのはどういうわけだろう。彼の耳はわれわれ以上に鋭敏なはずなのである。難聴者はつねに頭の悪い者と思われる危険にさらされている。だから逆に、軽い難聴の場合、空想癖があって会話中にもしばしばぽかんとしてしまうという態度をとることで難聴を目立たなくさせようとする人さえいる。善意の役割期待もまた、その役割交換に敵対性を導入することを防げないことが多いのだ。精神病理学者は、看護人をはげますために時々いかにも精神病患者らしいしぐさを演ずる患者が少なくないことを告げている。

ゴッフマンは、スティグマのある者（肉体上の、性格＝経歴上の、宗教、人種など集団的な）と「常人」の二つのグループに分けられるようなものではなしに、あらゆる人が双方の役割をとっていることを強調する。だから、スティグマのあるものと「常人」とは、ひとつの文化規範の中で表裏一体の存在なのだ。

「彼を拒絶する社会に対する彼の嫌悪感は、まさしくその社会が自尊心、品位、独立心などをどう捉えているか、という点に関連させてのみ理解できるものなのである。要するに、依拠すべき異質の文化が他にない限り、常人から、構造の上で分離すればするほど、彼は文化的にますます常人に類似してしまうのである」――差異の発見にいたらないときの、「鏡の構造」についてゴッフマンは言っているのだ。差異の発見とは要するに、異質の文化に異質の文化としてふれあうことである。私の経験を超えた「もうひとつの世界」がそこにあるという前提に立って役割期待そのものを「カッコに入れる」ことなしに、この構造を脱け出しうるような出会いはありえない。

「差別主義は誰の手にもとどく快楽なのだ」とメンミは、『差別の構造』に収められた「差別主義定義試案」の中で書いている。差別され抑圧された者にとってさえ、そうなのだ。

メンミは差別主義をこう定義している。


差別主義とは、現実上の、あるいは架空の差異に普遍的、決定的な価値づけをすることであり、この価値づけは、告発者が己れの特権や攻撃を正当化するために、被害者の犠牲をも顧みず己れの利益を目的として行なうものである。

二つのことがいわれている。差別は差異の普遍化にして価値づけであること。その目的は特権の防衛にあること。

第一の点はゴッフマンが「常人とか、スティグマのある者とは生ける人間全体ではない、むしろ視点である」と言っているのに照応する。「あいつはユダヤ人だ」というささやきは実際には、「私はあいつをユダヤ人というレッテルにおしこめる以外の見方をしようと思わない」ことを意味している。レッテルのひとりあるきが容易に人を殺すことはいくらもあることである。関東大震災の時の在日朝鮮人虐殺にしてもそうだ。

普遍化され、価値づけられた差異はすでに差異でない。その価値の規範にたいする差異であるのだから。

そして特権の防衛は現実の特権であることもあれば架空のものであることもあって、結局は自らのよって立っている価値そのものの防衛ということになる。

差別とは、仮面としての近代的自我にとって不可分のものなのだ。

仮面として学習された自我は、いつでも二つのことにおびえている。ひとつは本能や感情の、つきつめていえば身体の叛乱をどう統制していけばいいかということだ。もうひとつは、その仮面を形成した役割＝体系をはみだす異文化に出会ったときにどう対応しうるかということだ。その瞬間に仮面はずり落ちることになる。レヴィ＝ストロースは、孤独な散歩者としてまったき異文化にさまよいこんだ人類学者は、自己の仮面＝自我がいかにヒビ割れ、切り裂かれていくかを冷静に科学的に観察することにおいてのみ外界と関わりうると言った（「人類学の創始者ルソー」、山口昌男編『未明と文明』平凡社）。

仮面を維持し防衛することは大変な努力が必要とされる。だからこそ、仮面的自我にとって基本的な衝動となっているのは、「接触恐怖」である。

「接触恐怖」は太古よりの、根源的な感情である。今でもふとした拍子に私は、子宮の拡大としての洞窟の外にひろがる無限の危険をはらんだ暗闇を見る原始人の息づかいを聞く想いで暗がりを見つめることがある。この恐怖はひそかに、父権社会の中で、なんであれ異質のものにふれることをおそれる、成熟しきらない青年期のアイデンティティへとうけつがれたのだ。カースト制度は不可触賤民という言葉を生んだ。だが平和な夫婦の間にさえ、突如としてこの不可触の領域があらわれ、左右の暗闇への恐怖を見つめあわねばならぬことは何度となくあったはずである。

*3*

宇宙人A「地球人はセックスのときなんであんなに汗をかいて悲鳴をあげるのだろう」

宇宙人B「接触の恐怖におびえているのさ」——というのはどこに出ていた冗談だったろう。

いちばん新しい『宝島』に、「ヒーリング」のことが出ていた。フィーリングではなくてヒーリングで、「自然治癒力」といったことを意味するらしいが、同性でも異性でも親子でもいいから、互いに身体に手をふれあって、感じあい、内部からの治癒の力をひきだしてこようというものだ。恋人どうしの場合はそのままセックスになってもいい、セックスもヒーリングの一種だなどと書いてあるのを読むといかがわしいことでもあるかのように感ずる人もいるかもしれないが、日本では「喩気法」といってずっとやられてきたものだし、ヴィルヘルム・ライヒのベジトセラピーという自律訓練法もこれに近い部分をもっていたはずだ。要するに生体エネルギーのバランスをとりあうためのふれあいで、ふれあっていることが快いあいだはそうしている。これは皮膚‐内臓反射をつうじて全身の健康にもいいし、おそらくはなによりも「傷つけられたアイデンティティ」の治癒になるだろう。竹内敏晴氏の演劇教室でも、まずひとの背中に自然にふれることのむずかしさを学ぶことからはじまる。身体とこころはまさに「一如」であって、こわばった姿勢で深いコミュニケーションをもつことなどありえない。

差別が肉体＝本能を排除し敵視する自我と一体のことであれば、からだを発見し、接触への恐怖を具体的に拭い、解放していくことは、差別をなくしていくうえでの不可欠の課題だ。

エリアス・カネッティは『権力と群衆』の中で、群衆が日常的秩序をこえて全体がひとつのカラダであるかのような一体感をもつときの状態から群衆を定義して、その第一の特徴は「接触恐怖の解消」にあると述べている。接触恐怖の解決によって、一時的にではあるが、人びとの間の日常的な距離、差異は消失する。火災の映画館から逃げ出す群衆によって老婆や幼児が踏みつぶされたりするのはどうしてかといえば、日常感覚が要求する距離感＝いたわりが消失して、平等に扱われてしまうからである。群衆現象は差別の消滅点のひとつのヒントにはなっても、むしろ差異そのものが無視されるという結果を生むことになる。

だが逃走する群衆と、たとえばカーニヴァルの創造的な群衆とはかなり質を異にするのは当然だ。視察的な群衆はしばしば距離を自覚的に乗りこえる。単にあらゆる異邦人たちが解き放たれるということだけでなしに、たとえば男女の役割交換が生ずる。傾奇者《かぶき》にしかありえなかった異装＝性転換がたとえば幕末のおかげまいりの中ではごく普通のことになる。現実の秩序を無限にはみだす爆発的エネルギーが庶民にとっての秩序中枢である性関係を転倒させ、はるかに両性具有神の神話にまで、「差別の0度」にまでつれもどすのだ。

権力にとってこれはもっともおそるべきことだ。仮面の世界の上に権力は成り立っている。男らしさ、女らしさ、は権力の必須の存在条件なのだ。同性愛が犯罪になるというくら考えても不自然な差別的法措置は、この権力の秘密にかかわっている。戸井田道三も前掲『演技』で、ジャンヌ・ダルクは男装をしたかどで死刑をいいわたされるのだが、それをいいわたす裁判官は女装（？　要するにロングスカート）をしていると書いている。つまりは、両性具有は権力にのみ許されるユートピアであって、庶民がそれにふれることは、権力にもっとも深部で抵抗することになるのだ。

差別を糧として権力は生きる。熱い社会は社会的差別のエントロピー格差によって回転するといったのはレヴィ＝ストロースだった（『レヴィ＝ストロースとの対話』多田智満子訳、みすず書房）。役割が制度として固定され、差別的関係が不断に再生産されることの上に、権力はすべての「らしさ」を秩序だてる意味論的儀式をくりひろげる。

群衆と権力は相互に浸透しあう。視察群衆の友愛の空間は、権力の寛容さへと吸収され、特定の犠牲者を迫害するときの群衆の憎悪の空間は権力の凶暴さともたれあっている。

関東大震災の朝鮮人虐殺を思い出させる筆致で、ミッチャーリヒは書いている。

集団成員の一部がとつぜん「異端者」に変わるならば、集団内で闘争する部分の間にはこれまでそうされていた「攻撃潜在力」が非常なはげしさで爆発する。なぜなら非常に近接したところに生じた、異なるものへの不安によってそれは強められるからである。

朝鮮人虐殺についてかつて私は、「危機の都市は異邦人をよびよせる」「危機の都市は下方に隠された共同体をよびさます」という二つの命題の間で、その弁護の余地ない残虐と背徳にもかかわらず働いた社会学的法則性をさぐろうとしたことがある。ミッチャーリヒは異端者の迫害はつねに自己の「異端的なものや、自己の違反にたいする迫害であり、また自己の罪責感からの逃避である」というが、私たちもまた彼らは内部秩序（共同体としてのアイデンティティ）を回復するために、異邦人を次第に遠いところからたぐりよせて虐殺したのだという結論を得た。「日本人の残虐性」や「天災時の狂気」ですむような話ではないのである。

フロイトが死の本能といったことを仮説しなければならなかったのもおそらくこのへんにかかわっているのだが、深入りすることはよそう。いずれにせよ群衆はつねに濃い死の影につきまとわれている。「すべての死者たち」に抱きとられるときはじめて「仮面」は消失し、相互身体性がそれをしてあらわれるようにさえ思われる。

だからこそ権力は、自己の意味論的儀式のかぎを「死者の独占」にもとめるのだ。すべての死者たちの上に権力が立っている、という主張こそ、霊界とのコミュニケーションは権力が独占する、という宣言こそが、現実の秩序の、差別的ヒエラルキーの唯一つの保証である。なぜ人が自分の貧しいゲットーにたてこもり、兄弟たちと手をとりあわないのかといえば、その「領域」が権力の普遍性によって支えられているからだ。人間はいつだって「ここにいない、普遍的な自分」との関係によって生きているのだ。それを「私という他者」つまり身体性の内奥に発見していけないとすれば、なにかの普遍的形式をもった秩序に属することなしに生きてはいけない。

いろいろな形で人は、必ずしも権力に独占されない「もうひとつの聖」「もうひとつの世界」を垣間見るのである。盲目の人びとがおとった能力をもっていると思い込みがちな反面、彼らが秘密の情報径路をもっていて常人にない知識をもっているのだといったことは、漠然とながら広く信じられている。これこそ丹下左膳や机竜之介や座頭市を生みだしてきた「差別」感覚である。民衆たちの中で盲目が権力に拮抗することだというイメージがどこかに存在した。それなら朝鮮人が、あるいはユダヤ人が、どうして地下に大帝国をきずいて権力をおびやかさないだろうか。してみると、差別として現象しているものは実際には、この限りなく貧しく無意味に「豊か」な日本という場所から遠く旅に出たいという激しいまでの「脱領域」志向の表現であるのだろうか。その旅がどのようにして連帯でありえ、侵略でしかないかというところに、まさに国家をこえるわれわれの政治が成立しうるかが関わってくるのだろう。

そのはるかに手前で、結論めいたことを言っておかねばならない。

――誰もが自分だけの死者たちをもち、その固有の悲しみによって歴史にかかわっている。民衆がすべての死せる者との共同戦線をつくりだしうるとき、悲しみの河はひとつの海へ流れこむ。虐殺された戦士たちは生けるものによみがえり、誰もが死の恐怖をこえてたたかうことができる。

だから、「差別をいかにこえうるか」を問う人は結局、かけがえのない生命、固有の身体がいかにしていかなる置き換えもスリかえもなしに普遍的でありうるか、に私たちの政治の根拠をおくしかないことに気づくことになるのだ。

VIII

# 横議横行論（続）

2015. 5

## 10　活元の遠い遠い起源

前節（第I章9節）の三〇年後に続稿を書き継いでいる。三〇年たっても、問題意識はほとんど変わっていない。どんな事情でこれが連載九回で終わってしまったのか記憶にない。少しも終わる展開になっていなくて、論議の途中で打ち切られている。まさしくその地点からいつでもつなぎ直せるようになっている。

おそらく最終回としてでなく書かれて最終回になってしまっている文章は「目的なき活元運動」というタイトルになっている。活元運動は日本の民間療法の流れの中から野口晴哉によって取り出されてきた自発運動を指す。それはことさらに現代科学の装いをとった野口の師の松本道別によって位置づけられた「霊学」的運動であるのだが、野口はその伝統と一線を画して、それを「錐体外路系の反射運動」と説明している。お狐様がとりついたりそれが出ていったりするという神道系の説明体系に終止符を打って、何もとりついていず、身体自身の内部からの調整運動であるとした。指を目に近づけると、自分でしているとわかっていても思わず目をつぶってしまう。理性を経由しない反射運動である。これは単純な生理的反応だが、スポーツの世界でも、こうした反射を鍛錬していくと予想以上の能力を発揮することがある。バスケットの英雄O・J・シンプソンについてファンたちは「O・Jは踊ったか」という言い方をしたが、それは本人も意識できないようなファイン・プレーを指していた。イチローにしてもバッターボックスで、守備のフィールドで、常に「踊っている」ことは誰でも知っている。スポーツの能力とは、こうした「踊る」能力にほかならない。理性で処理できる限界を超えるプレーが出たときに、ファンたちは「やったね」と称賛する。そしてプレーヤーにとっては「できるかもしれないし、できないかもしれない」プレーなのである。

スキーをはいていても、細かいコブの多い斜面では、いちいち脳で安全を確認していてはとても間に合わない。目は危険がないかどうか少し遠くを見て、個別のコブに対する反応はもう頭脳で管理しようとはせず、足の判断にまかせるのである。この「足の判断力」が野口の言う「錐体外路系の反射運動」である。そして「足の判断力」は「頭の判断力」に対して六倍速い。カントは「頭の判断力」を限界まで考えたが、その毎日決まった散歩によっては「足の判断力」を考える余地がなかった。その領域を開いたのはベルクソンであるが、そこにはあまり深入りしないことにしよう。

からだは本来自分の判断力を持ち、自分の運動をしたがっている。なぜしないかというと、「世間」の目があるからである。野口整体の道場にいけば、みんなが「世間」の目を気にせずに勝手に動いているから、私もこんなふうに動けるのだろうかと思い、やがて普通のことになっていく。野口整体は正坐から始めるから、そこから回転したりひねっていったりという独特の文法を持っているが、むろんそれは「目的なき運動」であるから、場合によっては走り回ったり、柱を駆け昇ったりすることもある。

野口は身体の意識を超えたこのような運動を引き出してくることが最上の「体育」だと考えた。微細にみると、そうした運動になれるための初期の時期をすぎると、手足のゆがみを取ったり、内臓を調整したり、背骨を整えたりする運動に勝手になっていき、さらに高次の調和を探求していく運動になるという。もはやあまり大きくは動かないが、微細な調整はずっと続いていく。

こうしたプロセスを経て成熟していく活元運動と、自分や人のからだを触って気を伝えていくための「愉気法」(もともとは松本道別にしたがって輸送の字を使って「輸気法」といっていたが、心の持ち方が愉快でないとだめだとしてこの言い方にした)とが野口の伝える二つの基本技術である。

野口が松本道別に会って近代霊学の総まとめをし、さらに若くして療術師協会の事務局長として日本の療術をまとめるはるか前、一二歳の時に彼は治療を始めた。それは関東大震災直後の焼け野原のことである。それは伝えられているように、たまたま近所のおばあさんが具合が悪かったのを手当てで治して評判になり、というふうなことだけではなかったと私は思っている。彼は大地震で「あなた任せの振動運動」を体験して、「これだ」と思ったのではなかったか。活元とは、地球が揺れていないときでも内部から地震を起こして、日常の秩序を破壊し、生命の秩序を再建する方法ではなかったか。何かに取り憑かれたようにしてからだを異質な秩序に委ねたのである。

私は阪神大震災なり東日本大震災なりを体験した若者の中から、まったく新しい衝動を組織するどんな舞踏が育っているだろうと夢想する。それはまだ私たちの目には見えないが、着々と周囲をむしばみ始めているかもしれない。フクシマの場合は、地震だけでなく、「踊る原発」である。地獄の舞踏である。

私は活元運動を体育とか健康・医療の文脈だけでなしに、地震の体験の持続化という視点からとらえてみたいのである。

地震とともに踊る、という文化はこの列島に根強く残っている。天皇家が、といっても一筋縄では行かないが、いくつかの大陸の支配者たちがこの列島にやってきたとき、まず恐れたのが火山だった。すでに安定して大部分が死火山となった大陸から来てまず戸惑ったのは、活火山の存在だった。彼らはまず比較的安定していて大きな火山のない近畿地方に権力の基礎を作った。そして長い時間をかけて、辺境の火山の民族を征服していった。それを代表していたのが、熊襲の阿蘇と、アイヌの富士だった。

フチはアイヌ語で母を意味する単語から来ているといわれる。富士といつも一体に扱われる浅間山もアサマと読めばアイヌ語で「火を噴く、燃える岩」のことである。アイヌ語の地名は静岡県に一番多いと言われるが、フチ＝母なる山を中心に、アイヌと古層日本人の信仰があった。日本の古い文化には、火山と地震に対する対照的な態度があった。火山活動と地震を母の恵みと怒りとしてとらえる、火山活動とともに踊り狂う文化と、火山と地震を忌避し、それを押さえつけることに国家鎮護の最大の課題を見出した大陸系の文化である。

平野栄次編『富士浅間信仰』(雄山閣)に収められた遠藤秀男の論文「富士山信仰の発生と浅間信仰の成立」によれば、「浅間、浅見、浅虫、熱海、阿蘇など同音をもつ地が、いずれも火山や温泉に関した所である。これは南洋方面のアソ(煙、湯気)という語と関係があり、アイヌ語では燃える岩、噴火口という意味をもっている」。浅間山という名前は長野に六、三重に六、静岡五、群馬三、千葉三、神奈川二というくらいに多いが、これはアイヌ語の地名ではなく、もっと後の時代に名づけられたものだ。もともとの富士山の防災祈願をした山である。富士山が見える場所にどんどん浅間山を作り浅間神社を作って、富士山の噴火を呪術的に封じようとしたのである。

もともと、浅間の神は噴火の荒ぶる神であった。フチという平和な名前よりもアサマという荒ぶる神の名前が選ばれて、それが「富士山封鎖ネットワーク」の名前となった。時代とともに、かつて外来の支配階層が富士や阿蘇などの火山に対して抱いた恐怖は薄らぎ、浅間信仰は水信仰となり、農業水の神様となった。それが水徳神である木花佐久夜姫に発展していって、富士の守り神になっていくのはずっと後、江戸時代のことである。

もう一度言えば、富士の噴火を封殺したい人たちがいて、非常に大きな努力をはらった。彼らがことさら富士を抑え込もうとしたのは、生来火山が好きで、火山の噴火や地震とともに踊り狂い、憑依状態になるたくさんの人がいたからである。七世紀のころには、それはひとつの大きな思想闘争になっていた。彼らは虫や爬虫類を大切にし、信仰し、神として扱ってきた。火の信仰と虫や小動物への信仰はひとつながりのものだった。孝徳天皇(在位六四五-六五四年)が灌概池を作ろうとしたとき、それを邪魔した蛇や虫に手を焼いて「目に見ゆる雑《くさぐさ》の物、魚・虫の類は揮《はばか》り愕《おそ》れることなく、みな打ち殺せ」という命令を出した。東国の土着民にとっては、とんでもない話だった。

その中で事件が起きた。『日本書紀』の皇極三（六四四）年に出てくる話なのだが、富士川のほとりに住む大生部多《おおふべのおおし》という指導者が虫を祀って、まねて踊ることを広めて、どんどん広まっていった。それは蚕のような親指くらいの虫で、蚕そのものだと理解する人もいる。その虫は常世虫《とこよのむし》で、それを祀れば富と寿を得ることができる。人格神中心の時代に移行していこうという聖徳太子らの努力に対して、大生部は古来のモノ神信仰を復活させて、真っ向から逆らったのである。この踊りは虫を真似てくねくねと踊っていく奇妙なものだった。難しい教義なしに体をゆらゆらさせて自発の動きを作っていけばよかったから、どんどん広まった。駿河で始まった動きが、富士山のパワーを背負っていないわけがなかった。富士が噴火していないときにも、同じようなパワーを得られる。それは渡来系の火山嫌いには決して理解できない衝動だった。それは縄文の讃歌だった。地震のないところでも、地震のように揺れてみたのである。常世虫は奈良の貴族たちにも影響をあたえ、たくさんのカンパをする人も現れた。

もう一度まとめれば、

①常世という道教系の信仰が基本的な枠組みである。
②蚕のような虫という具体的な信仰対象がある。
③蚕の真似をしてゆらゆらと踊ればいい。

これで長寿や財宝が約束されるのだから、みな我をわすれて踊り狂いたくなる。

④背景に縄文的な虫信仰、モノ信仰がある。
⑤噴火と地震のシンボル富士山のほとりで起こった。
あまりにも「縄文」なのである。
天皇権力はこれを許さなかった。秦河勝《はたのかわかつ》*1が軍隊を出して皆殺しにした。これは日本で最初の道教文化だったかもしれないと道教学者の下出積与（明治大学名誉教授）は書いた。だが、これは始まりにすぎなかった。「踊狂」と上林澄雄氏が名づけた現象、縄文の記憶というべき激しい舞踏がここから始まっていく。「常世虫」から「活元運動」までの持続する縄文体験がここに始まるのである。

## 11　くさぐさのモノ、みな打ち殺せ

『日本書紀』のその「虫の踊り」に関する部分を抜き出してみる。

秋七月に、東国の不尽河《ふじかわ》の辺の人大生部多《おおふべのおお》、虫を祀ることを村里の人に勧めて曰く、これは常世神《とこよのかみ》なり。この神を祀る者は富と寿《いのち》を致す、と。巫覡《かんなぎ》など、遂に詐《あざむ》きて神語に託して曰く、常世神を

---

*1　六世紀末〜七世紀前半の官吏で、聖徳太子の側近。『日本書紀』には、本文中で言及される皇極三年七月条のほか、推古一一（六〇三）年一一月条に聖徳太子から仏像を賜って広隆寺（蜂岡寺）を建立したこと、同一八年一〇月条には来日した新羅・任那の使者らの導者を務めたことが記されている。

祀る者は、貧しき人は富を致し、老いたる人は少《わか》きに還る、と。是に由りてますます勧めて民家の財宝を捨てしめ、酒を陳《つら》ね、菜・六畜《むくさのけもの》を道の側に陳ねて、呼ばしめて曰く、新しき富入り来たれりと。都鄙の人、常世虫を取りて清座《しきい》に置きて、歌い舞いて福を求め、珍財を棄捨す。都《かつ》て益すところ無くして損費すること極めて甚し。是において葛野秦造河勝《かづののはだのみやつこかわかつ》、民の惑わさるを悪《にく》みて、大生部多を打つ。其の巫覡など恐れて勧め祀ることを休む。時の人、便《すなわ》ち歌を作りて曰く、

太秦《うずまさ》は神とも神と聞こえ来る常世神を打ち懲《きた》ますも

この虫は、常に橘の樹に生《な》る。或いは曼椒《ほそき》に生る。其の長さ四寸余、其の大きさ頭指許《ばか》り、其の色緑にして黒点あり、其の貌《かたち》もはら養蚕《かいこ》に似たり。

これは言うまでもなく、中央権力の側から描いている。退治してよかったという立場である。「都て益すところ無くして損費すること極めて甚し」だからこうした運動は消滅して当然という立場である。

そうだろうか。ある時期盛大に消費をして「蕩尽」するというのは村の祭りにさえあるが、こうして大規模に肉や酒を積み上げて、日常とらえられている生産第一や「もったいない」態度と異質なあり方は「もうひとつの経済」の特徴である。自分の財産を後生大事に守ることによってではなく、惜しげもなく贈与したり、公共のものとして浪費するというあり方は、モースの『贈与論』を引くまでもなく、普遍的に存在した。つまり、すべての人が「もったいない」という経済原則に従って「経済人《ホモ・エコノミクス》」として振る舞う市場の外側に、浪費と贈与の経済が「市場外経済」としてである。

たとえばジョルジュ・バタイユについて湯浅博雄は次のようにいう。

バタイユは、相互性と対称性に帰するのではない贈与、〈企図という観念〉によって制限されたエコノミーの回路を破って溢れ出すような贈与の可能性を探っていく。供犠＝祝祭は、人間の労働が実現した作品＝生産物を見返りなしに消尽すること、有用性の連鎖がなす円環を超え出た次元へと純粋に贈与することとしてのみ、〈聖なるもの〉を顕現させた。すなわち強烈な両義性・中間性の次元、主体でもなく客体でもない〈連続性〉の次元を開いた。この消尽＝贈与は、労働し、生産する者としての人間を、その瞬間にのり超えるという至高性をおびた出来事である。

（『バタイユ　消尽』講談社学術文庫）

ここに書かれている「相互性と対称性に帰するのではない贈与」「供犠＝祝祭」「消尽」「〈聖なるもの〉」「〈連続性〉」「至高性」こそ、常世虫にすべて当てはまるものではないか。日本の村落社会は年に一度の祭りの中に「縄文」を残してきた。それを年に一度ではなく、六〇年周期などで盛大な打ちこわしと浪費、性的放縦の衝動が全国的に生じてきた、これは最初の記録なのである（現代の帝国主義経済は浪費を市場に組み込むことで延命しようとしているが、それはまた別の問題である）。

下出積与《しもでせきよ》は『道教』（評論社）の中でこの常世虫を取り上げて、典型的な民衆道教とする。常世自体が「永遠の生命」を意味する中国語である。「祈願の内容は全く共同体的なものを含んでおらず、ほとんど終始一貫して個人的欲求とその満足に集中されている。具体的にいえば、長寿と若還りすなわち不老長生と、攘災致福に限定されているのである」。
大生部多は富士川下流の豪族だったが、どうしてこのような道教の教養を身につけたかはわからない。古代におけるほとんど唯一のまとまった道教体験であるにもかかわらず、その系譜ははっきりしない。

多くの歴史学者が、河勝が養蚕技術をここから奪ってきたとか、別のやり方で養蚕を行っていたライバルを叩いたとか、説明しようとしているらしい。それは無理だと下出は説明する。蚕の真似をして踊る集団を皆殺しにしてから京都の「蚕の社」（木嶋坐天照御魂神社）を建てたというのは確かにできすぎの話である。だが『日本書紀』の記述を見る限り、虫信仰と養蚕は結びつかない。もしそれが蚕の普及と結びついていたら、話はもっと面白く、パワフルになるのだが、それはあくまで信仰の対象として扱われたようだ。秦河勝の養蚕のほうも朝鮮半島渡来のものである。

「すなわち、大生部多を教祖とする常世神のいわば教団が形成されつつあったのではないか（…）。この常世神信仰を中心とする宗教運動に、大陸における太平道や五斗米道のような原始教団を想定しても、それほど誤りではないと思う」。そしてこの弾圧を聖徳太子の下に仏教革命を担ってきた河勝による神秘的・祝祭的道教への弾圧と見る。それだけでなく、中央権力と地方の豪族の対立でもあった。
「大生部多は地方の代表者であり、河勝は中央貴族層の代表という立場に立つ」。

この整理は大変すっきりしているように見える。だが、このわずかな記述の中に、太平道《たいへいどう》や五斗米《ごとべい》道《どう》*2と対応する、あるいは匹敵する思想を読み取ろうというのは、ちょっと無理である。私もそのような道教が確立しかけて、その後の日本の歴史に影響を与え続けたという議論が立てられればますます面白くなるが、それは少し無理だと思う。

私の考えはこうだ。常世の概念は始皇帝のころからあったし、文献的にはいろいろ入ってきていた。大生部多はこの常世に、縄文以来の虫信仰を結びつけた。もう一度言えばとりわけ東国の土着民にとっては虫は親しい世界だった。虫や蛇や蛙とともに暮らしてきたのに、「虫を皆殺しにせよ」という虫も殺せぬ奈良の都の官僚から命令が出た。そんなことができるものか。かつては森に入れば五月の蝿のようにありとあらゆる声が聞こえたが、やがて聞こえなくなったと日本書紀には書いてあったが、ヤマトの辺境に住んでいる人々にとっては、草や虫や岩の声に耳を傾ける暮らしぶりは続いていた。それが、虫を育ててご神体にすればやがて財宝と長寿が手に入ると言われ始めたのだから、放っておけるわけはなかった。つまり常世神信仰は、道教からいくつかの概念を借りた縄文の虫信仰だったのだ。

だから、下出氏のそのあとに続く「巫覡《ふげき》」に関する考察のほうがもっと大事だと私は思う。大生部のような地方豪族にとって「その手足となり、農民たちとの媒介となって教線を拡張しているのは、多をとりまくかなりの数の巫覡であった。彼ら巫覡が東国在地の者であり、村落居住者であることはいうまでもない」。彼らが実質的な組織者だった。「その唱える信仰に農民が付和し、その領導のもと

＊2　太平道も五斗米道も、ともに後漢末の初期道教の一派。前者は一八四年、貧農を糾合して「黄巾の乱」を起こしたが鎮圧され、その後、武力弾圧によって消滅した。後者は一種の宗教王国を形成、二一五年に曹操に帰順したものの存続し、のちに天師道と呼ばれる。

に一種の行動を起こしてくるというのも、いわば自然のなりゆきといってもよいであろう」。この巫覡の人々こそ、実質的に縄文信仰を保存している者たちだった。そして、その文化の連続性が断たれてからも、間欠泉のように蘇って、縄文スタイルの踊狂を引き起こす引き金となったのである。もっとあとの時代に、道教は日本的に形を変えて、あるいは陰陽道、あるいは修験道として、時には仏教に従属した形で展開する。それでも、一面からいえばそれは縄文文化のモノ神信仰を継承していた。

## 12　異民族が作った国

古来の「踊狂」の伝統は道教に根ざしていた。日本ではそれは道教として発展することはなかった。日本には修験道や陰陽道に道教の一面が入り込んできた面はある。また鎌倉時代以降、急速に大衆化した仏教に対抗するために、神道が道教理論を裏口から輸入して理論武装したということはあった（吉田神道など）。日本神道は実感重視、体験重視の宗教であったために、理論を重視していなかった。理論が必要になった時に道教から輸入しなければならなかったのである。それはその最初で最後の道教の兆しから七百年後のことである。

中国で道教が形をなすのが、日本での富士川のほとりの「踊狂」から五〇〇年前の一四二年のことである。老子、荘子とは時代が違う。老荘はそれからさらに二五〇年ほどさかのぼる。一四二年というのは、張陵が四川の鶴鳴山で五斗米道を創始した時である。これが道家ではない道教の始まりとなる。

一八四年になって太平道が興り、黄巾の乱を起こす。これも道家思想を標榜していて、張角らは手当てやお札による病気治しの高い能力を持っていたと伝えられる。「手当て」や「活元」はもともと東洋の農民反乱と分かちがたく結びついていたのだ。農業で食えなくなった浮浪者が最初の勢力だったが、一時は「天下の人々が皆帰依する」勢いになった。一〇年の準備の後、一九四年に全国二八郡で乱を起こすが鎮圧され、張角も戦死する。その後も残党が続いていたが、曹操の軍に吸収された。それに対して、五斗米道のほうは大きな発展をとげ、のちの天師道、さらに正一教と名前を変えて今日に伝わる道教の総本山である。

五斗米道とは入会金を五斗（現在の五升）の米とし、その米を街道の辻々に作られた拠点で飯や粥として提供したことからつけられた名前だった。国家によらない、宗教による福祉政策である。

この五斗米道が北方の漢族の出身の張陵と羌族・チベット族の鬼神信仰との出会いから生まれたものであることは日本ではあまり知られていない。成都近郊、都江堰から北の地域の青城山と鶴鳴山に古いシャーマンたちが住んでいた。ここから岷江沿いにチベット族と羌族の文化圏がひろがっていた。張陵は彼らと闘いつつ「悪魔降ろしの巫術を学び、鬼を使う法を解き明かした」（下出積与）。張陵が身につけていた老荘の思想および五行説、神緯論、不老長寿の術などの教養と、チベット族・羌族の鬼道・鬼神信仰とが全面的に結びついて道教がつくられていったのだ。

中国の歴史を見ていくときに、タテ型の巨大帝国が連続しているように見えるが、一見そのように見えても、さまざまな民族が渦巻いていて、それが横議横行して新しい国を作ったり民族を作ったりしていく実態を見ていかないとならない。夏は中国の始まりの国家とされるが、漢民族が作ったわけではなく、北方タイ系民族が海岸線にそって北上、東から内陸に入って建てた国で「東夷」と呼ばれた。次の殷は北方の遊牧民だったので「北狄」だった。周は西から来た羌族が作った国で、「西戎」だった。長江中流に君臨した楚は全国政権になったことはなく最後には秦に滅ぼされるのだが、やはりタイ系の民族で「南蛮」だった。東夷、北狄、西戎、南蛮は洛陽あたりを中心にしての東西南北である。夏の時代に次第に文字が作られ、殷で甲骨文字ができ、周で行書体ができていくと、漢字は互いにまったく違う言葉が意思疎通を行うための手段になっていく。たとえば、第I章1節で述べたように、明治維新で長州と薩摩が同じ日本語とは思えないほど互いに異質な言葉でほとんどわからなかったのを、共通の教養である謡曲を用いると通じたというのと同じように、漢字を書いて見せあえばさまざまな民族どうしがコミュニケーションすることができたのである。

春秋戦国にさまざまな国に分かれてから、その中の秦が台頭して初めての統一政権を作った。始皇帝だけが王で、ほかに王を許さず、統合できる範囲の人々を直接管理して封建制のひな形を作ったが、それも内実は「西戎」の政権だった。周と同じく西から来た羌族の一部が政権を作った。大部分の羌族はそれに積極的には参加せず、抵抗して圧伏されたり、さらに辺境に移ったりしたが、その当時で中国全体の人口五〇〇〇万のうち一三〇〇万が羌族とされた。

このあと、漢ができる。漢水のほとりでくすぶっていたならず者の劉邦が成り上がったので漢を自称したが、漢民族や漢字などの呼称はまだなかった。ただ、東夷、北狄、西戎といった諸民族の寄せ集めのなかで次第に中央の意識ができて、みんなが集まるところが中原、そこの権力を取ったものが中国を代表するというようになった。だから漢民族という実体は実は存在しない。現代では九五％が漢民族でのこりの五％を五六の民族で分け合っているといわれるが、九五％が「漢民族」という名の連合体の中で動きたい、というだけで、それは単に「民族的出自が問われない」人々というだけの意味なのだ。

出発点ではチベット族・羌族と直結した反体制の宗教だった道教が曹操、劉備に丸め込まれて、次第に状況への政治的介入を避けて超俗的になっていくのだが、四世紀から六世紀にかけて茅山派といわれる体制内宗教に変身し、唐の時代に「皇帝の宗教」に変質していく。

だが、道教の道教的なものはなくなっていない。それはある意味で、中国人の「共通の無意識」として残っていく。歴史を貫く道教の特性を儒教と対比してみよう。

①儒教は中国人の上半身であり、道教は下半身である。一人の人の中にも、北方的な要素と南方的な要素、体制同化的な要素と超脱・超世俗の要素がある。儒教はヒトの外側を礼や義として整えようとしたが、道教は人間まるごとを解放しようとした。

②儒教は一貫して「体制内」であるが、道教は「支配の哲学」になったり「反乱の哲学」になったりする。もともとが黄巾の乱の主導思想として登場し、唐の時代には北方的な権力にからめとられてしまったが、また王重陽が民衆宗教としての全真道を唱えるというように、支配と半支配の間でたえず対抗した。

③儒教は葬儀屋であり、道教は鬼の宗教である。儒教は仕事として貴人の葬儀を主催して食いつないだ。怪力乱神を語らず、不条理な死を世俗化したのが儒教だったが、それに対して道教は巫術＝鬼道

によって生と死の境目を可視化しようとした。

④儒教は父信仰であり、道教は母信仰である。道教のほうがユーラシア各地に残る母系制社会を継承しており、万物と大自然の美を司る西王母、斗姆など女性の神を信仰している。儒教にはまったく女性が役割を果たすことはないし、仏教では女性は男に生まれ変わらない限り悟りを得ることはないとしているのに対し、道教では仙人になるうえで男女平等である。老子は「玄牝」を基礎とし、水の柔軟さを讃えた。

⑤儒教は「馬の文化」であり道教は「船の文化」である。古来「胡人善騎、越人善舟」といった。北方、西方の馬賊・遊牧民は馬を主要な移動手段とし、南方・東方の米作民族は張り巡らされた河と運河を船で移動した。

⑥儒教は北・西志向であり、道教は南・東志向である。孔子は周礼を理想とし、西戎にあこがれ続けた。秦は儒教を弾圧したが、漢以降次第に儒教と権力のつながりは深くなる。老荘はもともと苗族であり、楚の文化に属した。

⑦儒教はタテ社会型に対して道教は横議横行型である。儒教は孔子の言葉や周易などを規範として古の動作をいかに繰り返すかに価値をおいていた。しかし道教は漢族的なものとチベット族・羌族的なものをつなぎ、都会的なものと山岳信仰をつないだ。中国社会には漢民族という幻想の中心がありながら、たえずそれから外れた圏域からの権力が中心を占めてきて、道教はほとんどの場合、それらの中心をはみ出すものとしての役割をになってきた。

## 13　毛沢東の二人の先輩

第Ⅰ章5節「夢の関数《うわさ》」で私はこう書いた。

「もう少し時代が接近していたら、毛沢東が出てきた時に、誰もが『ほら、西郷が来た』と言ったかもしれない。彭徳懐の非難に対して、そうかそれなら自分は湖南に帰ってもう一度農民運動からやろうといった時の毛は、意識して西郷を演じているようだ。二人はよく似ていて、とくに死生観が似ている。毛沢東が、日本の近代化がアジア侵略という姿をとったことによって生み出された『もうひとつの近代』の形式としての農村根拠地の中に自己形成したからというだけではない。二人は深い部分でタオイストだったからである」

当時この原稿を書いたときに、連載していた『遊』編集長の松岡正剛から「連帯の挨拶を送ります」と電話が入った。彼は特にこの箇所に反応して「毛沢東はやっぱりタオイストですよねえ」と言った。このテーマをもっと展開してほしそうだったが、本論ではその後毛沢東を論じられなかった。ここでやっと、単純な政治的文脈だけでなく、毛沢東の「自発動の伝統」とからむ文脈で、改めて毛を取り上げることができる。

毛沢東にはいろいろな顔があった。タオイストと言っても、明確に道家や道教を支持した言葉があるわけではなかった。毛沢東は一度も墨家のことを語らなかったが、少なくとも八路軍のスタイルは墨家そのものだと高田淳（学習院大学名誉教授）が書いていたのにも共感した。そうかと思うと、林彪と孔子を批判するという名目で打ち出した批林批孔運動では、実質は四人組による周恩来批判だったわけだが、毛沢東は法家の立場に立ちさえして、始皇帝を礼賛したこともある。かと思うとごく若いころのノートでは屈原の「離騒」と「九歌」を全文写して自分で注釈を加えている。田中角栄に会った時に『楚辞』をプレゼントしているのはひとつの「謎」なのだが、自分の詩のスタイルはそこに大きな源泉があると伝えたのかもしれない。

いずれにしても、毛沢東は儒家の立場だけではない。子ども時代に寺子屋で論語から初めて四書五経を叩きこまれたが、一通り理解しただけで、共感はしていない。ただ暴風雨の夜ずぶぬれで蔡和森の家に来て書経の「大山林中にあって烈風雷雨にも迷わず」を実践するため大雨の中を岳麓山を降りてきたと説明したことがあったが、なんと書経までも「体育」の本として読んでいたのである。「もはや程朱の理学は光彩をうしない、二度と愛国青年の心をとらえることはなかった。新旧思潮の闘争が全国で日ましに激化し、数千年来の儒教道徳は『新青年』を中心とする新文化運動の攻撃にさらされて、根本からゆらぎはじめていた」（李鋭『毛沢東その青年時代』至誠堂）。程朱とは宋学を代表する程顥、程頤と朱熹のことである。

毛は、章炳麟（章太炎）と譚嗣同からは大きな影響を受けた。二人は広東の康有為や梁啓超と並び、清末の保守派クーデターである戊戌政変で弾圧された側の中心だった。譚嗣同はこの事件で殉死した。章炳麟については、毛沢東は何度も語っている。『人民内部の矛盾を正しく解決する問題について』の最初のテキストでは「七度捜索され、六度とも捕まらなかったが、七度目になってはじめて逮捕された」――章炳麟は中国知識分子の鑑《かがみ》だ、と述べた。五八年にも「章太炎は、青年時代に書いたものは比較的生き生きとして活気があり、反満を目的とし、民主革命に充ちていた」と述べた。晩年にも章の著作を老眼でも読みやすいよう大きな活字で印刷し、中央委員に配った。毛沢東が「倶分進化論」や「五無論」をどのように読んだのかはわからない。漢民族は満州族に対して復仇の権利があるが、漢民族の住んだ土地はもともと他のさまざまな民族がいたので、彼らは漢民族に復仇する権利がある。しかしそこにはもともと動物しかいなかったので、動物たちは人間に復仇する権利がある。帝国主義の弱肉強食の論理を超えるには無政府だけではなく、無人間、無生物主義が必要だと徹底した論理を組み立てた。

譚嗣同については若い毛沢東が同時代に明らかに影響を受けている。三三歳で亡くなる以前に、彼は『仁学』という著作を書いていて、毛はそれを早い時期に読んだようだ。仁学とは仁についての学ではなく、平等のために生命を投げ打つ精神としての仁と、科学の訳語でもあった格致の学を両立させるという意味である。明末清初の湖南の先輩思想家、王船山の気の思想を受け継ぎ、気を「以太《エーテル》」としてこの仁学で全面展開している。「譚嗣同には、早くから『義俠』として知られた回族（寧夏などに多く住んで回教を信じる中国の少数民族）の師について武術を学んでいたという、非儒家的な個人的資質もある」（坂元ひろ子「『仁学』解説」）。仁は天人合一である。「これをマクルーハンふうにいうなら、自己拡張としてのメディアのありかたとして把握しうるだろう。自己を満たすエーテルが宇宙をも社会をも満たしているというのであるから、エーテルこそは自己と宇宙・社会の媒介、紐帯としてのメディアだといえる」（同前）。そして「私の心力」が人に感応して変革を引き起こす。李鋭によれば、毛沢東は「譚嗣同の英霊が宇宙に充ち、二度と死滅すべくもない」と書いている。章炳麟、譚嗣同という二人の先輩を通して、毛沢東は中国近代思想のもっとも鋭敏な、危険な部分を受け継いだ。

## 14 「体育」と「自治」「連合」

毛沢東の最初の公刊された文章は「体育の研究」だった。それは『新青年』一九一七年四月号に掲載された。彼が湖南第一師範学校で体育教育に関わっていた時の文章だ。彼はここで「知育・徳育」と並ぶ体育の重要性を説いた。そして「体育を重んずるなら、まず自分が動くことから始めるべきなのである」と論じ読むだけでない実践の必要を主張した。「知育・徳育」が活性化するためにも、体育は基礎になるべきものだ。「精神を文明化するには、まず肉体を野蛮化することだ」。文を重んずる儒教の伝統の中では、体育重視の主張は革命的である。これは譚嗣同の気論を継承し発展させたものだ。昔の知識人は「山に登れば息がきれ、川を渡れば足がけいれんするありさまだった。それで、かの顔子〔顔回〕は短命だった」といい、「朱子〔朱熹〕は『敬』を主張し、陸子〔陸象山〕は『静』を主張した。『静』とは静かということであり、『敬』は動ではないから、これも静である。老子は『動《うごき》なきを大となす』といった。釈氏〔仏教のこと〕は静寂を追求した。(…)これもひとつの道かもしれないが、わたしは真似しようと思わない。わたしの拙い考えでは、天地の間にあるのは動のみ、であると」。

この宇宙では静は相対的で、動が絶対的である。静かに瞑想しようとしても、かならず体は自ら動き出す。決められた運動と自発的な運動とで「動」の世界が成り立っている。これが活元の世界である。毛はここでは自発動については語っていないがそのような「動」中心の世界観を描いた。自発動というものを「天然の真理」と呼んでいる。「価値の有りや無きやは人為の事なり。是れ真理か否かは天然の事なり」。つまり価値のあるなきは頭でのことで、天然の真理は体でつかみとるしかないとしたのである。これが「大本大源《たいほんたいげん》」である。体が宇宙と一体のものであってこそ本源が心の中に現れると考えた。中国革命の始まりに当たって、この論議がなされたことはもっと注目されてよい。

一九一九年に五四運動が北京で始まり、毛沢東のいる湖南省にも及んで、次々にデモが起こる。省長の張敬堯が露骨に弾圧し、出版物もつぎつぎと刊行禁止になる。駆張運動（張敬堯に対する駆逐運動）が起こってくる。軍閥間の矛盾が大きくなり、張は自ら逃げ出す。このときに毛沢東はこの運動の展望について書く。「私の観察によれば、中国民治の総建設は二〇年以内には完全に望みがない。二〇年はただ準備期である。準備というのはほかならず、ただ一省一省の人民が各自まず整理解決（廃督裁兵、教育実業）にむかうことにのみある。もし今回湖南人が先頭を切れば、陝西、福建、四川、安徽などの同じ状況にある省がその後につづき、一〇数年二〇年後には合して全国的な総解決が得られる」と主張した。この時に「湖南共和国」を提唱する（「湖南建設問題的根本問題――湖南共和国」一九二〇年九月三日）。

ここで毛沢東はアメリカ合衆国をモデルとした省ごとの分離案を出してくる。「湖南は湖南人の湖南である」「この期間には湖南にもっともよいのは、境域を守って自治を行い、湖南を桃源とするよう計画し、外になお他省や中央があるのを知らず、一〇〇年前の北米諸州の中の一州のように自ら処る」ことだ。モンロー主義とまで言っている。また「私は『大中華民国』に反対する。私は『湖南共和国』を主張する」。「二二省三特区両蕃地」に「分かれて二七ヶ国になるのがもっともよい」。「中国の中での湖南は、楚国（周代）－長沙国（漢代）－節度使の地（唐代）－荊湖南道（宋代）－行省（元朝清代）と歴史的に『非自立非自治』『被治の奴隷』の地位に置かれてきて」「湖南の歴史はただ暗黒の歴史だった」と訴えた。これは連邦国家ではなく、国家連合を構想するものだった。

この運動は人民憲法会議の設立、湖南憲法の制定計画と進めていったのだが、肝心の三〇〇〇万の湖南人がまったく無反応だった。「湖南人の頭が明晰ならず、理想なく、大計なきこと、数ヶ月来すでに見通せり」（「『湖南革命政府』が『湖南人民憲法会議』を召集し、『湖南憲法』を制定して『新湖南』を建設せよとの建議」一九二〇年一〇月。三七七人が署名したが執筆は毛沢東）ということになっていた。

毛沢東は「原因を探れば、『中国』の二文字の中にあり、中国の統一のなかにある。現在唯一の方法は中国を解散することであり、統一に反対することだ」（「統一に反対する」一九二〇年一〇月一〇日）とまで言っていたのに、長沙を出て井崗山にたどり着くと、そこは江西省であり、湖南省にこだわっていられなくなった。一九二九年一月の紅軍布告は言う。「中華を統一し、満、モンゴル、回、チベットは自らが章程を定める」。ここで関心の焦点になっているのは、漢民族と満、蒙、回、蔵の関係である。省ごとの独立は放棄されたらしい。この大きなテーマが毛沢東の中でどう成熟しまた放棄されていったかを見ていきたい。つまり一身の自立は天然によってつながっているという「体育の研究」のテーマは、湖南の自立と連合から、次第に全国規模になっていくときに、どう変質していくのか。

一九三一年の中華ソビエト共和国憲法大綱にはこう書かれている。

ソビエト政権の領域内の種族（漢、満、モンゴル、回、チベット、ミャオ、リーと、中国に台湾、高麗〔朝鮮〕、安南〔ベトナム人〕などはソビエト法の下に平等である。

中国ソビエト政権は、中国領域内の少数民族の民族自決権を承認する。さらに、各弱小民族が中国から離脱して独立した国家を自ら成立させる権利を承認する。モンゴル、回、チベット、ミャオ、リー、高麗人など中国領域内に居住するものは、完全な自決権、すなわち中国ソビエト連邦に加入、あるいは離脱すること、あるいは自己の自治区域を建立する権利を有している。

ソビエトというのはソ連のことではない。ロシア語で元来、評議会や会議を意味し、国連と同じような組織形態を指す。国としてのソビエト連邦はロシア、ウクライナ、白ロシア、グルジアなどを中心にたくさんの国、民族が集まっていた。中国でそれと同じように諸民族が集まってソビエトを作ろうとしていた。毛沢東が長い生涯で一番公正な民族観をもっていたのがこの三一年のことではないか。堂々たる自由連邦制が謳われたのである。

それが三九年の「中国革命と中国共産党」になると、全部が「中華民族」だという考えが出てくる。

四億五〇〇〇万の人口のうち、一〇分の九が漢人である。このほか、モンゴル人、回人、チベット人、ウイグル人、ミャオ人、イ人、チワン人、プイ人、朝鮮人など、合わせて数十の少数民族がいて、文化発展の程度は同じではないが、すべて長い歴史をもっている。中国は多数の民族が結合して広大な人口を抱えるひとつの国家である。

しかし中国共産党の中の大多数は、ここに中国民族という網をかぶせずに、ソ連のように、ロシアの中にもたくさんの民族を抱え、ロシアの外にもたくさんの民族国家があるものの連合体を作ったほうがいいと考えていて、ずっと論争があった。毛沢東も「連合政府論」（一九四五年四月二四日）では「国内少数民族に民族自決権および自発的希望による原則の下で、漢民族と連邦国家を建設する権利を認めるよう要求する」と言っていた。

中華人民共和国が成立して五日後の「指示」ではこう言った。「過去の内戦期では、わが党は少数民族を取り込むために国民党の反動統治に反対し、このスローガン（民族自決権）を強調したことがあった。当時としては完全に正しい政策であった。しかし現在では状況が根本的に変化した。国民党の反動統治は基本的に打倒され、わが党が指導する新中国が誕生している」。（一九四九年一〇月六日）

このちょうど一ヶ月前に周恩来が言ったこととつなげて理解すると、わかりやすい。「帝国主義者はチベット、台湾、ウイグルを分裂させようと狙っている」「だから連邦にはしないのである」。こうして「漢民族」はチベットやウイグルを軍事占領しただけでなく、内モンゴルや他の少数民族の地域でもともとの民族が見えなくなってしまうほど「漢民族」を送り込み、事実上少数民族の絶滅化政策を進めてきたのである。

この統合化はどんどん進んでいって、かつてないほどの肥大化した漢民族が成立していくのだろうか。そうではなくて、中華帝国もまたいくつかに分裂していくのだろうか。もちろん不安定要因はある。年収数万円でしか暮らせない人々が一億人以上いるといわれる。農村からの抗議行動は絶え間なく続いている。「よし、じゃあもう一度農村から始めてみようか」という次の時代の毛沢東はいないものか。

農村はともかく、都市的身体の辺境から、天然の真理から攻め上ってくるという思考法は、統治者としての毛からはもう見られない。五〇年代に気功が勃興してきたとき、毛はその積極的推進者にはならなかった。ただ「中西医結合」の範囲で保護しただけである。章炳麟や宋教仁が日本で石川三四郎の誘いで習った岡田式静坐や、趙光らが継承した日本の自発運動「太霊道」など日本の圧倒的な影響下に始まった中国気功が次第にその自らの伝統を掘り起こして発展し、その過程でさまざまな紛い物も生み出してくるのは、また別のストーリーである。

## 15 前衛機能論と横断左翼

10節以降の新稿で「活元運動」から「縄文衝動」、「自立の基礎としての身体」、そして「連合主義」とたどってきたのは、横議横行論をより立体的に理解するためである。明治維新で「発見」された横議横行の概念を、私は一方で抑圧された縄文衝動の系譜（「日本反文化の伝統」）に、他方で「活元運動」を軸とした自発衝動の系譜に置いて、拡張してきた。

もうひとつだけ、触れておきたいことがある。大正－昭和の共産主義理論家だった猪俣津南雄の「横断左翼」の概念である。もはや誰も「左翼」について語らず、考えようともしないが、国家全体がどんどん右傾化していく二度目のプロセスが今進んでいるなかで、「左翼」が踏みとどまって声を上げていくことが何よりも大事だ。しかし、私たちは「戦後左翼」も「新左翼」にももう何事も期待していない。「戦後左翼」と「新左翼」に共通した欠点は、「自分の主張だけが正しい」という立場に立ったことである。その背後には、レーニンやトロツキーなどさまざまな先達の言葉が覆いかぶさり、それぞれが人と違う説を立てて、一党一派を作った。初期毛沢東の言葉を借りれば「知育」で党派を立てるな、「天然の真理」にしたがって自発の理、気に基づいた体育こそが基礎にならなければならない、ということだ。「戦後左翼」も「新左翼」も十分に言葉を病んでいた。言葉で自分を定義できる、言葉によって自分は左翼だと思うことが病だったのだ。それは日本の左翼の始まりからの伝統だった。私は前衛だ、と思う人は、ただ自分のまなぶことができた知識でそう思っているにすぎなかった。だから人を押しのけて論争し、言い負かすことに自分の存在価値はあった。

日本共産党の創設者の一人であり、のちには労農派として社会党の創設者でもありながら、両党を見限って、孤高の理論家の道を歩んだかに見える猪俣は、実はそのような知識人たちの「革命的」社交サロンを抜け出し、労働者農民の現場で、その人々の要求に根差しながら、必要な理論作業を独力で進め、今日に生きる多くの著作を残した。そのキーワードのひとつが「横断左翼」だった。

いま入手しやすい文献でそのことを紹介しよう。而立書房から出ている『横断左翼論と人民戦線』の中にも、横断左翼の言葉は出てこないが、その思考方法はふんだんに出てくる。「日本無産階級運動に対するコミンテルンの批判を読む」が一番まとまっている。

一九二八年八月の『プラウダ』に日本の共産主義運動への批判が掲載された。これはその五月にコミンテルンの執行委員会が行った決議の大要だった。その翻訳を日本の雑誌『文芸戦線』が一〇月号に掲載した。同誌は猪俣にその応答を依頼、一二月号で猪俣は六〇枚弱の長編論文を発表した。そのなかで猪俣は原文を参照していちいち誤訳を指摘している。有名な「封建日本に対する革命は、万里の長城をもってしてもプロレタリア革命と引き離すことはできない」の一節は当初の訳文にはなかったものを猪俣が訳したのである。

いまこの場ではコミンテルンの日本および日本革命についての見解とそれへの猪俣の意見についてはふれない。取り上げたいのは、猪俣が左翼の四分五裂の状態に対するコミンテルンの批判に応答しているところである。

コミンテルンは、(1)労働者の組合組織率は低い、(2)この組織された大部分は中小の労働者で大工場鉱山の労働者はほとんど組織されていない、(3)労働組合は分裂していて大連合体を持っていない、(4)組織労働者の大部分は独立組合に属している、(5)連合体は三つあるがどれも小さく互いに抗争している、(6)自分を左翼と思っている者は小団体に自己を隔離している、(7)農民の組織率はさらに低い、(8)少数の組織農民が四つの団体に分裂している、(9)無産政党が労組の分裂に対応して分裂している、(10)前衛分子が役割を果たしていない、と批判した。福本派はこれを「対立闘争」の「弁証法的発展」の「不可避」「必然」などと自己弁護しているが、それこそが克服されなければならない。労働者を分裂させておきたいのは資本の側だ。それをどう乗り越えていくか。

猪俣は、縦割りにされている産業別と党派別の組織のそれぞれの中に、左翼的な役割を果たせる「個人」がいる。その個人が縦横につながっていくことで不定形の、絶えず変形する「前衛的なもの」が現前していく。前衛党と称する党派のメンバーであるならば前衛なのではなく、その一人一人が現に果たしている役割によって決まる、と考えた。自称前衛党であってもその局面で反動的な役割を果たすこともあるし、右翼組合や中間政党に籍をおいていても、ある時点ではすばらしい積極的な役割を果たすこともある。その者が次の局面ではまた反動的な役割を持つこともある。前衛制度論ではなく、前衛機能論がこれだった。これを横断左翼と呼んだのだ。

A（もっとも左翼的な役割を果たす人）は、その成員の純一なる「マルクス主義的意識」のゆえにAたることができるのではない。Aは、プロレタリア運動の発展の各段階において演ずる独自の役割のゆえにAであり、かかるAの成員としてのみ、成員は戦闘的マルキストである。全運動の楔としての役割をAが演じ得ない時、AはAたることを失うであろう。

八年後、一九三六年の『改造』に書いた「統一運動に現われた労働者大衆の生長」で、猪俣は大阪港南の労働運動の成熟にふれて、またこう論じている。

日本の労働者運動もついに本当の意味の「先進分子」を生み出すような段階にまで到達した。彼らはもはやイデオロギーだけの「先進分子《アドヴァンス・エレメンツ》」なのではない。日々の生産的労働における大衆との接触を断たれて「インテリ化」してしまったそれでもない。彼らこそ、実際に労働する大衆の一人として、大衆の力、連帯性の真の偉力に目覚めつつ、日常の闘争を「幹部」の手から自分達の手に移し始めた人達である。今でこそ「ただの職工」に過ぎないこの人達こそはまた、資本主義社会がつくり出した独異の進歩的要素として、およそ現代において最も偉大な社会的再建の大業を準備し達成すべき資格を持ち始めた人々にほかならぬ。

暗い時代にむかっていたが、猪俣の目にはこの国の希望を育てる人の所在がわかっていた。『横断左翼論と日本人民戦線』の序文として私が書いた一文にはこうある。

この（横断左翼の）理論は当時の運動に多大な害毒を流していた分裂主義および解党主義に対するきびしい実践的批判の性格をもっていたがゆえに、当時の全運動の根本的弱点を照射する鏡となるとともに、進行するファシズム下に最後の抵抗としてくりひろげられた統一運動を深部から意味づけるひとつの重要な理論たりえたのであった。惜しむらくは、時すでにおそく、日本人民戦線は萌芽のうちに暴圧をこうむって潰滅し、猪俣も獄に病んで志半ばにして斃れ去った。

いま横議横行から横断左翼までを振り返ってみる理由というのは、またしても右翼的反動の時代を迎えつつある中で、タテ社会ではないヨコの抵抗組織、そこからくる新しいヨコ社会のあり方を展望してみようという思いからなのである。

# あとがき

『戦略とスタイル』に続いて、私の七〇年代から八〇年代にかけての主要な論文がこういう形でまとめられた。横議横行論とそれからの群衆論、身体論の展開は残念なことにまだ用済みにもなっていないし、思い出深い古典になっているわけでもない。まさにこれから読まれ役立てうるものとして生き生きと現実を照らす文章となっている。それだけ状況を変えることができていないということだから、決して自慢にはならない。新しい世代が新時代の読み方をして、重苦しい現実を切開していくことに役立ててほしい。

もともとは『遊』に連載した「横議横行論」九回分を核にしている。当時の松岡正剛編集長に励まされつつ書いたことを感謝したい。これらの論考の多くはかつての『中央公論』『展望』などの編集者たちと、またたまま両方で持っていた編集顧問会議の論議にさらされて大きな影響を受けた。多くの先輩の皆さんに感謝したい。この「横議横行論」の連載をもとにこの前後の論考を集めてこの本の形にしてくれたのは航思社の大村智さんであり、本当にありがたかった。最後に付け加えた「横議横行論（続）」は昨年春の段階で付け加えたものである。書きはじめてから、追加は膨大なものになり、本文をはるかに上回る規模になることがわかって、いわば「序説」だけでここはおさめた。

最後に大長編力作の解説を書いていただいた酒井隆史氏に感謝する。分量的にも内容的にも圧倒された。この本にもうひとつ、彼の解説がついているからという理由で購読の価値を高めた。

二〇一六年二月一二日

津村　喬

解説

# 一九六八年 持続と転形

酒井隆史

## 1 一九六八年と「事後の生（afterlives）」

本書におさめられた諸テキストは、津村喬によって、一九七三年から一九八一年まで、およそ七〇年代の中盤から後半にわたって発表されながら書籍未収録だった主要テキストをあらたに編集したものである。まず注目すべきは、連載の突然の中断から四半世紀以上へだてて、今回書き下ろされ、完結をみた「横議横行論」であろう。長いときをへだてたむすびでは、かつて、しばしば参照された猪俣都南雄による横断左翼論があらためてとりあげられ、その意義が再確認されている。三〇年前の時点ですでにあらわれていた力点の移動はあるものの、その主張の核心の揺るぎなさは、同時代のおおくの人々のたどった変節の道筋をみるならば、なお瞠目すべきである。そして、その身ぶりは、いま、「一九六八年」という出来事に忠実であるということのもつ現在性《アクチュアリティ》を示唆してやまないだろう。

かつて早熟はめずらしくなかった、あるいはそれに加え、ひとに早熟をうながす特異な時代にめぐりあわせたとはいえ、わたしたちに残された津村喬の七〇年代のテキスト群は、とても二〇代そこそこの若い手で書かれたとはおもえない質と量を誇っている。しかも、かぎられた課題と論点をめぐりながらも、退屈なくり返しというものがあまりみられない。おそらく、そのひとつの理由は、書き手としての力量のみならず、「一九六八年」という出来事の過剰のせいでもあるだろう。そして、あらゆる豊穣な原典が後世におびただしく生産する注釈家――なかでもとりわけすぐれた注釈家――がそうであるように、それは、津村喬というひとが一九六八年の「出来事性」をふかく信じていたためにもちえた創造性であるだろう。一九六八年は、それ以降、現実という注釈＝展開と思考における注釈＝展開を、たがいの相互作用のうちに生産することになった。いま現在においても、である。津村喬の知的な貪欲は、この「事後」の運動への寄与でもある。

津村喬をいま読む意味については、先だって公刊された増補改訂新版『戦略とスタイル』（航思社）の解説で高祖岩三郎が、ほとんど言い尽くしている。それを読むならば、現在の世界でくりひろげられているさまざまな実践や思考と、津村のテキストが、まさに同時代のものとして共振しているのがわかるはずだ。

『戦略とスタイル』の公刊は一九七一年である。それに対して、本書に集められたテキストの執筆、発表の時期は、七〇年代全般にわたっている。したがって、わたしたちは本書をとおして、一九七〇年代、すなわち、一九六八年の afterlives が、津村喬によってどのように生きられたかを想起することになるわけである。この一九六八年を afterlives に注目して把握してみる、という方法はクリスティン・ロスのものである。[*1] 一九六八年という出来事の過剰がもたらした衝撃波が、どのように波及し、分岐し、浸透し、あるいは、熾烈な反動を呼んだのか。ロスによれば、この afterlives ――事後の生――も出来事の核心をなす構成要素とみなすべきなのである。彼女はその「事後の生」へのまなざしを、こんどは一八七一年のパリ・コミューンについてもむけながら、一冊の本を書いている。[*2] わたしがここで「事後の生」ということで念頭においているのは、実はこちらのほうである。ロスはインタビューで次のように述べている。

> わたしがえがいているのは、出来事としてのコミューンの衝撃波が、それにつづく、コミューンの生存者との議論や交流とともに、これらの思想家たちの方法、争点、かれらの選ぶ素材、かれらのおかれた知的・政治的風景を変えた、そのあり方です。要するに、かれらの軌跡です。これらの直接的な余波は、べつの手段による闘争の継続だったのです。かれらは出来事の過剰の一部であり、街頭での最初の行動とおなじく、出来事の論理にとってどこからどこまで決定的なのです。[*3]（強調引用者）

われらが津村喬も多大なる影響をうけ、おそらく「スタイル」という鍵概念をそこからえているとおぼしきアンリ・ルフェーヴルの『パリ・コミューン』[*4]――ロスの本にもその影響の色は濃い――は、コミューンに浸透するスタイルとして「祝祭」をとりだしてみせた。ところが、ロスの場合、焦点化されるのは出来事の余波のほうである。一八七一年のコミューンというおもいもよらぬ出来事のもたらした衝撃波は、凄惨な弾圧のなかでパリからかろうじて脱出した活動家や知識人、芸術家たちと、亡命先での運動や知識人――クロポトキン、セルジュ・ルクリュ、ウィリアム・モリス、そしてマルクスなどなど――との出会いによって、その未分化であいまいな塊を、多様に分岐、展開、変容させ、実践と思想の両面からなる平面上にみずからを刻印していった。とすれば、一九七〇年代もおなじことがいえるはずだ。その出来事の過剰が、そののち、どのように、ときに暴力的に、知覚や感性のありように変容をもたらし、実践の枠の変化を余儀なくさせたのか。そして、それがどのような反動ないし支配の戦略の組み替えを呼び込んだのか。

すなわち、一九七〇年代を、わたしたちは、一九六八年という出来事の衝撃波のもとでの、あたらしい論理や習慣の浸透、分岐、発展、そして、反動、回収、抑圧の抗争する渦巻きのようなものとしてみなしたいのである。いま津村喬を読むということは、その抗争の渦巻きを探査した痕跡をふりかえることである。とりもなおさずそれは、わたしたちのこの世界をも貫通する抗争をみいだすということであり、わたしたちのいま現在の想像や行動の地平を拡張することであり、あるいは、わたした

＊1　クリスティン・ロス『68年5月とその後』箱田徹訳、航思社、二〇一四年。
＊2　Kristin Ross, *Communal Luxury: The Political Imaginary of the Paris Commune*, Verso, 2014.
＊3　Kristin Ross , Manu Goswami, "The Meaning of the Paris Commune," Jacobin, 4 May 2015. https://www.jacobinmag.com/2015/05/kristin-ross-communal-luxury-paris-commune/
＊4　アンリ・ルフェーヴル『パリ・コミューン』河野健二・柴田朝子・西川長夫訳、岩波文庫。

ちの想起に強いられたなだらかな唯一の時間に断層をみいだすということでもある。

一九六〇年代後半から七〇年代にいたる時期は、ベトナム民衆の驚嘆すべき抵抗と、それに鼓舞されるかのように連鎖していった、女性、先住民、人種的マイノリティ、そして学生、労働者の闘争が、第二次大戦後の世界秩序を差配していた巨人アメリカをよろめかせた、そのような時代である。ベトナム民衆と世界の民衆の抵抗は、アメリカ合衆国に膨大な戦費の支出による赤字をもたらし、それはついに、勝ち誇った巨人に敗北をみとめさせ、ニクソン・ショックというかたちで、それまでの支配のかなめであった国際通貨体制を放棄させることになった。そしてそれは、システムの全域にわたって露呈した限界のひとつの集約的表現にすぎなかったのである。かくして、一九七〇年代は、破局の気分にいろどられた時代となる。本書所収のゲッベルス論（第Ⅳ章）は、第一次オイルショックの一九七三年に書かれているのだが、次のような一文がある。

> だが彼が独力である「全体性」のイメージを提出しようとしたとき、それが破局の可能性という形でしか出されなかったというのは非常に興味深い。彼は集会で、ラジオで、敗北の可能性、破局の到来について語った。英国情報部は「ゲッベルスは発狂した」と友邦に打電している。破局の言説が政治宣伝の武器庫に加えられたのはこれが最初であり、これはのちに「ヒロシマ」から「資源危機」「食糧危機」までのカタストロフィの言説の祖型となった。（強調引用者）

この引用は、津村の鋭敏さをものがたる事例のほんのひとつにすぎない。「破局」のイメージがプロパガンダをとおして統治の戦略そのものになりうる、というのである。このナチスにルーツをもとめた同時代診断はまったく色あせていない。二〇〇一年九月一一日の同時多発テロ以来、永続的危機を演出することで統治するという、それこそ惑星的統治体制の形成をわたしたちは目の当たりにしているのだから。ただし、その危機はたんにニセの危機であるというわけではない。津村の好むたとえでいえば、これもまた一九七〇年代に広告《マーケティング》産業を通して定式化された、アリババの戦略、すなわち、革命にあからさまな反革命をもってするのではなく、革命の言説のインフレ——金融革命、ファッション革命、メディア革命、流通革命などなど——によって言葉を減価することで、本来の「革命」という出来事の過剰に回路をあてがい、その潜在力を馴致する戦略である。本書では「七〇年前後のどこかで、日本の社会はいま総体として崩壊しつつある、というイメージというかヴィジョンを、国民の大多数が（左右を、支配者・被支配者を問わず）もってしまった」ともいわれているが、六〇年代の終わりの民衆蜂起をきっかけに、たとえば、よりよき労働の条件をではなく労働そのものとはなにか、女性ももっと参加をではなく、そこでいう参加する社会とはなにか、あるいは女性であるとはなにか、もっと成長の分配をではなく成長とはなにか、このように、問いをどこまでも深化させていくよう、ひとに強いた。そして、それをとおして、システムのはらむ矛盾を限界にまでおしひろげていたのである。支配層はその動きを多大なる危機感をもってうけとめ、かれらの手のうちにあるさまざまな機関とそこに結集した知識人たちが、さまざまな危機の分析と提案を公表し、それがまたときに話題を呼んだ時代でもあった。「武器庫に加えられた政治宣伝としての破局の言説」とは、そのような危機的状況を隠蔽するのではなく、むしろ活用しようとする戦略のもとにある言説のことを示唆している。成長の限界、生態系の限界、民主主義の過剰、災害による破局、そしてノストラダムス（黙示録）的な世界の破局。すなわち、ここから、わたしたちのこの資本制の、前方への逃走がはじまったのである。いまからふりかえれば、一九七〇年代の後半は、これからもかなり長期にわたってつづくであろう、深遠なる危機の時代の端緒であった。戦後を形成してきた特定の秩序——フォーディズム的体制、福祉国家体制といわれたもの——の決定的崩壊がはじまっただけでなく、そこに先ほど述べた成長の限界や生態系の危機といった、はるかに長期の危機が折り重なったのである。それ以降、わたしたちは、ネオリベラリズムの席巻、冷戦の崩壊、民族内戦、気候温暖化、「テロとの戦争」、金融危機、災害、原発事故、排外主義の台頭、などなど、さまざまの現象をまのあたりにし、その意味を考えあぐねながら、いまにいたっている。本書に収められたテキストは、現代をもさらにふかく沈み込んでいる漂流のはじまりそのものにあって、その巨大な変化のうちにつらぬいている諸力の運動——その多くがなくなってはいないのに、いまではみえにくくなったもの——を記録したものであるともいえる。

## 2　本書の読み方——ひとつの示唆

基本的に書物というものは、読者がいれば読者の数だけ、あるいは、読書という行為の数だけといったほうがいいかもしれないが、経験にひらかれているものである。それは、最初の頁から読まれてもいいし、断片的に読まれてもよい。お気に入りの頁が破かれ、ポケットにつっこまれ、それだけいくどもくりかえし読まれてもよいだろう。とりわけ、津村のように方法的に「引用」であること、引用であることをひとつの出来事の経験の核心として表現しようとした理論家のテキストであればなおさらそうだ。だが、このような解説をあえて付すことの意味として、現代の読者に橋渡しをするという意味があるとしたら、ひとつ示唆をさせていただいてもよいだろう。もちろん無視されてもかまわない。

本書には一九七〇年代の最後の年に書かれた全共闘についての簡潔にまとめられたすばらしいテキスト「**異化する身体の経験**」が第Ⅵ章としておさめられている。津村喬の怒濤のように固有名の浮沈する饒舌なテキストは、ほぼすべて、「一九六八年」――現実の三六五日かそこらというより、この年を中心とする数年にわたる時代の巨大な断層を象徴する出来事の経験に由来しているといってもいいだろう。一九七九年に発表されたこのテキストは、一〇年を経過して、あらためて「一九六八年」とは、すなわち全共闘運動とはなんだったのかをふりかえったものである。膨大な思考と言葉をついやしたあとではじめて可能であるような、明晰な簡潔さをもった美しい結晶のような文章であるともう。つまり、このテキストは、本書にもおさめられた、そのかんに書き継がれた膨大なテキスト群を経由し、ねりあげられることによってはじめてあらわれることができたのだろうし、それらのテキストはすべて、たとえなんのテーマをとりあげていても、同時に、一九六八年、六九年の経験の意味を問うものでもあるだろう。そしてそのことが、全共闘とはなにかを直截に考察したみじかいテキストに、逆に諸テキストを照らしだす光源としているようにもみえるのだ。とりわけ、いま同時代を共有しない読者にとってはそうであるのではあるまいか。

そのまえに一点、確認をしておかねばならない。最近公刊された増補改訂新版『戦略とスタイル』

の「まえがき」で津村もあらためて整理しているように、一九六八、六九年の全共闘運動とふつう名づけられている出来事において、その種別性、つまり、それ以前の運動とそれを区別する要素が「ノンセクト・ラディカル」の存在であった。そもそも全共闘とはなんだろうか。「全学共闘会議」の略称であり、「学部ごとに党派系列の違う自治会・闘争機関の方針調整や、連絡機関としてつくられたというのがもともとの意味」であった。それがのちに自治会基盤をもたないノンセクト学生らをはじめとする「『活動家』の自発的闘争機関として、非制度的な性質を強め」[*5]ていく、といった経緯をたどっていく。すなわち、党派支配のもとで形骸化する傾向にあった代議制である自治会、「ポツダム自治会」（お上からあたえられた組織）と揶揄されていた自治会を迂回するかたちで、直接的参加と自治を志向する部分が全共闘の意味を変えていったわけである。このように諸団体、諸組織、諸セクションのあいだの共闘を指す一般的な意味があるために、全共闘の意味は混乱しがちであるが、基本的には二つに区別しなければならない。ひとつは「六〇年代初頭までの全学連と同じスタイルを持っていて、名前だけ新しくした人たち」[*6]。基本的には既成党派によって構成された「統一戦線」である。もうひとつは「まったく新しい組織原理」を意味している場合。以下で全共闘という場合、その後者の「本来的」意味を指している。その主体がノンセクト・ラディカルであった。津村自身の最近の定義によれば、ノンセクトとは、「セクトに従わないことに大きな価値を見いだ」しており、「『一人で決断する』『一人で参加しても集団は変わる』ことを原理」にしていた潮流のことである。できあいの組織に帰属しないそうした人々が現出させた潮流が、固有の意味での一九六八年を特徴づけており、そこには、当時の世界の運動がおおかれすくなかれもっていた、代表制民主主義あるいは代行主義の拒絶と、直接民主主義、自主管理、自治という傾向がみられたのである。

運動が「既存の組織に属さない個人の自発的参加」によって形成されるのは最近のことではないか、とおもう読者もいるかもしれない。このフレーズは強迫反復のように、この時代――実は一九六〇年の安保闘争のさいも「既存の組織に属さない個人の自発的参加」が「あたらしさ」と称揚されている――以降、運動がマスコミに可視化されるたびにジャーナリストや学者によってくり返される紋切り型である。それでは、なぜこのようになんども「あたらしさ」がくり返されるのか。それには理由がある。まずひとつ。資本主義固有の「あたらしさ」の病。おなじものでもパッケージを変えなければ売れないということだ。次に、日本社会の傾向的な特徴とされる蓄積の不在。それまでの議論も経験もなにも蓄積されることなくしばらくすると忘れられるから、ふるいものもあたらしいようにみえるだけである。そして最後のこの点が重要であるが、「一九六八年」の決定的なあたらしさを抹消し、記憶から抑圧すること。のちに述べるように、これは日本のみならず、一九六八年の埋葬のために機能する言説のとる典型的な形態でもある。

もうすこし大きな文脈についてふれておこう。ノンセクト・ラディカルが、おおよそ一九六〇年の安保闘争を前後して日本共産党など既存の左翼と決別してあらわれた、新左翼の潮流から生まれたことはまちがいない。ただ、それを具体的にイメージするとき、画然とした境界をもつ独自のかたまり

＊5　道場親信『占領と平和』青土社、二〇〇五年、四七三頁。
＊6　津村喬『戦略とスタイル　増補改訂新版』航思社、二〇一五年、八頁。

として忽然とあらわれた、というふうにえがいてしまうとあやまってしまう。むろんヘルメットの色やゲバ字の字体などの外見上での区別もあった。が、おなじ課題をめぐって、新左翼と——ときには旧左翼とも——混然となってたたかうことが多かった。というよりも、ノンセクトという存在自体が、もともと、このような組織的闘争の周縁から生まれてきたといってよい。だが、たとえ外からみた場合、混然と肩をならべているようにみえても、そこには決定的な区別があった。たとえ課題を共有していても、それをたたかうやり方、すなわち、スタイル、作風が決定的に異なっていたのである。そして、そのスタイルが異なっているということが死活的に重要でもあったのである。したがって、ここではひとまず、ノンセクトを左翼とも新左翼ともひとまず区別すべきなのである。そうしないと、思想性の決定的な違いももちろんあるが、固有の意味での全共闘運動の生成の条件をなす現場の力学がみえにくくなってしまう。

ノンセクト・ラディカルは、戦後体制を、支配体制と（新左翼諸党派ふくむ）戦後革新勢力の二重構造のもとにあるとみなし、その総体を相対化し、対決した。かんたんにいうと、右翼と左翼——それは世界的水準での東西対立、資本主義陣営／社会主義陣営の冷戦がかさねられた——が対立しているとみなすことなく、支配的な右翼に対して一見したところでは左翼（と新左翼諸党派）があらがっているようにみえるが、実はおなじ穴の狢である、あるいはそれどころか共謀してひとつの支配体制を形成している、といった認識がある。新左翼諸党派（あるいはトロツキスト的）による社会主義陣営への批判——スターリニズム批判——をノンセクトがさらに徹底することができたのは、抽象的な分析の帰結というよりも、この左右両極からの抑圧と反発の力学が、大学において、しばしば剝きだしの暴力性をもって具体的に展開されていた、ということがあるだろう。正統派／新左翼セクトはともに、運動の大衆的展開をみずからの主導のもとに統合することに執心し、それからはみでるものの抑圧にいそしみながら、キャンパス内自警団の役割をはたしていた。

このような趨勢は、一九六八年、世界的に同時に起きたものだった。つまり、それまで、資本主義／社会主義体制のどちらかに系列化され代理戦争的な性格を帯びた国内の闘争が、その総体を拒絶する動きとしてあらわれたのである。すなわち、資本主義陣営／社会主義陣営の対立を、対立のみせかけのうちに共謀して世界を管理する体制を構築しているとみなし、その総体と決別する闘争と世界観を構築しはじめたのである。とりたててそれが、一九六八年に突然あらわれたわけではない。そこにいたるには、長期にわたる、民族解放闘争、非同盟諸国や第三世界の台頭、先進国内のマイノリティの闘争などが、実践と認識の切断を準備していた。そして、そうした動きが折り重なりあい、組織形態や革命のイメージの大きな転換として爆発したのが一九六八年だったのである。第Ⅵ章では、この時代におきた国際主義の意味の転換にふれられている――インターナショナリズムかナショナリズムかという二分を超えた――が、ここを理解しないと、毛沢東の中国の評価、「第三世界主義」、この時代のみならず、「三・一一以降」といわれる現代までの時代の流れ、あるいは「一九六八年」をきっかけにして生まれた知的いとなみの数々（「ポストモダン」といわれるものをはじめ）がすべて理解できなくなる。

ここでひとつ述べておかねばならない。一九八〇年代後半に大学生であったわたしはここで、ノンセクト・ラディカルについて本で読み知ったことをならべているのではない。たんにじぶんたちの経験したこと、「じぶんたちのこと」を述べているのである。このノンセクトを主体とした全共闘スタイルは、津村喬の去ったあと一〇年以上たったその当のキャンパス――わたしは津村喬の「後輩」にあたる――においても生き生きと息づいていた（わたしはそのほんの周縁にあってなにごとにも消極的であったし、このような役回りはわたしに適任ともまったくおもえないのだが、ともかくも衝撃波をもろにこうむってしまったのだから、ここで書きとめておこうと腹を決めた）。ノンセクトというか、組織に属さないさまざまな課題ごとの諸集合体（諸戦線）からなる、境界もはっきりしない連合体である。むろん、全共闘の時代のように、時代現象の色を帯びることはまったくなかったし、活発ではあったがふだんの活動は地味そのものだった。それに、そこまでの人的力量もなかった。それに、本書ではふれたところはないとおもうが、わたしたちのキャンパスを上と下から支配していた構図、当局とふたつのセクトの微妙な絡み合いによって作動する機構はおなじであり、自由に課題を設定し、自由に行動するにはさまざまな制約がかけられた。それでもしばしば、大学が揺らぐような闘争もあった。「横断左翼論」を津村がとりあげ、その「横断性」をノンセクトのありかたとつなげるとき、わたしには即座に、具体的なイメージが浮かぶ。各棟の地下部室を地下茎のようにはりめぐらされていた網の目と、その空間に保証された境界のあいまいな人的ネットワークであり、そこをつたってうごめく有象無象の人間たちである。そして、さまざまなサークルや機関に、すこしずつ、その強弱はともかく「機能」する人間たちがいて、交錯し合っていた。津村のいう「前衛」、つまり、「状況によってたえず離合集散するけれども、前衛の役割を果たす」という点も、決して理念的のみならず具体的によくわかる。持続的な組織がなくとも（それらからふだんはバカにされいじめられていても）、たとえ少数でも、いざ状況が流動化すると、このネットワークが作動をはじめ、少数が三倍、四倍にも増え、さらに「野次馬」参加が折り重なり、党派による組織を超えて事態を動かしていく。そして、事態が収束すると、ふたたび少数の核からなる諸戦線と、あいまいな人的ネットワークにかえっていく、といった力学である。この力学はのちに世界のさまざまな近代の大衆運動を知るようになって、かなり普遍的な論理であることもわかった。

このような状況だったから、「一九六八年」とか全共闘なるものはあまりに近すぎたともいえる。つまり、それはわたしたちを包んでいる空気でもあったから、じぶんたちとは切り離されたものとして対象化するようなこともあまりなかった——ことわっておかねばならないが、これは周縁の周縁にあった、わたしのきわめて主観的な感覚である。もちろん、わたしたちのもつ作風の多くが、全共闘の時代のノンセクトのそれに由来するものであるということは知っていたし、闘争の経緯についての基本的な知識は多かれ少なかれ共有されていたが、とくに関心のある人間をのぞいては、さしてオリジナルを意識することもなかったようにおもう。この点はあとですこし述べたいが、オリジナルは問題にならないし問題にしないという仕方で、わたしたちは全共闘の作風を共有していたのである。それは教祖をもたない、とか、経験によってヒエラルキーをつくらない——先輩は先輩というだけでエラくない——という発想とあきらかに相関関係があった。だからといってそれは、決して経験を尊重しないということにはつながらない。むしろ逆であった。経験とは貴重でただ一回のそして個別のものであり、だからわたしたちは尊重しなければならない。だが、それを権力に転化しないかたちで、なのである。これは、特定の特権的な「現場」を設定し、そこでの活動にむけられた精力の軽重で発言権に多寡をあたえたり、だれかがだれかを抑え込む権利をあたえたりすることになる「現場主義」をなるべく遠ざける、といった暗黙のルールともむすびついていた（簡単にいうと、「じぶんはこんなにがんばっているが、おまえはそうではないからなにもいうな、おれにしたがえ」というような感じはナシということである）。しばしば、この時代の「運動経験者」が、あたかも運動総体を総括できるような特権性をふりまわして語るような場面に出会うわけである（たいがい著名人だから読者もよく目にするだろう）が、基本的には、なんというのか、あまり関係がないというところであった。いまからおもえば、わたしたちは「事後の生」を生きていたのである。全共闘運動なるもの、一九六八年なるものは、当然、個別の闘いは物理的には消えはするが、なんにも終わったものではなかった（いまでも終わっていない）。だから、そもそも「総括」されるような特権性はみとめられない――というよりまったく実感と一致しない――し、そのような特権性を騙る人間がいるとしたら、わたしたちにとってのそれとはなにかべつのことを言っているのだ、というところだったのである。ただ、もうひとつくわえておくが、事後の生といっても、おそらくわたしたちは、六八年をそれほど特別視していたわけではなかった。運動というものはたいがいそういうものなのかもしれないが、一九六〇年、一九五〇年代、そして戦前からおよんでいる、さまざまな時間の持続のうちにある、さまざまな先達の連続性のうちにある、という感覚がただよっていた。そのように特定の時代に特権性を付与することを拒絶するやり方もまた、逆説的でややこしくはあるが、六八年のもたらしたその作風のひとつではあったとおもう。

わたしたちにとって、津村喬のテキストは、差別問題にとりくむときのひとつの必須の文献ではあっても、ノンセクトの原理を確立するものというふうに接したことはなかった。すくなくともわたし自身はそうだった。そもそも、そのようなものをポジティヴに言表するのはなんとなく封じられていたような機運があり、それがセクトとじぶんたちを分かつ線とみなされていたようにもおもう。ノンセクトを「ノンセクト」として外にむけて表明することも忌避されていた——そのようなかたちで特定の組織とみずからを差別化する発想こそがセクト的であるというような発想だったようにおもう。考えてみれば、それこそが、ノンセクト・ラディカルとはなによりも「作風」であり「スタイル」ということの意味だったのだろう。そもそも、ノンセクト・ラディカルとは、エーテルのようなものであり、それによって諸戦線の微妙な色合いの違い、個々人の思想性の違い、行動原理の違い、そしてそれらがときに衝突はしても、自律性は担保されるように作用していたのだ。要するに、スタイルであり作風だったということだ。わたしは、いつも当時のことをおもいだすとき、この作風にこそ、しばしば驚嘆したこともあったことをおもいだす。研究者として、一九六八年をあらためて対象化しようとして、そのような意図をもって津村喬のテキストもあらためて読んではじめて、どれほど深いところ、微細なところで、つまり、組織方法のみならず、発想の微細な方法、思考のクセ、かまえなどが時代をこえて共有されているかも理解されたのである。そして、これはいそいでつけくわえておかねばならないが、狭い意味での運動の文脈を超えて、もちろん多数派とはいえないが、多かれ少なかれ、この時代の社会のうちに共有されていたものでもあった。さらにこれもつけくわえておかねばならないが、この作風は、現代にいたるまで、目立ったり目立たなかったりの帰趨をくり返しつつ、日本においても脈打っているものである。そしてもうひとつつけくわえておくが、いまも世界のさまざまなたたかいの場において、このエートスをもっていれば、すぐにたくさんの人たちと仲間になれる。

## 3　大衆ラディカリズムと直接性

第Ⅵ章では「(…)どうも『全共闘以後』というのは『戦後』という分かれ目と同じほど、いや、もしかしたらそれ以上に決定的な精神的断絶があったのではないか(…)」といわれている。「全共闘とまったく異質な組織原理に立つ諸党派の中にも、また政治運動に何の関心もなく企業人となった者の中にも『全共闘以後』のおもかげはいくらでも見られる。住民運動や労働運動と接していても、しばしばそれを実感する」。先ほど述べたように、このことはわたしじしんの実感からもいえるが、いま確認すべきは、一九七〇年代の終わりには、このような表現が、すくなくともいくぶんかは説得力をもちえた状況があったということである。ここで津村は年長の理論家である長崎浩の言葉を引用している。「さまざまな分野で起る急進的大衆運動が、相互にしめし合せたのでなくとも、おしなべて『全共闘以降』のスタイルをとるという事実のことです。(…)こうした運動スタイルは、『新左翼』とか『全共闘』とか、その発見者の手からいまやすでに離れて、日本の民衆のうちに、反権力闘争のあり方に関する大衆的な記憶として蓄積されている[*7](…)」。次のようにもいわれる。「だから、この潮流のなかで、『新左翼』も『全共闘』も、すべて相対化されるのです。つまり、いまの急進的運動を、とりたてて新左翼や全共闘の名前で語る必要はいまやまったくなくなっているのです。一回限りの切実な体験として安保や全共闘を闘った者にとっては、これはなにか拍子ぬけに感じられます。としても、『新左翼』を継承すべき理由はなにもなく、継承すべきなのは、ただ、その根にある大衆的党派性ともいうべき急進主義の流れだけなのです[*8](…)」。

ここで注意したいのは、全共闘スタイルの形成について六〇年安保闘争以来の試行錯誤の結果ということが強調されていること、さらに全共闘という運動スタイルに結晶されたが、それ自体は一回性の出来事から大衆的急進主義のスタイルとして定着をみせたということ、である。すなわち、固有名をもってかたられる歴史的出来事が、一般名詞としての作風となって拡がっていったこと、そして、それがむしろ全共闘運動の核心であると述べられているのである。

ここで**第Ⅱ章「群衆は増殖する」**に注目してみたい。およそ原稿用紙一〇〇枚になる一九七五年に発表された長大なテキストである（それにしても『中央公論』がこのようなテキストを掲載していた時代があったのである）。このテキストはいくつかの点できわめて重要である。ひとつは、一九六八年以降の展開が、必然的に群衆論を必要とすること、そしてその意味である。もうひとつは、一九七〇年代の諸状況に内在しているところ、同時代にあって、その転形と持続がどう把握されているか、という点である。このテキストでは次のようにいわれている。

> 六八、六九年の大学を舞台とした祝祭の群衆が去ったあとで登場した七〇年代の群衆は、基本的に迫害群衆であった。公害と開発に反対する住民闘争、そして消費者運動は、具体的な怒りを抱き、直接の敵をもっていた。三里塚や富士川火力をはじめとして、「武装した学生軍団」よりもは

---

＊7　『全共闘　解体と現在』田畑書店、一九七八年、三三三頁。

＊8　同前、三三二頁。

るかに徹底した反権力の暴力を行使しえた群衆の形成例を、われわれはいくつも挙げることができる。局部的であれ、秩序の顚覆をめざす群衆がたちあらわれ、その裾野ははかりしれなかった。

近年の顕著な知的傾向に一九七〇年代の忘却というものがあるが、それがなにを忘却しようとしているのか、この一節はよくしめしている。「過激派」学生などよりはるかに徹底して反権力たりえた、とここでいわれている大衆（運動）の存在である。先ほど、「あたらしさ」の強迫反復の理由に全共闘というかノンセクト・ラディカルの「あたらしさ」の抑圧があるといったが、より正確にいえば、その核心には一九七〇年代に固有名から一般名詞に変貌して展開を示した「大衆的急進主義」、すなわち「大衆ラディカリズム」の抑圧がある。つまるところそれこそ、一九六八年の「断絶」を表現する要素でもある。津村の以上の文章は、「事実、『暗闇でいいじゃないか』というところまで電力公害に反対する立場が徹底しないことには、不払い運動という攻撃的消費者運動はあらわれなかったはずである」というふうにつづくわけだが、これは一九七四年の松下竜一による著名なテキスト『暗闇の思想を』[*9]を念頭においてのものであろう。そこからすこし引用をしてみたい。

電力会社の節電呼びかけ広告の正体は、実は「節電」がねらいではない。どうせ電力文化にどっぷりと溺れこんだ、脆弱化した民衆は、節電など出来ようはずもないと見越して、節電せねば今にもテレビやクーラーの止まるが如く深刻感をあおり、つづまりは発電所建設反対住民を「地域エゴ」という民衆の敵呼ばわりし、孤立に追い込んでいく迂回作戦であることは間違いない。

確かに浪費に慣れ過ぎた私たちは「節電」など苦手であろう。だがいっそ、きっぱりと「停電」を決めて時間実施でも始めれば、そのような「状況」には、またたく間に順応していくだろう。まさにこのように考えてきて、「電力危機」こそ支配者的思考なのだと気付く。なぜなら、電力不足到来がさして私たちの危機ではないのだとわかれば、危機の正体は、今しきりに危機をいい立てている者たちにとっての危機だとわかってくる。

そのように、支配者にとっての危機を、あたかも被支配者である私たち民衆の危機の如く受けとめて、支配者的思考に迎合していく短絡は、どうして生まれるのかを考えていけば、それはどうやら「教育」に根があるらしいと見えてくる。ひょっとしたら学校教育の大きな部分は、被支配者に支配者的思考を吹きこんでいく努力についやされているのではないかとさえ思われてくる。

絶望的でもあるのは、この批判が、福島原発事故以来のわたしたちの社会も寸分たがわず射貫いてしまうというばかりでなく、このような根源的な批判すらみえなくなってしまったことである。支配者的思考を身につける場所としての「教育」という視点は、あきらかに、名ばかり有名な「大学解体」というスローガンが本当に意味していたことと強く共鳴している。いま、市場原理や自己責任をたてにしながらの大学改革について、「大学解体がこのようなかたちで実現された」と揶揄されるの

＊9　松下竜一『暗闇の思想を――火電阻止運動の論理』（朝日新聞社、一九七四年）所収。同書は現在、影書房版（『暗闇の思想を／明神の小さな海岸にて』二〇一二年）が入手可能。

をしばしば眼にすることもあるし、じぶんも一度ぐらいは言ってしまったような記憶がある。たしかに、その担い手が、かつて全共闘運動に深くかかわっていたとしたら、その揶揄にも意味がないわけではない。だが、それは基本的にはミスリーディングである。「大学解体」に込められた思想的意味からしたら、解体すべき大学は強化されてしまった、というべきだろう。そこにおいては、現代のような産業や軍事と一体化し、ますますこの社会のヒエラルキーの再生産に寄与するような、知の制度のあり方そのものが「解体」されるべき、と主張されていたのだから。この時代の学園闘争は、学費値上げ、サークル棟の管理、大学の腐敗といった個別課題から入ったとしても、ただちに、わたしたちの社会において、高度化する資本制のもとでの大学のありかたそのもの、あるいは大学が生産に大きく寄与している知的な営為そのものを問題にふすというラディカルなものに展開していった。第4章にあるように、「能力」なるものによってヒエラルキーを生産／再生産し、知的なものをその再生産に加担するものとしているのが現在の大学であり、その頂点に東大があるのだとしたら、その生産は直接に止められねばならない。これは、知の内容を進歩的かそうでないか、で測定し、否定したり肯定したりしていたそれまでの教育に対する考え方そのものを転覆するものだった。どのように知の内容が進歩的であっても、それが、差別選別のヒエラルキーを再生産するものであり、専門家支配に寄与するものであるとしたら、それ自体の存立が疑問にふされねばならない。そして、この発端の問題意識は、一九七〇年代にはさらにつきつめられ、知が権力とむすびついて果たすその機能——「知-権力」と表記される——が、より歴史的・思想的に問われるようになった。このようなあたらしい知は、それ自体が、衝撃波の「事後の生」であったが、やがて、アカデミズムに再統合され、その転覆的ポテンシャルは失われる（じぶんが無縁であったとはまったくいわない）。しかし、福島第一原発の爆発以降あきらかになったように、大学アカデミズムとエネルギー産業、政府、軍事の一体となった複合体が、いかに作用しているかをみれば、知と権力の交錯する作用が問われるようになった、その理念が依然もつアクチュアリティがよくわかるはずである。そのような問いの提起される文脈には、知による軍事への加担のみならず、高度成長のただなかで公害が表面化し——水俣病、四日市ぜんそく、イタイイタイ病など——、研究者が知と権威を駆使して、苦しむ人々の側ではなく政府の側にたち、虚偽や隠蔽に加担するという状況もあった。そのようななかで、一方では、知の自由で創造的な生産の場として、大学を下から変容させる試みである自主講座などの実践がつづけられた。たとえ、制度的変化という点ではめざましい成果をあげなかったにしても、全共闘がとなえた否定的でセンセーショナルなスローガンの背景には、知の機能の組み替えの実践と実験が展開していたのである。

作家松下竜一にもどろう。かれ自身、一九六八年の「事後の生」を濃密に生きた、おそらく決して少なくない「大衆」のひとりであった。松下の軌跡は、一九六九年のそのデビュー作『豆腐屋の四季』において、豆腐屋としてのつつましい日常、その心情をえがき、同世代の政治的な「暴力学生」に地道に生活をいとなむ「模範青年」として対置され称賛をうけた。その後、作家として自律、地域で開発に対決する女性たちの取材をもとにしたルポを執筆したり、地元大分の中津で電力コンビナート反対運動を主体的にになっていくなかから、「暗闇の思想」が生みだされた。その過程で、模範青年のかれは、地域共同体からの疎外はもちろんのこと、既成組織——日本共産党——からも「トロツキスト」という罵声を浴びることになる。松下は、そこでえられた仲間から孤立しても、東アジア反日武装戦線についてのルポを執筆しつづけ、決して支持はしないもののその心情に理解をおよぼそうとこころみた。そのようなかたちで、一九六八年という出来事の過剰の衝撃波によって変身をくり返し、ひとつの分岐する線を体現した「大衆」があったのである。いまから読むならば、かれの「素朴さ」は豆腐屋の青年のそれと変わるところはない。そして、その「素朴さ」というか「反政治」的態度を通すなかから、電力会社と行政がくり出すごまかしまじりの「科学的知」をうたがい、みずからの手でつみあげた「知」によってそれを転覆していくのである。そして、この「素朴さ」すなわち直接性こそ、大衆とラディカリズムの共振する地点であった。津村が、七〇年代はじめに対抗的運動の志向性を、政治主義的合理主義、暴力の絶対への要求（七〇年代後半にいくにつれて消えていった）、地域の発見と三つに区分し、その最後の項目にもっとも大きな比重をあたえているのも（『戦略とスタイル』）、松下竜一のようなひとが決してまれな例とはいえないほど存在して、そこに全共闘スタイルを身につけた人々の流入とともに日本全国で住民としての課題にとりくみつつ、根源的な問い返しを継続していたからである。

ノンセクト・ラディカルの形成において、「大衆ラディカリズム」の存在とそれが認識にもたらした地平は大きなものであったとすれば、それは、なによりもまず、ノンセクト自身「大衆」であったからである。すなわち、正統派（日本共産党）反対派（新左翼諸党派）問わず、党派的組織に属さない分厚い層が動くことによって舞台に登場した「学生大衆」であった。消極的にいえば「ノンポリ」であり、それが意識的な反省をくわえられ積極的になると「反政治」となる。津村喬が「一般暴力学生」という造語で示そうとしているのは、そのような微妙な事情である。

マスコミは、「一般学生」対「暴力学生」の図式にこだわっていたが、それは理由のないことでなかった。政治が党派活動家に独占されていることと、学生たちが日常性に押しこめられていることとは表裏一体のことだった。全共闘運動とは、日常性のただなかにあって日常性を超えることだったから、それは「一般暴力学生」によってになわれた。

「一般的なもの（ふつうの大衆など）」と「逸脱的なもの（「暴徒」「過激派」「挑発者」など）」を対置する図式は、いくつかのヴァリエーションをもちながら、いまにいたるまでいくども反復されている。その図式は、学生の日常性への押し込め（受動性）と党派活動家の政治の独占（能動性）という区画をあてがうことで、既存のヒエラルキーを再生産するための装置である。こう考えると、全共闘運動のもたらしたものの核心のひとつがあきらかになる。境界の攪乱である。本来、受動的であるべき存在が能動性をもってたちあらわれたのが全共闘運動におけるノンセクト・ラディカルという存在であり、大衆運動についても、こんどは直接に政党組織と入れかえればそのまま置き換えることができるのである。

元東大全共闘委員長の山本義隆は一九六八年はじめの北区王子の米軍野戦病院撤廃闘争――ベトナム戦争への加担をとめるという意味での直接行動だった――をふりかえりながら、「群集」「野次馬」の存在について、重要な指摘をおこなっている。

この王子闘争の特異な様相は、行った人はよく知っているけれども行かなかった人は全然知らないものでした。というのも、たとえば三派全学連の諸君の野戦病院正門前の座り込みに機動隊が襲いかかろうとしたときに、間に入って学生を護ろうとしたのが地元の人たちであったようなことは、新聞には書かれていません。そしてまた新聞では単に、三派全学連が帰った後、野次馬が暴れているとしか書いてありませんでしたから。本当は「野次馬」と言うより「群集」というほうが現実に近いと思いますが、現場には見物人だけではなく、個人参加あるいは小集団の参加者がいっぱいいて――この時の三派全学連は、ある意味、スケジュール闘争的なところもあったのですが（…）全学連や反戦の舞台が引きあげた後に、それらの人たちの多くが地元の人たちとともに残って、皆でわいわいやっていました。多いときには万単位の数の「群集」、マスコミの言う「野次馬」が集まっていたのです。[*10]

山本は次のようにいう。この「無党派《ノンセクト》」の傾向が顕著にあらわれはじめたのは、六七年である。そして、六〇年安保になかったのはこの群衆である、と。たしかに、一九六七年の佐世保のエンタープライズ阻止闘争記録をみても、初期の三里塚闘争、あるいは日大闘争の記録をみても、[*11]このような境界攪乱的な「野次馬」的大衆の行動が、現地でのその活気をかたちづくっていたのはたしかである。ただしこれは、この時代に特有の現象ではない。山本自身も、「60年の大衆のなかにもそのようなラディカリズムは潜在していたのだろう（…）」が、それが「注目されることはなかったのだろう」とつけくわえるのを忘れていない。じっさい、一九六〇年安保闘争のさいにも、調べていくと、しばしばこの群衆があらわれては、学生を弾圧からまもったり、むしろみずからが突破者として立ち現れる局面がみられるのである。このような多かれ少なかれ組織性をもった集団と群衆ないし個人の相互作用がダイナミズムを生む局面は歴史上、かなり一般的にみられるもののようだ。

メディアには「暴れる野次馬」としてしかあらわれないが、「行った人はよく知っているけれども行かなかった人は全然知らない」、このような人間の流動性が、のちの全共闘におけるノンセクト・ラディカルの台頭の核心となっていくわけである。まさに、この境界の攪乱に、わたしたちは六八年核心のひとつをみなければならない。「行かなかった人は全然知らない」というのは、メディアのスペクタクルには、いかにも収まりにくい、すなわち、「大衆」は主体的に「ラディカル」な行動をとるはずはない——おとなしいか粗暴に暴れるか——あいいれない強固なおもい込み、というよりは、差別まじりの規範が作用しているからである。

長崎浩の先ほどの分析にしたがうならば、このような潜在的動きが、大学でノンセクトによる全共闘方式というかたちでスタイルとなり、あらためてそれは住民運動へと返され、「民衆的記憶」として定着をみせた、といえるだろうか。そのさい、共通点としてあげるべきは、先ほどふれた「直接性」である。この点も、現代では、すこしおさらいをしておかねばならない。

直接行動という言葉がある。非暴力直接行動というふうに、頭に非暴力をつけることもある。この言葉はもちろん、議会制、代表制を介した、近代のある時点から、唯一正統とみなされる傾向をもっ

＊10　山本義隆『私の1960年代』金曜日、二〇一五年、一〇〇 - 一〇一頁。
＊11　とりわけ三橋俊明『路上の全共闘1968』（河出書房新社、二〇一〇年）を参照のこと。

た間接的な政治参加に対置される政治の行使の形態である。だからしばしば、それは非合法的な行動の形態をとる。いまの日本であれば、デモに一元化されて理解されるきらいがあるが、しかし、直接行動とは、もともとは、代表制や迂回路を介さずに、直接に目標を達成しようという志向性である。全共闘運動に直接つながっていく出来事としては、一九六六年、機関銃工場である東京都田無市の日特金属への「襲撃」があり、それにつづく、一連の軍需企業への直接の抗議行動がある。[*12] これらは少数のアナキスト・グループ(ベトナム反戦直接行動委員会)によるものであったが、非暴力的な原則が守られ、損害は軽微であったにもかかわらず、マスメディアや既成諸勢力からの多大なるバッシング、大々的な弾圧があたえられ、そして一部の人々には深遠な影響力をあたえることになる。すなわち、この出来事は、戦争をすくなくともそのあいだでも実際に止める、という直接性において、署名、投票、デモなどにあきたらない戦争への危機感に、ふかい衝撃をもたらしたのである。その後、べ平連による脱走兵の手引きなどをへるなかで、直接行動は拡がっていく。そして、重要なことは、そうした諸行動が、日本はみずからが傍観者ではなく、加害者そのものであるという認識をもたらし、それ以降、だれも無視しえなくなったという点である。これについては、六〇年安保と七〇年安保を比較しながら、多くの人が、被害者意識の平和主義から、加害性とむきあう平和主義への転換をかたっている。一九六七年一〇月八日の第一次羽田空港における佐藤首相ベトナム訪問阻止行動は、津村もいくどもひとつの「原点」のような転換点として立ち返る場である。直接行動に、ヘルメット、ゲバ棒らのスタイルによる「異化」の契機がくわわり、全共闘のスタイルを形成する母胎となった、というふうに。第Ⅵ章では次のようにいわれている。「すでに一〇・八羽田闘争の中で、メット－ゲバ棒の異装によって『異化』する戦術と、ベトナム反戦＝日帝の加担粉砕という戦略とが、侵略的成長を断てというところに結び目を見出しつつあった。朝鮮戦争、ベトナム戦争によって流されたアジアの兄弟たちの血が日本の高度成長を支えたのである。そのことは単に『戦後の平和と繁栄』の質を問い直すだけでなく、アジア侵略と一体に進行してきた日本の近代そのものを問い直すところへつながった」。日常の身ぶりという微細な次元とわたしたち自身の戦争への加担を断つという大きな次元が密接不可分のかたちで、一〇・八の羽田では提示された、と津村はみなすのである。この二重性が、津村のみる全共闘の作風そのものであることはあきらかである。

このように文脈づけられると「特別なこと」のようにみえてしまうので、ここですこしざっくばらんに考えてみよう。個々人にとっては、みずからの直面するさまざまの個々の問題はかけがえなく重要なものである。立ち退けといわれているが、いやなものはいやだ。むりなものはむりだ。あの戦争はやめてほしい。あのように無体にひとを殺すのはおかしいではないか。そして、それをめぐって、どうしたらいいのか、どうあるべきか、を考える。ところが、現在のデモクラシーの仕組みというのは、それにさまざまに厄介な迂回路をあたえてしまうシステムである。政治家に相談しなさい、政党にうったえなさい、だれだれのコネが必要です、だったら政党に入ろう。あるいは、デモをすればい

＊12　これについては、ベトナム反戦直接行動委員会『死の商人への挑戦――ベトナム反戦直接行動委員会の挑戦』を参照のこと。オリジナルは一九六七年公刊だが、二〇一四年に複数の解説を付し、『アナキズム叢書』刊行会より再刊され、入手しやすくなった。

いではないですか、申請しなさい、これこれの条件をのみなさい、この道のこの脇をとおりなさい、終わったらすぐに解散しなさい。そのうち、この要求は、わたしの政党、あるいは組合としては反対だが、しかし、むにゃむにゃの目標達成が優先で、あるいは、デモをやりましょう、抗議しましょう、さて終わりました。さあ、いよいよ本番、つまり選挙です。このような具合で、だんだん最初の個人のおもいもへったくれもなくなり、さして本気で止める気もないようにみえる行動が儀式のようにくり返される（津村喬は「闘争にカレンダーが忍び込む」といったような表現をしている）。このようなやり方は、だれだっておかしいとおもうはずだ。それをおかしいとおもわなくするのが、先ほどの松下竜一のいう「教育」である。わたしたち幹部は慎重に戦略を考えている、つまりきみたちのことを考えているのだから、わたしたちにしたがっていなさい、と。これはだから、デモクラシーを標榜しながら、あたうかぎりの間接性を導入することによって作動する国家の論理とおなじなのである。多くの人たちが直接行動に共鳴するひとつの基盤はここにあった。つまり、自治や自己権力というとすこし縁遠くなるが、歴史の法則だか組織だかは知らないが、この問題を本気で憂いているのだから本当に解決したい、じぶんたちのことはじぶんたちで考え、じぶんたちのこの手でなんとかしたい、という欲求である。*13

このところ、「党派的」なものを言葉上でも意識上でも否認しつつ、ところがセクトそのものの発想や行動をしているという事例をしばしば眼にするようになった。セクト的なものとはなにか、セクト的思考とはなにか、見えづらくなっているのが一因であるようにおもう。だから、ここは強調しておきたい。「大衆」は、「受動的」、「保守的」、「穏健」であるから、それにあわせねばならない、とするような思考法は、現実には歴史的にも根拠もない虚像にすぎず、大衆を鋳型にはめて操作したい／できるという願望の相関物である。すなわち、それはまず、セクト的思考の基軸にあるものである。無党派として行動したことのある人間であれば、だれしもすぐさまおもい知るように、大小セクトは大衆について強力な鋳型をもっている。大衆とはかれらにとって規範的概念であり、だからこそ、かれらはしばしば、その規範を押しつけ、違反を取り締まる自警団としてあらわれるのである。統制をはみでたら、警察の挑発にのった「過激派」の扇動であるとか、あるいは「過激派」であるといったふうになる。みずからの指導にそわないか、イメージからはみでるのは、他者からの不当なはたらきかけの結果か、そうでなければ、当人がその他者であるかだ。わたしたちの大学生の時代でも、ノンセクトの主要な活動家ひとりひとりに、某党派は、なんらかの所属党派をあてがって把握しているようであった。あるいはただの脅迫だったのかもしれなかったが。もちろん、具体的表現の様相はさまざまとはいえ、セクト的思考とはこのようなものである。そして、忘れてはならないのは、これは、ひとを受動化させ統制をこころみる現代社会のさまざまな装置のなかでわたしたちが日常もってしま

＊13　この点は、まったく矮小化されて理解されているが、二〇一五年の都構想をめぐる大阪の住民投票における、反対運動のおどろくほどの自発性と多様性による活性化――これは本当にその場にいなければわからなかった――と、その後の、大阪府市選挙における運動の不活性――広告戦略《マーケティング》はたくみだったが――が、結果となって表現している。その一見対照的にみえる結果を不思議におもうひとは多かったが、なぞめいたところはいっさいない。本文の文脈であえていえば、それは、ノンセクト主体の全共闘運動と、党派にのっとられた全共闘運動の違いにかさねられるだろう。

いがちな思考パターンでもあり、セクトにかぎらず権力一般のはらむ特徴であるということである。[*14]

## 4　群衆と階級

もう一度、第Ⅱ章「群衆は増殖する」にたちもどってみよう。このテキストはなぜこの時点の津村喬に、階級論のほかに群衆論が必要であったかをよく示すものである。なによりもまず、一九七〇年代には、ブルガリア出身の偉大なユダヤ人作家エリアス・カネッティの大著である群衆論がかくも生き生きと現実に即して活用されるほど、荒々しい大衆の存在があったことを確認する必要がある。群衆とはなにか。「『階級』や『大衆』ないし『民衆』についてさんざん論じられていたにもかかわらず、この意味での非連続な、カタストロフな『群衆』についての研究はほとんどなされてこなかった」（強調引用者）。

もともと、マルクス以降の戦略にとって、階級とそれに包摂されない「大衆的なもの」の二重性というものは難問であった。マルクスの時代からそれ以降まで、現実の民衆蜂起や革命において、厳密に定義された「労働者階級」が果たす役割は限定されていたからであり、その過程において多様なアクターが大きな役割を果たしていたからである。マルクスにおいてもそれ以降においても「プロレタリアート」という概念がしばしばあいまいであるのはそのためであるし、労働者階級が、ではなく「大衆が」歴史をつくる、とマルクスがいったのもそのむずかしさを語っている。とりわけ、資本主義の進展とともに敵対する二つの階級に単純化するという、『共産党宣言』の予見が現実と乖離するようにみえるなか、そして階級のカテゴリーにしっくりこない「大衆」「群集」あるいは「公衆」といった存在が台頭するなかで、すでに一九世紀の後半から、それをどう考えるのかは挑戦であった。カール・カウツキー、ジェルジ・ルカーチ、アントニオ・グラムシ、ローザ・ルクセンブルクといった人たちはそれぞれの仕方で、この挑戦に正面から応じるなかから独創的な思想を形成するのである。たとえば、大衆の自然発生性が注目されても、それは階級の目的性に回収されるというのがひとつのジレンマの解消法であって、たとえばローザ・ルクセンブルクのように最大限に大衆の自然発生性を肯定したとしても、マルクス主義という枠組みをとるかぎり、そこから抜け出すのはむずかしい。一九六八年を通して、この問題設定は、ことさらハードなアナキズムという立場にたつのではなければ、「非連続な、カタストロフな」群衆の側から問い返されたというべきである。

この問いへの格闘を示すのが、**第Ⅲ章「レーニンと組織戦略」**である。まさに一九一七年、一〇月をまえにした切迫した情勢のもと、レーニンは引きこもって、過去との対話をおこなう。すなわち、一八七一年のパリ・コミューンである。そして、その過去との対話から、いまなにが起きているのか、

＊14　さらにいえば、これもこのところしばしば感じるところであるが、日本社会そのものが、このような思考パターンを強く胚胎しているということであり、自然にしているとこのような発想になってしまうということである。日本全体がひとつのセクトであるとみなしてもいいかもしれない。ノンセクトはノンセクトと自己定義することを、セクト性を共有するものとして忌避したと述べたが、これはある種の日本の「世間」的同質化と排外に対する拒絶でもあったようにおもう。そして、このような態度は、ノンセクトにかぎらず、かつてはそれほどめずらしいものではなかった（「大人の態度」などいろいろな表現があった）。セクト的ではない、ということは、それほど簡単なことではないのだ。

なにをなすべきなのかをみちびきだそうと試行するのである。このように、ひとつの出来事がどのようにとらえられるかは、その時代を映しだすプリズムでもある。そしてそのように未来のひとびとが立ち返る出来事とは、汲み尽くしがたい要素をはらむ潜在性の厚みである。どのような課題をもって、過去の出来事と接触するのか、その身ぶりそのものが、時代のじぶん語りであるような、過去のヴィジョンを生みだすのである。津村のよってたつ位置はつぎのようなものである。

> 言うまでもなく全共闘は、何かのイデオロギーにもとづいてつくられたものではない。それは、大学の中で管理されていること、管理されるのに甘んじていれば自動的にわが身が支配階級のそばに運ばれていくことが心底たえがたいと思った時に出てきた、日常性を拒絶する運動だった。それが造反ということでもあった。わが身の帰属している秩序をどれほど深く裏切ることができるか、が闘いの動機だった。いいかえれば、主体が変わることを通じて世界を変えようとした。権力をとることで世界が変わると考えてきたのが社会党‐共産党からすべての新左翼党派であったとすれば、全共闘は、権力をとることこそ最も避けたい、呪うべきことであり、問題は自ら権力にならないことだという宣言を発した。それは文字で書かれた宣言でなく、バリケードや、さまざまの身ぶりによって、ひとつの新しいスタイルとして、都市に書きこまれた宣言だった。（本書第Ⅵ章、強調引用者）

この「権力をとるのではなく権力になる」というフレーズに集約された志向性は、『戦略とスタイル』の解説で高祖岩三郎があげている、現代の世界における無数の試行が掲げる理念と強く共鳴するものであり、全共闘運動ひいては一九六八年の現代性と世界性をかたってやまないものである。このような立場にとって、一九一七年のロシア革命という出来事そしてレーニンの存在はひとつの試練となる。一〇月という出来事を、ボルシェヴィキ（レーニンがリーダーであったロシア社会民主党の分派であり、のちのロシア共産党）からスターリニズムへと一直線にむかう萌芽と考えるなら、全共闘におけるノンセクトのスタイルとはまっこうからぶつかるものである。しかし、そのようにことを単純化することをよしとしないのならば、とりわけ、レーニンのような結論にいたらずとも、自発性と組織性とのあいだのジレンマを直視するものであるならば、レーニンとロシア革命に立ち返ることはレーニンがパリ・コミューンに立ち返ったふるまいのくり返しとなる。

ここでも押さえておくべき時代的文脈がひとつある。津村はこの章で、次のようにいっている。

「スターリン主義」という便利な言葉は、ソ連における国家＝官僚主義的（ないしは「テクノストラクチュア」的）反革命の成熟の過程総体を漠然と指示してきた。それがまさしく直接的な反《アンチ》でしかなかったために、反スターリニズムは、その敵対者が「トロツキスト」非難の中でみせた頽廃と同じ分だけ空転した。比較的最近になって、われわれはこの鏡の構造を遠く超えて出ていくことが可能になった。それは、一方では研究者の間で、ロシア革命の厳密な構造分析に寄与するような一連の地味な研究が出され、他方で「われわれ」自身の政治の質が、少なくとも「反スタ」の直接性を最終的に埋葬しうる地点までは成熟したためである。

いまからみると理解がむずかしいのは、新左翼の独自性を集約していた「反スターリニズム」、略称「反スタ」とはなにか、である。スターリニズムはいまの通念では個人の自由をほぼお払い箱にしてしまうほど異常なまでに国家と官僚制の肥大した「全体主義」的イデオロギーであり組織原理ということになっている。そして、とりわけいまからみると日本共産党から新左翼諸党派にいたるまで、おおかれすくなかれスターリニズムの批判の立場にたっているようにはみえる。かつて、日本最大の前衛党にとって、「トロツキスト」とはメデューサの一瞥のような魔法の言葉であった（トロツキーは一九一七年のロシア革命の最大功労者のひとりであり、ロシア共産党内におけるスターリンの最大のライバルであり、国際的影響力もあった革命家、思想家であった）。つまり、それを投げつけると、その相手はただちに硬直し、声はとぎれ、昨日までの同志のだれもが態度を一変させ、抹殺されてしまうようなたぐいのおそるべき護符だったのである。かつて、いまほどスターリンの党と距離をとっていなかった日本共産党は、その内外の批判的部分に対しこの「トロツキスト」というレッテルをふりまわし、抑圧や圧殺をはかってきた。公然とソ連共産党との距離をあきらかにしたあとも事情はかわらない。かれらにとって「スターリニスト」よりも「トロ」のほうが悪罵としては機能しつづけていたのである。それに対し、日本共産党から分裂した新左翼は、おそかれはやかれはなれていくものの、トロツキーの思想や立場をテコにし、「反スタ」を標榜した。いまからみるとわかりにくいのは、その新左翼諸党派の一部は、一見、日本共産党よりもスターリニスト的にみえることである。津村がここで「鏡の構造」という理由はここにある。たがいが同質の体質を維持したまま、「トロ」と「スタ」という空語である罵倒を投げかけ合うという構造である。その理由は、スターリニズムとはなにか、が非常に漠然としていたところ、限定されて理解されていたところにある。本当の意味で「反スターリニズム」という立場にたつのは、いわれるほどやさしくはないということである。津村は一面では研究の進展、一面では「『われわれ』自身の政治の質が、少なくとも『反スタ』の直接性を最終的に埋葬しうる地点までは成熟した」というところにもとめている。つまり、左翼と新左翼の総体を乗り越える運動の発展が実質的にもスターリニズムを超える実践的・思想的地点にまできたということであり、それを可能にしたのが一九六八年の出来事であったということである。

津村によれば、「縦断的指導は、横断的結合に媒介されてのみ指導となることができる」というのがレーニンの原則であるが、レーニンの限界は、それを幹部側からしか達成できなかったことにある。「あとの『半分』は、非レーニン派によってになわれ、補完されたのである。それがソヴェト運動でありあるいは芸術革命＝文化革命の戦線であった」。この横断的結合の場をひらき、かかわるスタイルの領域の変革をこころざしたのは、レーニンやその仲間たちではなく、べつの諸グループに属する人々だったのである。ここで、津村はルフェーヴルの都市革命論を参照しながら、工業とそれが要請する革命の質――ふつうこれがレーニン主義の核におかれる――とは区別される、都市的なものの領域における革命をとりだし、未完のレーニンをそこにおいてみせる（この点については、ルフェーヴルの『都市への権利』[*15]を参照してほしい）。

津村のこの議論は、無謬の指導者像としてのレーニンという、それまでの左翼、新左翼のレーニン

＊15　アンリ・ルフェーヴル『都市への権利』森本和夫訳、ちくま学芸文庫、二〇一一年。

像を、いわば根源から冒｜するものである。そのようなレーニンからは、全面肯定か全面否定しかみちびきだすことはできない。津村が対置するのは、具体的状況のもとでいうことを変え、ときに大いにまちがえてしまうレーニンであり、多様な出所の引用からなる「寄せ集めとしてのレーニン」を再構成することにある。

この議論はそもそも問題がわかりにくいひとがおおいかもしれない。しかし、大衆が立ちあがって自己組織化――これはレーニンたちが介入する以前に起きた――をはじめたとして、その自己組織化を、混乱とやがてくる権力による制圧にまかせるのではなく、かつ、革命の主導権をにぎった党によって上から高圧的にルールを押しつけられるのでもなく、その潜在力をもっとも自由に、もっとも創造的に展開させる条件とはなにか、その条件のためにどう介入できるのか、という問題は、おそらくセクトを拒絶した全共闘にもつきあたらざるをえない課題であった。そしてもうひとつ。現在的な意義がある。いま世界では、極限にまでいたりつつある階級の分極化という事態をまえに、階級闘争の意義と課題がはっきりとよみがえりつつある。その階級闘争の回帰あるいは顕在化の徴候は、すでに一九八〇年代の食糧暴動や一九九〇年代の先住民の蜂起にはじまり、先進国内でのオルタグローバリゼーション、オキュパイ運動、そして代表制レベルではシリザ、ポデモスの台頭などなどによって示されている。しかし、いまやかつての工業化時代のような労働者階級はいない。むしろ世界のあちこちでみられるのは、ここで津村が群衆といった特徴をもつ画然たる意識も境界をもたない「階級」なのである。そのとき、いまレーニンをくり返す、ということはなにを意味するのか、このテキストの問いはその意味で現在性を失っていないのだ。

ノンセクトの台頭は「大衆的ラディカリズム」の登場ないし発見をともなっていたといったが、現代では即座にこういうふうに反射的に考えられてしまいそうである。大衆なるものがいつでも暴れる用意があるというようなふうに。だが、そうではない。わたしたちはだれしも、可塑的本性をもっているということであり、一見、受動的で保守的にみえる状態をも可塑性によって形成される運動であり、それがときに、硬直もすれば、従順にもなれば、あるいはラディカルに展開もするということである。そしてそうした大衆的可塑性は、わたしたちの身体をも貫通しているということである。津村喬の以後の歩みは、そうした身体の可塑性の次元に到達し、そこからいまあるヒエラルキーを解体し、べつの社会を構成したり、その準備をおこなったりするところに移行したともいえるだろう。

**第V章「仮面と変身」**は、このノンセクト的課題を明確に提示し、それに応答しようとする努力である。メディアを通して、可塑性はヒエラルキーへと編制され、差別によってそのヒエラルキーを強化され、可能なかぎり鋳造されてしまう。この硬化したヒエラルキーが転覆され、可塑性そのものの発展である変身へとひらかれる条件をここで津村はさぐろうとしている。「管理通貨制以後のいわゆる〈ビルト・インされた恐慌〉の中で〈無制限〉の高度成長が可能になった社会は、時に〈消費社会〉とよばれる。工業化は自らの危機を、商品の魔の制度化によって繕う。脱出の制度化の原理がここでも採用されたのである」。一九七一年のニクソン・ショックによる金ドル本位制から管理通貨制への移行を文脈とした時代診断がこの議論の背骨を形成している。管理通貨制への移行が無制限の高度成長を可能にしたとあるが、この歴史的事態はむしろ、バブルとその破綻、すなわち小さな破局を組み込みながら、無制限の信用の形成によって金融資本主義を展開し、それが信用の操作による巨大な権力と、巨大な富の偏在をもたらすことになった。そのはてに、わたしたちはいまやポスト消費社会へとむかいつつあるともいえるが、しかし、工業化の危機のひとつの解消として消費社会を把握したその基本線はただしいものである。このすこしのちの消費社会論から消えたのはこの資本制の危機の認識と、消費とは区別された「使用」の視点であるといえよう。

いうまでもなく津村喬に特有の概念のひとつは「スタイル」であって、『戦略とスタイル』はもちろんのこと、本書でもそれがとりあげられている。なかでも、この第V章がスタイル論の色彩がもっとも濃厚だ。たとえば、先ほどあげたVI章からの引用の終わりに「それは文字で書かれた宣言でなく、バリケードや、さまざまの身ぶりによって、ひとつの新しいスタイルとして、都市に書きこまれた宣言だった」という一節がみられるが、ここにレーニン論にも共通する、そして津村が一貫して課題にした、スタイル、身ぶり、都市という要素がそろってあらわれている。スタイルは、これもまた津村にとって重要な概念――おそらくブレヒトによる――身ぶりと密接にむすびつき、さらにそれが都市というテーマと関係づいているという、概念連関をなしている。

身ぶり、スタイルがなぜかくも問題になったのだろうか？　それは、権力をとることではなく権力になるのだ、という発想にもひそんでいる。つまり、権力をすげかえたところで、社会はなにも変わらない、どころかもっとひどくなるかもしれない――それは左翼や新左翼諸党派が大学でどのようにふるまっているかをみれば即座にわかる――、ということであり、わたしたちを支配しているものは、わたしたちとはべつのところにあるだけではない、われわれ自身のうちにあるかもしれない、ということである。身体はこうして、支配と抵抗の、あるいは津村がよくもちいるルフェーヴルの概念でいえば「作品」の場として発見される。そしてその身体の発見は、あらためて「日常性」が発見される過程でもあった。

　身ぶりやスタイルといわれたとき、それは、慣習の分厚い層とも関係している。たとえば、学校によって「校風」があるといわれる。やはり地域によってその地域の「色」があるともされる。それは言葉にされるルールではないし、みえにくいものである。たとえば、えらいひとがくるとたんに卑屈になってしまう身体の処し方もあれば、ごく自然に対等であるかのようにふるまう身の処し方もある。あるいはそれが拒否というかたちであらわれる場合もある。このようなほとんどオートマティズムの動きにゆだねられる生活の層である。のちに、津村もふくむ、一九六八年の思想といわれる思考は、このようなミクロな身体にはたらきかける力に注目するが、その思考の源泉には、バリケードをつくったり、敷石を剥がして投げたり、壁に落書きをしたりして、実際に都市を使用し、変身させる実践が先行したのである。

　そのひとりであるフランスの哲学者ミシェル・フーコーは、みずからの知的いとなみの目標のひとつとして、それまで自明のごとく使われていた言葉やふるまいを躊躇なしにはできなくさせることである、とした。スタイルや身ぶりというとき、なにかをする、という一見して積極的なレベルも重要だが、この「控える」というレベルはそれ以上に重要である。これを述べたのはだれだったか、ひとはなにを「控える」かによって定義されるという言葉もあったようにおもうが、スタイルとはなによりもまずそのようなものである。日本における在日外国人の存在を意識し、その来歴を理解するなかで、「国民」という言葉をそれまでのようにあっけらかんとは使えなくなるかもしれない。これはもう反射のレベルに組み込まれるのである。躊躇なしでは「いわなくなる」「しなくなる」、これがスタイルの発見への第一歩かもしれないのである。

第Ⅵ章では、次のようにいわれる。

だが、全共闘の表現の舞台は書物ではなく、都市だった。現実の行動として発言し表現しなければならなかった。だから、「表現」の中に閉じられていくかわりに、たとえどこかから紋切り型の言いまわしをもってきたりしても、それが自分の属する言葉の秩序にとって異質であり、異化するものであり、それによって自分の造反の志を託せるような「表現」をもとめた。(…) 自己表現への激しい要求が、「自己」への断念と結びついていたところに全共闘の特性はあった。

この一節からは二点とりだしたい。まず、自己表現への激しい要求と「自己」への断念という、一見した二律背反である。これはやや個人的経験にかたむくし、少々的を外すのではないかとも危惧するが、この一節にとりわけ、ずいぶんおだやかにされたかたちではあるが――「自己解体」のような「否定性」や「禁欲性」をにおわせる大きなスローガン自体が忌避されていた――「作風」の微細にわたる伝達を感じるのである。そもそもわたしだけでなく、わたしたちには「経験」の履歴を表現することと自体への忌避感があるようにおもう。そこには、個人的な「好み」としての忌避感がある以上に、この政治的脈略からくる「作風」が起因しているようにもおもう。なにしろ、一九八〇年代の、すくなくともわたしたちの身近なノンセクト諸戦線のひとびとは、じぶん語りを好まない、というか、それをみずから抑制している、せねばならない、と考えているようなところがあった。運動の代弁者となったり、それを掲げて発言したりするようなかたちでじぶんをむすびつけるのも、可能なかぎり忌避すべきであるとも考えていた。大義や組織への献身でもないし、禁欲的だからというのではない。おそらく、そのようなものはなるべく忌避しなければならないという雰囲気のほうが強かったようにおもう。「自己否定」「自己解体」をスローガンにしながら、さまざまなじぶん語りを生みだした全共闘運動は、その点はずいぶん違ってみえていたのだが、津村のこの一節を読むと、その点においても遠くないことがわかる。ただ、よく考えてみれば、活動家、研究者問わず、大きな趨勢とは対立しても黙々とみずからの課題に取り組み、敢然とことにあたる姿のなかに、全共闘世代のひとたちの多いこともよくわかっていたはずなのである。声の大きなひとは、たいがい、右翼や保守そしてリベラルの旗手となって、あいかわらず、「あの経験」「あの時代」について総括的に語りつづけている。しかし、そのような語りとは区別された次元に、厚みをもった「事後の生」からなる流れがある。そして、そこで継承されていたのは、おそらくこの「自己の断念」、すなわち、「じぶん」からも離脱するという動きである。そしてそれは社会を根源的に問うということと相関していた。この時代の運動も津村も、このことについてさまざまな言い方をしている。「自己解体」もそうだが、あるいは「制度化された〈自己〉の解体から作品としての〈自己〉の発見すなわち〈自主管理〉[*16]」など。スタイルとは、そのように自己の断念された地点からはじめて可能であるような自己の再形成であるプロセス、「作品」として造形していくプロセスであり、それをそのまま提示するのが運動であったといってもいいのかもしれない。すべてこれは「仮面と変身」という問題設定とつながっていく。

もう一点、紋切り型の言いまわしという点についてである。ここも、きわめてよく理解できるのであるが、いまでは、かつての「学生運動のアジテーション」とか「ゲバ字」などというものが、硬直性の代名詞のようにいわれているのでなおさら強調しておきたいのである。だれしも、最初にふれると、このようなものには今風にいえば「ひく」——嫌な言葉であるが——のは当然である。わたし自身も最初はそうであった。しかし、そのような紋切り型のようにみえるものが「作風」として経験されるとすこし見方が変わってくる。ゲバ字とか様式化されたアジテーションが、現時点でそのまま存在すればいい——して「も」いいとはおもうが——といっているわけではない。要するに、そのようにかんたんにバカにできるようなものではない、ということだ。つまり、わたしたちがふつう「個性的である」「画一的ではない」とみなすもののほとんどは、ふかく「非個性的」であり「画一的」なものである。ゲバ字は個性的ではないといって、むかしとは違うのだ、とことさらに提示される表現が、はたして十分に「個性的」であったことがあるだろうか？　それは、世間一般の感性に、あるいは広告《マーケティング》表現の様式に画一化されてしまってはいないだろうか？　まさにこのような微細な抵抗がここでいわれているのである。都市を消費の空間から使用の空間に変える、といった主張も、このようなところから考えてみると手がかりができる。あくまで表現の場は、都市であった。硬直して画一的であるとみなされる、たとえばゲバ字のようなものが、どれほど全体社会のなかでは、そしてそれらの表現が都市における身体空間にとっては異質なものであるか、そして、ある種の相対的に自律した人間たちの存在と空間の存在を刻印する表現であるか。さらにいえば、画一的とみなされているもののなかに特異性があることもみえてくる。これはマニアの領域であるが、しかし、グラフィティ文化や、あるいは、声の伝統芸能の様式性が、そのスタイルのうちにある者、表現者や享受者にとって、かけがえのない個の表現であることはよく理解されている。かれらには、ふかい特異性を獲得するためには、個性はいちはやく脱ぎ捨てるべきよろいのように感じられているのである。

## 6　メディア、言葉、CR

第Ⅴ章「仮面と変身」における、民俗学や人類学の知をとおして、人間生活の基層からスタイルを考察するという路線は、第Ⅰ章と三〇年をへて書き継がれた最終章をあわせた「横議横行論」でさらに発展させられているが、ここで注目したいのは、津村によるこの時代の支配構造の分析である。先の引用にある、「脱出の制度化」とは、商品をとおしての、いわば変身の制度化である。「商品は変身のレトリックによって、人びとに変身を迫る。購買によって人は自分自身を脱出できるように幻想する（…）」。すなわち、ここでは、可塑性そのものの爆発であった一九六八年とそれ以降の大衆ラディカリズムの展開に対して、それへの反動としての可塑性そのものの制度化、変身の制度化が対置されているのである。これは、身体性の捕縛について、あたらしい認識を提起するものであった。つまり、それは変身という時間の次元に属する生成を、空間によって仕切ったり編制したりする近代的軍隊モ

＊16　津村前掲『戦略とスタイル』第Ⅱ章「差別の構造」七二頁。

デルから、変身をあらかじめの鋳型にシミュレートし、時間そのものを捕縛しようとするフレキシブルな支配の体制に移行しているのではないか、という提起である。先ほどふれた、津村の好むアリバの論理である。「群衆は呪われたものであり、都市的文化のあらゆる日常的局面にわれわれは、群衆として発現しようとするデーモンとそれを制度化しようとする権力の息づまる拮抗」は、広告などメディアをとおして作動している。本書には言及があまりみられないが、一九八〇年代以降、ほとんど失われた津村たちのこの時代の試みの貴重な点は、それがCR（コミュニティ・リレーションズ）といった警察の戦略——警察がコミュニティと関係をむすびなおし、それに密着し浸透しようとする戦略——の転換との関連で考察されていることである。消費社会が、このような国家による暴力の要素、すなわち一九六八年以降の大衆ラディカリズムやその浸の解体をもくろむ警察のあたらしい戦略と裏腹にすすんでいるということが、それ以降、知的にも見失われてしまった。この視点をとりもどすことは、重要なわたしたちの課題であるようにおもう。

このメディアによる支配の分析は、**第Ⅳ章「ゲッベルスの大衆操作」**において、ナチスの天才的メディア戦略家ゲッベルスを素材にして、歴史的に考察されている。まさに大衆が受動と能動の両義的面をもちながら舞台にあらわれた時代、メディアを介してひとを陶酔の世界にあやつった時代である。「ナチズムはひとつの寄せ木細工である」という点は、レーニンとも近接しているし、引用まみれというのは、津村と全共闘のスタイルとも、あるいは「ポストモダニズム」のスタイルとも近接している。対象は一九二〇年代、三〇年代ではあるが、まさに一九七〇年代の同時代なのである。そこに次のような一節がある。「存在論的なレベルでは、彼は混沌のふちに立って指導者《フューラー》を待ちのぞみながら、そうした姿をはげしく自己嫌悪する『大衆』の一人にほかならなかった。巨大な情報権力を握ったとき、この男の自己嫌悪は無限の大衆蔑視と重なりあい、そして素朴な指導者待望は、ヒトラーを無視してヒトラーの像を作りあげるというところまでつきつめられていったのである」。傑出した大衆扇動家ゲッベルスではなく、ここでは大衆ゲッベルスの像がえがかれている。危機のただなかで、みずからの自己嫌悪をとおした大衆蔑視と、幻想によって肥大する指導者という構図。ここで現代日本を想起するのは、わたしだけではないはずだ。匿名の群衆と化した人々が、まさにそれによって大衆そのものである人々が、日々、むきだしの大衆蔑視を隠さず、エリート意識にまみれながら、あらゆる瑕疵にもかかわらず、すぐれた指導者を幻想している。そして、次の結語は、来るべき未来を不気味に予告している。「文化戦争そのものは、世界的・永続的なものとして、なお複雑な様相をもって『戦後』世界をおおい続けている。あらゆる政治は今や商業広告の浸透をうけ、その遠い先達、ゲッベルスのことは忘れ去られている。だが、何千何万という小ゲッベルスたちがわれわれの街路という街路を見世物に変え、たえず新たなめまいをつくり出す中でうすぎたない政治の耽美主義があらゆる物語《レシ》についてまわる中でわれわれはいかにしてあの夢を過去のものとしているのであろうか?」。

## 7　差別と変身

いまおそろしいまでのこの社会の右傾化と排外主義の拡散・深化とともに、「ヘイトスピーチ」という用語が浸透し、レイシズムという言葉もよくもちいられるようになった。そのなかで、いまこの時代の差別へとまなざし、差別への取り組み、考え方を確認しておくのは悪くないはずだ。

津村喬のデビュー作が『われらの内なる差別』であったように、わたしたちにとって津村といえば、差別論についてのだれもがふまえねばならない決定的な議論をおこなったひとという認識であった。そして、それ以降も津村は、ことあるごとに差別について論じている。本書では、**第Ⅶ章「差別について何を語りうるか」**がそれにあたる。先ほど直接行動についてふれたところや、あるいは第Ⅵ章を読んでもわかるが、日本の学生運動が、日本人を加害者とみなす認識をふかめ、戦後日本のアジア人差別を構造化している入国管理体制に批判をむけながら、入管闘争として差別への取り組みを展開していくには、さまざまな立体的な闘争とその経験の蓄積があることがわかる。高度成長を問うこと、学園を問うこと、日常を問うこと、なにもかもにすべて、構造の次元にふかく刻印された差別、といった視点が付随しているようである。これは窮屈であるようにみえる。倫理でおしつぶされるのではないか、と。たしかに、津村もとりわけ『われらが内なる差別』というフレーズの印象からそう批判されてきたようであるし、実際、ノンセクトの文脈のなかでも、そこからくる「倫理主義」が弊害をもたらすこともあったのはうたがいない。だが、それは津村が当時から注意をうながすように、「日本人原罪論」、すなわち「日帝本国人としての加害性を痛苦に剔抉する」といったようなモラリズムにその焦点はなかった。「抑圧民族としての自己批判なしに新しい社会を生み出せないのは当然としても、それは一方で具体的な闘争スタイルの問題（…）であり、他方で日本社会そのもののオルタナティヴの問題（他国をくいものにしないですむ産業構造、生活構造をどう形成するか）のことでなければならなかった」。すなわち、高度成長とそれにからみついた知の制度から脱出し、べつのありようを形成していくことと、反差別ということがむすびついていたというのである。「差別言辞糾弾」という闘争のかたちも、いまでは「言葉狩り」として表現の自由の抑圧であるようにみなされることも多いが、第Ⅵ章にあるように、もともとは、「言葉の権力性に対する読み手の叛乱」と位置づけられているような性質のものであった。それはむしろ、言葉とイメージを制約する言葉の権力性を解体し、自由と創造性のはばを拡大するものであったのだ。ところが、「一方にテレビ局の『放送用語言いかえ集』の頽廃を置き、他方に諸党派による糾弾ごっこの政治主義的利用という愚劣」によって、その意義が見失われていることがここですでに指摘されている。「規範化された倫理的意識こそが反差別闘争の阻害物であることはもっと強調されてもよい」。この点はいまだ、きわめて困難であり、重大な争点でありつづけているといえる。

第Ⅶ章での差別論で注目すべきは、津村はそれを、第Ⅴ章の議論の延長上で、つまり、仮面と変身をめぐる考察としてとりあげているところだ。「差別とは、仮面としての近代的自我にとって不可分のものなのだ。／仮面として学習された自我は、いつでも二つのことにおびえている。ひとつは本能や感情の、つきつめていえば身体の叛乱をどう統制していけばいいかということだ。もうひとつは、その仮面を形成した役割＝体系をはみだす異文化に出会ったときにどう対応しうるかということだ」。そのうえで、現在のわたしたちの社会を支配しているのは接触恐怖であるとみなし、反差別の実践を、そのような身体のありようの変革とむすびつけている。この点について、ある種の身体的こわばりと、異質なものへの恐怖感、侵入への過剰な恐怖が相関しているとみなされているのは、わたしなりに理解できる。現代都市は、とりわけこの数十年にわたって、そもそも、このような接触恐怖症によって構造化されてきたようにおもうからである。慎重にひとの流れやふるまいをよりわけ排除する空間構成、自由な使用を最小化する設計、強迫的な清潔によって、他者性への恐怖を扇動し、わたしたちは都市にいれば自然と接触恐怖症をわずらうよう構築されている。たとえば、「共生」をうたいながら、都市にどうしてもうがたれる「使用」のあと、すなわち、他者の痕跡を抹消するようアートが機能し、排外主義的感性の土壌を形成している、すくなくともあらがってはいない事例も多々みられる。それに対し、身体の次元にはたらきかけるものとしてのアートが、真に「共生」の感性をひらくとしたら、このような都市の痕跡をみずからもたらし、異質性のもたらす不快を美に変貌させ、感性に他者の嵌入にひらかれる次元をひらくことだろう。差別はいまでも、とかくモラルやたしなみ、文明、知性の問題として考えられることが多い。しかし、それが構造の問題であることももちろんだが、津村の一連のテキストは、このわたしたちの身体性と、わたしたちの変身可能性の問いとして、差別の問題と格闘していることに注意がはらわれるべきだとおもう。

津村が「制度による福祉に帰結するのでなく、具体的な出会いのための作風《スタイル》を生み出していくことへ向かわねばならない」というとき、そして、津村の実践がこの出会いのための作風にむかうということの意義は、ほとんどわかっていなかった。一九八〇年代、すくなくとも身近のノンセクト諸戦線は、この差別をめぐる「倫理主義」といわれるものから離れようとする空気のうちにあったようにおもうのだが、わたしはいつごろからそのような作風があらわれたのか、どのような経緯があったのか、とりわけ差別問題に直接取り組んでいたわけでもないからかもしれないが、事情をよく知らない。おそらく、ひとに問うならば、感じ方も考え方もさまざまだとおもう。それでも、代行主義や糾弾的なふるまいをできるかぎり「控える」作風の背後には、さまざまな試行錯誤、失敗と反省の積み重ねがあったのだろう、ぐらいには感じていた。むろん、さまざまな限界をまぬかれていたとはまったくおもわない。しかし、反差別の認識を深化させることが、窮屈にさせるだけであるどころか、むしろ解放や自由の拡大への原点である実践たりうるということも実感としてわかるのである。

あるとき、ぼんやりともやもや感じていたことを明晰に言葉にした文章に遭遇した。韓国のソウルでユニークな研究教育実践をおこなっている集団スユノモの創始者のひとりによるものである。

このような触発のために、空間に笑いが満ちるようにするのは非常に積極的な価値を持つ。空間に足を踏み入れると、すぐに笑いの大気に感染するようにすること、それは極端な場合、やろうとしていることが失敗した時さえも、入ってくる人々に喜びを与えるためであり、また来るようにさせるからだ。また、スピノザ式に言えば、悲しみや苦痛を与える空間、憂鬱で重苦しい空間、それは誰もが避けたい、遠ざかりたい対象であるが、笑いを与え、愉快さを与える空間は誰もが近づきたい対象なのだ。このような点で、「コミューン」とは喜ばしい情動の共同体であり、このような点で、構成的な活動は喜ばしい情動の構成的活動である。このような笑いと愉快さの大気は、ともに生活し活動する人々の間で容易に表れるものである対立と葛藤、衝突の重みを軽くし、容易に乗り越えられるようにする。反対に、重苦しい大気は小さな葛藤にも、あまりに重く大仰に対応するようにさせ、そのことで対立と苦痛を重くし、傷を大きくする。真撃さと重さを同一視しないこと、反対に真撃さを軽さで表現し、軽さの中にも真撃さを失わないこと。[*17]

この一節は、津村喬のいう差別あるいは差異一般の問題と、身体の問題、「出会いの組織化」といった問題をむすびあわせるヒントがあるようにおもえる。どのように志向性を共有している者のあいだにも考えの違いはあり、ふとしたときに亀裂を感じたりすることもある。あるいは差別とみなしうるような問題が起きることもある。だれもが完璧なわけではない。そして、告発はあってしかるべきであり、怒りも発揮されるべきである。たとえば日本社会では、とりわけ弱い立場の人間であるほど、怒りの表明はなにかを犠牲にしなければならない、という異常な重みをもつ。したがって、安心して怒ることができねばならない、ということは、その告発を真剣に受けとめるが、異常な重みを呼ぶことがないというスタイルがなければならない（真剣ではないのに重い、あるいは重く装いながら儀式が作動する、というのが最悪だろう）。とにかく、かつて、わたしたちの周囲のおおくのひとは、よく笑うひとがおおかった。スユノモもそうであった。それをわたしは、なかば偶然だと感じていたが、そしてその要因もあるのだろうが、本当のところは作風に大きく影響されていたのだともおもう。

### さいごに

最後にいっておきたいのは、一九六八年とその意義を考察するというときに、これは一九六八年にかぎらないことだが、歴史にわたしたちが強い肯定的意義をあたえるときに、そのさいに肯定されているることはなにか、である。その歴史が、模範的な理想を提示しているからではない。おそらく、津村が全共闘スタイルにみいだした、さまざまな創造性、さまざまな美点にも、現実には、葛藤、過剰、失敗、妥協がべったりとつきまとっていたにちがいない。たとえば、セクト支配の重圧のなかで動いていれば、決してほめられない「政治」も「どうしても」必要であるといった具合に。肯定する、ということは、理想を見いだすということではない——そのような発想が、神話化と脱神話化という悪循環を、ジャーナリズムにとってはネタに困らない好循環をもたらすのである。そうではなく、ある時代を肯定的にふりかえるということは、その問い、葛藤、間違い、それへの対応、それらすべてをふくめて肯定するということである。あえてひとことでいえば、このように大胆になれたこと、このように迷うことのできたこと、このようにまちがうことのできたこと、このようにそのまちがいをめぐる模索がおこなわれたこと、そのような点が肯定されるべきなのである。それは、なにか達成されたものを守るという発想とはまったく異なっているのであり、その発想をとることでわたしたちは本当は歴史を失っているのである。

このかん、津村のテキストやこの時代の／についてのテキスト、資料をあらためて読んでいると、わたしたちですら、といっていいのかわからないが、誤解して、不当な考えをしていることも多いことを発見した。わかっているつもりではあるが、「わかっているつもり」が一番おそろしいのである。そして、武井昭夫が、全共闘について、たぶんその闘争の高揚しているあたりであろう、嘆いていた文章をおもいだす。ポツダム自治会の名のもとに戦後学生運動を一括し否定するその所作がしりぞける、とりわけその初期の運動の実情へのあまりの無理解と、このような遺産の継承の失敗がもたらす運動へのダメージである。それをおもうにつけ、このような不幸なすれちがい、というか、継承の失

＊17　李珍景「コミューンの構成における空間—機械の問題」、『インパクション』一七三号、二〇一〇年。

敗はいつの世もあることだと痛感するのである。

この文章では、とくに現在の知的状況における一九六八年とその「事後の生」の徹底した否定への衝動についていくどかふれてきた。クリスティン・ロス『68年5月とその後』を読むと、もちろん文脈の差異はあるものの、支配体制への全般的な恭順のなかで、否認のとる言説形態は、フランスのそれとおどろくほど類似している。この否認のプロセスを主導しているのは、あの時代を代表するとして、多くは否定的に小さく枠づけてみせる、さまざまの「当事者」たちである。日本でも「あの時代」を特権的にかたる声の大きな人間についてふれてきたが、それとおなじである。第三世界主義の否認、植民地主義における加害性の否認、いまあるものとはべつの世界の可能性の否認、運動の拡がりのミニマムな切りちぢめ——日本だと、バリケード、安田講堂、連赤、挫折、おしまい——、世代の問題への還元、つまり「若者の反乱」、若者の動機や社会構造への還元、すなわち社会学の反動的な役割、などなどである。現代日本でも、ここしばらくのあいだ、はっきりと「一九六八年」を否認し、左派勢力総体を、人道主義、リベラリズム、人権、ナショナリズムへの回帰のほうへと主導している知的動きの先頭に、社会学者が加担していることをおもえば、その言説政治の動きも世界的に同時的な動きとして理解できるはずであり、わたしたちの課題もおのずと浮上してくるだろう。

とりわけ慢心のうちにあるひとは、最低の鞍部でもってなにかを乗り越えたつもりになることを好むものである。この鞍部を規格化し、だれもが利用できるように差しだすのが、知識人と広告業界、メディアの複合体によって、一九七〇年代からそれ以降をとおして定着をみせた統治技法のひとつであるといえる。だれもが、メディアを通じて規格化され、戯画化された「最低の鞍部」を差しだされ、簡単に乗り越えることができるとおもい込まされている。この時代の人間たちは、熱狂で頭が浮かされただけの連中で、やりすぎでめちゃくちゃにしただけであり、じぶんはその水準は圧倒的に超えている、もっとうまく——スマートに——やれる、というわけだ。かくして、だれもが知性の優位を誇る時代がやってきた——「反知性主義」の批判とは、わたしたちの時代は、それが批判であっても知性の優位競争というかたちをとるしかないということの徴候である。知と権力とがハイフンでむすばれ、そこから豊かな思考が展開された時代からどれほど遠くまできたことだろうか。こうして、かつては迫害群衆としてあらわれ、いまでもあらわれうる、あやうい人間たちを、その衝撃波から遮断することもできる。世界を一段ないし二段の跳び箱にしたてるならば、みずからの鈍重を、紙の分厚さのうちにおおいかくすたぐいの跳躍力に欠ける人間でも、世界総体を乗り越えたことになるわけだ。かくしてだれもが過去を乗り越え、すべての欠点を克服したはてに、歴史の絶頂に位置することになる。現代は、このような自己愛と高慢の情動で充塡された日本語で満ちあふれている。本書がなぜいま読まれなければならないか？　そのような日本語空間——津村喬たちが「国＝語」と名づけた——の外に脱出し、わたしたちのスタイルをあらためて獲得するためにほかならない。

---

**酒井隆史**（さかい・たかし）大阪府立大学教授（社会思想史）。著書に『暴力の哲学』（河出文庫）、『体制の歴史』（共著、洛北出版）、『通天閣』『自由論』（ともに青土社）、共訳書にM・デイヴィス『スラムの惑星』（明石書店）、A・ネグリ『ディオニュソスの労働』（人文書院）、S・ジジェク『否定的なもののもとへの滞留』（ちくま学芸文庫）など。

# 初出一覧

Ⅰ　横議横行論（1〜9節）……『遊』1980年2月号‐1981年6月号
Ⅱ　群衆は増殖する……『中央公論』1975年3月号
Ⅲ　レーニンと組織戦略……『歴史と人物』1974年4月号
Ⅳ　ゲッベルスの大衆操作……『歴史と人物』1973年10月号
Ⅴ　仮面と変身……『思想の科学』1975年4月号
Ⅵ　異化する身体の経験……『流動』1979年3月号
Ⅶ　差別について何を語りうるか……『思想の科学』1976年9月号
Ⅷ　横議横行論（続）（10節〜）……書き下ろし

カバー・帯写真：中平卓馬（二〇〇二年、『原点復帰―横浜』より）

【著者略歴】

津　村　喬
（つむら・たかし）

評論家、気功家。1948年生まれ。
1970年、早稲田大学第一文学部中退。在学中より評論活動を開始。現在、NPO法人気功文化研究所代表、NPO法人日本健身気功協会理事長をつとめる。
主な著書に『戦略とスタイル 増補改訂新版』（航思社）、『津村喬 精選評論集――《1968》年以後』（絓秀実編、論創社）、『われらの内なる差別』（三一新書）、『魂にふれる革命』（ライン出版）、『革命への権利』『歴史の奪還』（せりか書房）、『メディアの政治』（晶文社、日本図書センター）、『全共闘　持続と転形』（編著、五月社）、『しなやかな心とからだ』（新泉社）、『食と文化の革命』（社会評論社）、『歌いながらの革命』（JICC出版局）、『神戸難民日誌』（岩波ブックレット）、『LEFT ALONE』（共著、明石書店）、『健身気功入門』（春秋社）ほか多数。

革命のアルケオロジー 5

# 横《おう》議《ぎ》横《おう》行《こう》論《ろん》

著　者　津村 喬
発行者　大村　智
発行所　株式会社 航思社
〒113-0033 東京都文京区本郷1-25-28-201
TEL. 03（6801）6383 ／ FAX. 03（3818）1905
http://www.koshisha.co.jp
振替口座　00100-9-504724
装　丁　前田晃伸
印刷・製本　倉敷印刷株式会社

2016年 3 月 2 日　初版第 1 刷発行



ISBN978-4-906738-16-8　C0010
（定価はカバーに表示してあります）

## デモクラシー・プロジェクト

オキュパイ運動・直接民主主義・集合的想像力

デヴィッド・グレーバー 著　木下ちがや・江上賢一郎・原民樹 訳

四六判 並製 368頁　本体3400円（2015年4月刊）

**これが真の民主主義だ**　「我々は99%だ！」を合言葉に、格差是正や債務帳消しを求めて公園を占拠したオキュパイ運動。世界各地に広まった運動を理論的に主導したアナキスト人類学者が、運動のなかで考え、実践・提唱する「真の民主主義」。

## 存在論的政治　反乱・主体化・階級闘争

市田良彦

四六判 上製 572頁　本体4200円（2014年2月刊）

**21世紀の革命的唯物論のために**　ネグリ、ランシエール、フーコーなど現代思想の最前線で、9.11、リーマンショック、世界各地の反乱、3.11などが生起するただなかで、生の最深部、〈下部構造〉からつむがれる政治哲学。『闘争の思考』以後20年にわたる闘争の軌跡。（フランスの雑誌『マルチチュード』掲載の主要論文も所収）

## 平等の方法

ジャック・ランシエール 著　市田良彦・上尾真道・信友建志・箱田徹 訳

四六判 並製 392頁　本体3400円（2014年10月刊）

**ランシエール思想、待望の入門書**　世界で最も注目される思想家が、自らの思想を平易に解説するロング・インタビュー。「分け前なき者」の分け前をめぐる政治思想と、「感覚的なものの分割」をめぐる美学思想は、いかに形成され、いかに分けられないものとなったか。

## 2011　危うく夢見た一年

スラヴォイ・ジジェク 著

長原 豊 訳

四六判 並製 272頁　本体2200円（2013年5月刊）

**何がこの年に起きたのか？**　今なお余燼くすぶるアラブの春やウォール街占拠運動、ロンドン、ギリシャの民衆蜂起、イランの宗教原理主義の先鋭化、ノルウェイの連続射殺事件、そして日本での福島原発事故と首相官邸前行動……はたして革命の前兆なのか、それとも保守反動の台頭なのか？

## 革命のアルケオロジー

今こそ読まれるべきマルクス主義、大衆反乱、革命に関する文献。戦後から80年代に発表された、あるいは当時を題材にした未刊行、未邦訳、絶版品切れの必読文献を叢書として刊行していきます。

シリーズ既刊

### アルチュセールの教え　（革命のアルケオロジー1）

ジャック・ランシエール 著

市田良彦・伊吹浩一・箱田徹・松本潤一郎・山家歩 訳

四六判 仮フランス装 328頁　本体2800円（2013年7月刊）

**大衆反乱へ！**　哲学と政治におけるアルチュセール主義は煽動か、独善か、裏切りか——「分け前なき者」の側に立脚し存在の平等と真の解放をめざす思想へ。思想はいかに闘争のなかで紡がれねばならないか。

### 風景の死滅　（革命のアルケオロジー2）

松田政男 著

四六判 上製 344頁　本体3200円（2013年11月刊）

**風景＝国家を撃て！**　あらゆる細部に遍在する権力装置としての〈風景〉にいかに抗い、それを超えうるか。21世紀における革命／蜂起論を予見した風景論が、40年の時を超えて今甦る——死滅せざる国家と資本との終わりなき闘いのために。

### 68年5月とその後　反乱の記憶・表象・現在
（革命のアルケオロジー3）

クリスティン・ロス 著　箱田 徹 訳

四六判 上製 478頁　本体4300円（2014年11月刊）

**ラディカルで行こう！**　50年代末のアルジェリア独立戦争から21世紀の反グローバリゼーション運動に至る半世紀、「68年5月」はいかに用意され語られてきたか。現代思想と社会運動を俯瞰しつつ膨大な資料を狩猟して描く「革命」のその後《アフターライフ》。

### 戦略とスタイル　（革命のアルケオロジー4）

津村 喬 著　四六判 上製 360頁　本体3400円（2015年12月刊）

**日常＝政治＝闘争へ！**　反資本主義、反差別、反ヘイト、日中・日韓、核／原子力、フェミニズム、生政治、都市的権力 / 民衆闘争……〈いま〉のすべてを規定する「68年」。その思想的到達点。「日本の68年最大のイデオローグ」の代表作。

シリーズ続刊

RAF『ドイツ赤軍（I）1970-1972』、アルチュセール『哲学においてマルクス主義者であること』、ランシエール『哲学者とその貧者たち』……